暗影

——中国古代的刺客与间谍

熊剑平◎著

图书在版编目(CIP)数据

暗影:中国古代的刺客与间谍/熊剑平著. —北京:中华书局,
2015.6
ISBN 978-7-101-10739-5

Ⅰ.暗… Ⅱ.熊… Ⅲ.军事情报-情报活动-中国-古代-通
俗读物 Ⅳ.E292-49

中国版本图书馆 CIP 数据核字(2015)第 025753 号

书　　名	暗影——中国古代的刺客与间谍	
著　　者	熊剑平	
责任编辑	傅　可	
出版发行	中华书局	
	(北京市丰台区太平桥西里 38 号　100073)	
	http://www.zhbc.com.cn	
	E-mail:zhbc@zhbc.com.cn	
印　　刷	北京市白帆印务有限公司	
版　　次	2015 年 6 月北京第 1 版	
	2015 年 6 月北京第 1 次印刷	
规　　格	开本/920×1250 毫米　1/32	
	印张 10⅝　插页 6　字数 150 千字	
印　　数	1-6000 册	
国际书号	ISBN 978-7-101-10739-5	
定　　价	32.00 元	

张骞通西域

三国鼎立

淝水之战

隋全图

唐朝疆域

辽、北宋、西夏形势

明代抗倭

清朝疆域图
1820年

西伯利亚

中俄《尼布楚条约》待议地区

鄂霍次克海

库页岛

外兴安岭

黑龙江

乌里雅苏台

乌里雅苏台

吉林

东海

伊犁

蒙古

新疆

葱岭

直隶

京师

甘肃

内

青海

黄海

西藏

喇萨

四川

湖北

东大洋

南海

日本海

喜马拉雅山

云南

贵州

湖南

江西

浙江

福建

台湾岛

南大洋

东海

太平洋

钓鱼台（福建）

赤尼屿（福建）

海南岛

南海

东沙

◎ 都城
⊙ 省级驻所
═══ 国界、未定国界
········ 省界
═══ 今国界、未定国界

万里长沙
（广东）

千里石塘
（广东）

南海

清全图

目　录

小引

我们平常熟悉的历史，包括国家的历史，社会的历史，乃至山川河流的历史等，如果放在阳光下晒一晒，可能都会有长长的暗影。这些暗影，由一些不为人知或仅为少数人知的人和事组成。它们不显山，不露水，千年保持沉寂。然而，往往正是这样一些人和事，左右了历史的走向，正像大江大河中的暗流可以改变轮船的航向一样。

间谍和刺客，其行事基本都是秘而不宣，正是历史中的暗影。如果当时人莫知所以，不予记载，后人更是渺然无从知晓，茫然无从稽考。其中最典型的莫如战国时期的战略间谍苏秦，如果不是上个世纪七十年代马王堆出土帛书，人们始终难以确定其行间经历。

如果依照今天情报学的界定，刺客其实也属间谍的一种——可称之为行动间谍，二者其实可以归为一类。孙子说"事莫密于

间"，各种间谍活动都需隐匿行迹，只因特殊的工作性质使然。间谍史，也是历史中的暗影。

和间谍隐秘行事相类似的还有小偷。间谍很多时候就是以偷摸为手段，如果不这样，他们就会徒劳无功遭到抓捕，出师未捷身先死。基于这个缘故，不少人把间谍视同小偷，更多投以鄙夷。殊不知二者在性质上有着本质差别：小偷堪称社会毒瘤，而间谍则不是。

间谍通常都与战争行为息息相关。如果说战争现象暂为人类社会无法避免，那么间谍自当有恰当理由存世。一直以来，人们习惯于将战争分为正义和非正义两种，间谍其实也可以相应地分为仁与不仁两种，至少不能像对待小偷那样一棍子打死。在笔者看来，战争或许是人类成长所必须付出的代价，而间谍，总有不少间谍，在执着地努力，试图使得这种代价变得更小。此故，我们需要对间谍抱有较为客观的认识。很多时候，很多间谍，都是距离战争硝烟最近，距离死神最近，却又能表现出凛然气概，无所畏惧。不少人欣赏荆轲，欣赏的就是其"壮士一去兮不复还"的凛然之气。

我们平常所看到的外表平静的河流，其间往往有暗礁潜伏。由于它们的存在，表面平静的河水下面才会有暗流涌动，令来往船只摇曳难行。间谍有时也会像暗礁一样，令历史长河带有一丝乖戾之气，难以捉摸。当然，间谍却并不只会阻隔河水和破坏航道。他们有时也会成为推动历史前行的大英雄，令历史长河加速向前，更加汹涌而且富有变化。

壹

谍影乍现

夏商周时期谍战

远古时期，各部落为了争夺猎物、土地、水源等资源，不免会使用武力，甚至发生战争，间谍和侦察活动便由此而生。从《左传》等史籍中我们可以看到，夏朝可能已经有了组织严密的间谍活动。到了夏朝末年，伊尹甚至亲自担任间谍，在展示出高超的谍战谋略的同时，也成功地帮助商汤打败了夏桀。包括周朝的建立，吕尚行间也在其中起到了关键性作用。在改朝换代的重要时刻，总有谍影乍现，飘若惊鸿，建功立业。

女艾间浇

据说"女艾间浇"①是中国历史上最早的间谍活动。这段故事虽说存在于口耳相传的历史之中，却也演绎得非常饱满而精彩。

起初，夏启改"公天下"为"家天下"，希望江山永久地在自家流传，没想到的是，等到其子太康继位之后，情况就立刻发生了变化。太康继承王位后不久，便因为耽于游乐而丢了王位。东夷的有穷国后羿乘太康不备，起兵夺取政权，史称"太康失国"。

有意思的是，后羿在得到王位之后也一直耽于田猎，疏于朝政，故而又被寒浞夺走王位，从而使得这段历史变得更加曲折。

太康失国之后，他的儿子相逃到了帝丘（今河南濮阳）。精明的寒浞在得知这一消息之后，立即派儿子浇（同奡，或傲）将其杀害。此时，相的妻子缗氏有孕在身。她侥幸从墙洞逃回娘家

---

① 女艾，据《左传》杜预注：少康之臣。女，音汝。浇，音敖，寒浞之子。

有仍国，几个月后生下了少康。劫后余生的缗氏，含辛茹苦地在娘家把少康拉扯成人。少康天性聪慧，发誓要报仇雪恨，夺回祖辈创下的基业。

寒浞曾派手下一位名叫椒的杀手潜伏在有仍国，伺机杀害少康，但此次行刺并未获得成功，少康及时得到消息，迅速逃到有虞国避难。有虞国国王伯思看到少康年少有志，非常喜爱，就把两个女儿许配给少康，并分给他一些土地和士兵，大概有十里土地和五百来人，少康由此迈出他复国中兴的第一步。

当时，寒浞因为已经占据夏朝基业，力量非常强大，人口、土地和军事实力等，均大大优于少康。所以，少康并不敢鲁莽行事，他决定选派间谍寻机铲除寒浞的重要羽翼，以此削弱对手，进而寻找胜机。很快，女艾便被选定执行这次行刺任务。

女艾秘密潜入有穷国。经过一番努力，他成功地找到浇的住所。经过打探，他得知这浇爱好打猎，也非常好色，并经常在一个名叫女歧的寡妇家过夜，便乘着夜黑悄悄潜伏到女歧家里。这天晚上，他手持利刃，扑向卧室，照着床上酣睡之人猛力刺去，可结果发现，他只是误杀了女歧，浇在当晚根本没有出现。

这次行刺失败后，女艾并没有气馁，而是继续努力打探浇的情况。他得知浇对待手下一贯粗暴，不得人心，便决定从收买其侍从入手，寻找更好的机会。不久之后，他成功收买了浇的一名侍从。从这个侍从口中，女艾得知，浇不久之后要去一个名叫尚干的地方打猎。女艾于是乔装打扮，扮作猎人模样，带着得力随从和凶猛猎狗，在猎场埋伏下来，静待浇的出现。

猎场之上寂静无声，荒草疯长。女艾选择路边非常隐蔽同时又非常适合出击的处所，不动声色地悄悄潜伏。侍从果然没说假话，浇准时出现在猎场。这时候，女艾已经做好了一切准备，瞅准这个机会，他立即放出猎狗，将浇扑倒在地，迅速砍下其首级，完成了刺杀任务。

又过了一段时间，少康的儿子杼又寻机除掉了寒浞的另一个儿子豷。寒浞少了两个重要助手，立即变得势单力薄。少康抓住时机，积极拉拢和收买夏朝旧臣，号召他们一起讨伐寒浞，不久就消灭了对手，重新夺回王位。少康即位后，通过积极有效的治理，使得国力有了很大提升，史称"少康中兴"。

女艾行间的历史，可能先经过口耳传说，后又借助于《尚书》《左传》等古籍的记载，因此而被后人所知晓。中国的古史和世界上诸多古史一样，都存在着一个口耳相传的时代。这些历史固不能完全作为信史，但也不可尽废。①所以我们不妨相信，夏朝历史上可能确有过这么一位间谍，为了少康的中兴大业，冒着生命危险做了一次超级间谍，而且出色地完成了任务。

《左传》中说"（少康）使女艾谍浇"，一个"谍"字，生动地道明了女艾的身份，但女艾是男是女，并未说明。如果女艾是男性，则女艾间浇正如荆轲之刺秦，女艾可谓"行动性间谍"的

---

① 诸如《离骚》和《天问》等诗歌中，"浇"这位力士，也曾被数次言及。从《论语》中可以看出，孔子师生也曾讨论过这段往事。

鼻祖。我们不妨怀想，暗杀这种手段在我国可能存有着悠久的历史，并在后世不断得到效仿。利用这种方式，可对敌方关键性人物进行打击，付出代价相对较小，收到事功相对较大。如果女艾是女性，那么少康所施展的可能是一出美人计，可比西施之事吴。当然，女艾的行刺又不仅仅是女色之诱，同时还需要其巧妙布局和亲身刺杀。从这些经历可以看出，远古时期女性刚烈之风凛然，虽男儿，不如也。

伊尹灭夏

夏王朝到了末期，统治集团日渐腐朽，居住在黄河下游的商则悄然兴起，先是与夏形成对峙局面，后来终于推翻了夏王朝，建立了商王朝。在商灭夏的战争中，谍战起到了非常重要的作用。《孙子兵法·用间篇》中说："殷之兴也，伊挚在夏。"其中的"伊挚"，就是伊尹。"伊挚在夏"说的正是伊尹深入敌国担任战略间谍，大量收集军政情报的历史。这些情报对商汤灭夏起到了非常重要的作用，故此孙

伊尹像

9

子才会说"殷之兴也，伊挚在夏"。

伊尹，生卒年不详，相传为河南开封陈留人，本名挚，也有史书称之为阿衡或保衡。伊尹是鸣条之战的指挥官，也是辅助商汤灭夏的功臣，并被视为我国古代第一位名相。

据说伊尹曾经多次在夏和商之间徘徊，却一直不受重用，只此我们便可以想象他的内心一度何等失望。《册府元龟》等书都说伊尹"黑而短"，其貌不扬，不知何据。如果此说属实，伊尹一度不受重用也许与"长得丑"有很大关系。大概"以貌取人"是自古便有的习惯，伊尹深受其害。

在多次往返夏、商两地，经过反复比较之后，伊尹最终决定离开夏而投奔商。看到商汤对自己的厨艺非常感兴趣，伊尹便以"知味"为喻，建议商汤要像"调和五味"一样来治理国家。商汤由此得知伊尹的贤能，于是选择吉日，在宗庙举行了隆重仪式，破格任命伊尹为相。

伊尹上任后，建议汤不要急于对夏用兵，而是要一面努力发展自己的军事和经济实力，一面注意多方收集有关夏的各种军政情报，对夏王朝的政治动向和发展态势进行严密跟踪，力争抓住最佳用兵时机。

为了搞好敌情侦察，伊尹甚至亲赴险地，打探敌国第一手情报。为了不使夏桀起疑心，伊尹故意犯下大罪，然后负罪逃跑。

伊尹在到达夏之后，设法获得了夏人的信任。他以厨师的身份四处活动，多方刺探情报。在前后共计三年左右的时间里，他收集到大量关于夏的军政情报乃至桀本人的生活秘闻。伊尹的这次行间，取得了相当大的成果。不久之后，他秘密地潜回商都，向汤作了一次详细汇报。伊尹告诉汤，夏桀沉湎女色，宠信小人，不顾民众死活，终于使得"上下相疾、民心积怨"，可以说，夏朝正是大厦将倾，国运衰竭。

伊尹这次入夏总共三年时间，[①]三年应该是一段不短的时间，从中可知伊尹行间的艰辛。这三年当中，伊尹收集了多少有关夏朝和夏桀的情报，我们不得而知，但可以确信的是，伊尹对于夏朝的情况已经掌握得相当清楚。汤在听取了伊尹的汇报之后非常高兴，获得了更大的信心，也更加坚定了决心，与伊尹一起细致周密地筹划起灭夏大计。

在看到商汤有如此坚定的灭夏决心后，伊尹再次潜入夏朝，主要目的是更多地掌握夏桀的兵力部署和防线调整情况，好为汤确定进攻路线做好情报保障。伊尹此次赴夏之后，选定夏桀所宠信的妃子妹喜作为用间对象，力争对她进行策反和拉拢，发展为内间，为自己所用。在此之前，伊尹已经了解到夏桀的脾性和爱好，知道妹喜具有非凡美貌，是个能左右夏桀言行的女人。

伊尹潜入夏之前，妹喜已经在夏桀左右，可知妹喜不是伊尹预先安插，而是后来经过收买或策反才成为内间。那么，其貌不扬的伊尹又是如何成功地收买了貌若天仙的妹喜，则成为一个巨

---

① 这是《竹书纪年》的说法。据《竹书纪年》卷上："十七年，商使伊尹来朝……二十年，伊尹归于商。"

大的谜团。

据《竹书纪年》记载，好色的夏桀因为得到了新宠，自此厌倦乃至抛弃了妹喜。妹喜则由此而心生怨恨。这个时候应当是伊尹收买妹喜的一个重要时机，以伊尹对于夏的了解程度，他应该不会错失这个良机。

可以想见的是，为了策反妹喜，伊尹一定在她身上用尽了各种心思，使出了各种手段。如果是金钱收买，那么这笔钱的数目一定不在少数；如果是投其所好，伊尹一定是对妹喜做了充分研究，甚至不惜将稀世珍宝奉上。作为交换，妹喜将夏朝的军力部署情况悉数透露给了伊尹。妹喜在很长的一段时间里，实则参与和影响了夏的国政建设，而且对夏的军事力量和兵力部署等情况也了如指掌。故此，她才能为伊尹提供很多富有价值而且非常准确的重要情报。

在古代典籍中，只有《吕氏春秋》详细记载了妹喜将夏的军情和兵力部署情况透露给伊尹的经过。据《吕氏春秋·慎大览》中记载，妹喜趁人不备时悄悄告诉伊尹："天子梦西方有日，东方有日，两日相与斗，西方日胜，东方日不胜。"据后人分析，妹喜这里所说的东方与西方、胜与不胜等，都是极具情报价值的暗语。把这些暗语和当时的地理联系起来，恰好提示了夏朝防务的虚实之处，从而为伊尹后来选择进攻方向和路线提供了重要的参照。

妹喜很可能就是这样与伊尹完成情报传递的，除此之外，伊尹必定还通过其他手段，在把夏的军情摸得清清楚楚之后，才有了具体作战思路。如果说伊尹第一次赴夏考察的多是社情和民情的话，这一次则更多关注军情。夏的底细已被伊尹悉数掌握，灭亡为期不远。

就在伊尹赴夏行间期间，汤也没有闲着。在他的领导之下，商继续扩充经济和军事实力。数年之内，商先后灭掉葛、韦、顾等周边小国，疆土进一步扩大，实力也得到进一步增强。而夏王朝则由于桀的暴虐和无道，已经日显颓势，行将分崩离析。此消彼长，双方实力已经非常接近。夏王朝已经处于风雨飘摇之中，大举进攻的时机即将到来。

伊尹知道进攻夏桀必然牵扯多方面利益，尤其可能引发一些邻国的激烈反应。这些邻国中，有的曾经是夏的属国，有的则是刚刚投靠商的，有的则至今尚抱着观望和摇摆的态度。所以，为了慎重起见，伊尹建议考察一下夏周边小国的态度。

为此，他建议汤即刻停止向夏纳贡。夏桀得到这个消息之后非常愤怒，立即号召周围众多的小国联合起兵攻打商汤。众多小国不敢怠慢，响应了夏桀的号召。看到夏桀尚有相当大的号召力，伊尹认为，进攻夏的时机此时尚未完全成熟，于是立即向夏补缴贡品，将出兵之事暂且按下。第二年，伊尹如法炮制，情形已经发生根本变化。夏桀再次号召周围小国联合起兵攻商时，遭到周边小国的一致抵制，根本无力组建起一支像样的军队。失道寡助的夏桀和他的夏王朝，其溃败速度，竟如此之快。伊尹和商汤由

此判定，夏桀已经处于众叛亲离的境地，进攻时机已经到来。

根据行间所得情报，伊尹制订了迂回进攻的策略。由妹喜所提供情报可知，夏在与商接壤的边境集结了大量的兵力，所以商汤的军队避开了这条防线，大队人马悄悄地一直往东进发。这进攻路线的选择出乎所有人意料，当然也同样地大大出乎夏桀的预料，让夏桀来不及做出反应和调整。

在成功铲除夏在东方的辅助势力之后，伊尹突然挥师西进，出敌不意，迂回至夏的都城。夏桀的军队来不及进行调整，即刻陷于混乱。双方的军队一直缠斗，虽然汤的军队是劳师远征，但其军队并不处于下风。战至鸣条（今河南封丘东）附近时，两军又进行了一次大决战，史称"鸣条之战"。决战之后，夏桀的军队被最终摧毁。汤成功地覆灭了夏朝，自此建立了一个完整和强盛的商王朝。

孙子说"知迂直之计者胜"，伊尹和商汤所指挥的这次灭夏之战，进攻路线的选择出人意料，正是典型的"以迂为直"。当然，伊尹此前扎实的情报工作，也是他们顺利取胜的一个更为关键的因素。正是有了可靠的情报，才可以制定出"以迂为直"的作战路线，取得最为理想的作战效果。春秋末期的著名军事家孙武在他的《孙子兵法》十三篇中明确说道，"殷之兴也，伊挚在夏"，把殷商的兴盛与伊尹的行间直接因果，这充分说明了伊尹在商灭夏过程中所扮角色和所起作用。

伊尹在被汤任命为相之后，敢于深赴敌国，极富冒险精神。

伊尹假装得罪商汤，以获罪的名义逃离商汤，潜入敌国，可谓深谙谍报经营之术。此后历史上种种间谍派遣之法，诸如政治避难、苦肉计、逃亡等，莫不由此翻出。伊尹亲为间谍，有着显而易见的优长：一方面，他与商汤之间的这种垂直领导，并无其他中间环节，这有利于情报的保密和传输；另一方面，伊尹的研判情报能力，也使他在获得大量社情、军情后，能够及时合理地进行分析和研究，并以此作为出发点，制定出切实可行的战略方针。伊尹选择妹喜作为行间对象，也被证明极具战略眼光。妹喜的暗语为伊尹和商汤选择战略进攻方向提供了重要依据。伊尹在对敌国的情况了如指掌后，善于分析，周密筹划，成功地找到了一条破敌路线，并制订了周密而富于奇效的进攻计划，可谓善于经营战略情报的大师。

吕尚伐殷

商代统治凡五百余年之后，国运开始衰落，西北的周族趁势崛起。当商周对决之时，周的实力仍然处于下风。按照当时双方实力对比，商朝尚且不至必败。但是，双方角力的结果，力量相对处于劣势的周人战胜了实力明显占优的商人，成功地改写了历史。周人能最终战胜强大的殷商，吕尚所实施的情报战和战争谋略起到了至关重要的作用。

吕尚是著名的政治家和军事家，在军事史上占有着重要地位。史称吕尚"多兵谋与奇计"，故此，后代言兵，"皆宗太公为本"。

姬昌起用吕尚的过程，历史上说法不一。影响最大的一种说法见诸《史记》，即后来广为流传的关于一根钓钩的故事。

吕尚听说姬昌是个重视人才的贤能之君，便带着钓竿赶到渭水之滨。这是渭水河滨一处水草丰茂之地。吕尚貌似神闲气定地坐在一块大石头上。河面上水波不兴，吕尚的内心却是激流奔涌。听说他时常会来这里猎取一些野味呢，不知道今天会不会来？这样想着，吕尚便感觉到他手里这根鱼竿的分量了。这时候有人过来问：老人家，你这鱼钩是直的，根本钓不到鱼啊。吕尚听后只是微微一笑，并不理会。这样子不知道过了多久，姬昌终于带着一班随从出现了。看到吕尚，姬昌心生惊讶：好一个气宇不凡的老者！随即恭敬地迎上前来给吕尚行礼。吕尚顿时明白，部族之中关于姬昌贤达的传言果不为虚，于是就和姬昌攀谈起来。交谈之中，吕尚更加感受到姬昌的求贤之心，便把胸中丘壑和盘托出。姬昌也察觉出吕尚的贤能，立即拜吕尚为师，掌管三军。

吕尚深通经国要领，所以能够很好地辅助姬昌。周本偏处西隅，是个弹丸小国，但由于他们君臣协力，治术得当，不久便开始走向强盛。吕尚告诉姬昌，如果想谋得"大治"，必须要先把无道的殷商王朝政权推翻。而灭商大计，最要紧的不外乎四条：其一，发展壮大自己；其二，迷惑纣王，不能给他察觉出姬周的真正意图；其三，全面掌握殷商的政治、经济和军事情报；其四，寻机策反商纣的羽翼，使纣王陷于孤立。

吕尚早年曾有过在殷商的经历。这使得他对商纣的军政概况有一定了解，但他认为仅有这些还远远不够。于是，在吕尚的巧妙部署之下，姬周的情报人员不断地潜入殷商，吕尚因此得知商纣"欲杀文王而灭周"的核心机密。这可说是一件令吕尚和姬周

上下都立即寝食难安的麻烦事。吕尚苦思对策，认为姬周眼下的最好办法便是制造大量假象麻痹纣王，使其立即调整战略矛头，不与姬周为敌。

吕尚劝谏文王的主意，后人曾有托附："鸷鸟将击，卑飞敛翼；猛兽将搏，弭耳俯伏；圣人将动，必有愚色。"①这段话的实质，就是韬光养晦，麻痹对方。吕尚之所以如此主张，是因为他认识到，如果不能及时打消商王对姬周的征伐念头，以当时双方的实力对比，很可能招致灭顶之灾。如果能很好地隐藏自己的实力和战略意图，并伪装臣服商王，使其放弃对姬周的武力征伐，便可以最终实现"苟能因之，必能去之"，再进一步将殷商击溃。

在吕尚的劝导下，文王立即在周原建立宗庙，祭祀商的先祖，以表示顺从。姬周还答应商王到周的辖区进行狩猎活动，满足他的口腹之欲。除此之外，吕尚还在国都建造玉门和灵台，并安置大量侍女，每天鸣钟击鼓取乐，竭力给纣王造成周文王耽于女色和沉湎享乐、不思进取的假象。这其中最重要的一点是，姬周联合起反对殷商的一众小国，表面上臣服纣王，暗地里却一直发展壮大实力，扩大同盟力量。

纣王终于被吕尚一系列假情报所迷惑。纣王判断，姬昌并无与商争夺天下的实力与志向，大体属无能无用之人。他对姬昌的忠心表示欣赏，并委以军权，可以对不听话的小国动用武力。而

---

① 见《六韬·发启》。

纣王则从此把战略矛头瞄准东方国家，在西部防线仅投放了少量兵力。这样，商不仅在与东方之敌的交战过程中不断地消耗实力，同时也在战略后方埋下了一个巨大隐患。

殷商的所谓东方之敌主要是指东夷。吕尚经过细致分析后认为，曾是殷商属国的东夷其实可以引以为西周之援，而发展为殷商之敌。故此，吕尚在仕周之后，又去殷商大行间谍活动：策反东夷叛商，让他们加入周王伐商的队伍中来。即便不能达成这个目标，也一定要争取让这些东方小国能转移商纣的注意力，打乱其兵力配置和战略部署，好为下一步周王的征伐战争做好准备。

所谓东夷主要是指徐淮夷一带。这些东方诸侯方国既是商的重要属国，同时也是商最为重要的战略后方。故此，吕尚选择这里作为行间对象，在战略上具有很强的针对性。有人说，所谓东夷，即指东海，也就是吕尚早年居住过的地方。既是早年的居住地，吕尚对此地风土人情等不会感到陌生，故而便于其开展间谍活动。

吕尚选择了适当时机，成功越过商的边境，打入商的后方，从事策反东夷的工作。他来回穿梭于东夷各个方国之间，向东夷国王数落商纣的暴虐，并且详细介绍了姬周的贤明政治和逐步发展壮大以及受到越来越多拥护的基本情况。在吕尚的劝说下，东夷王决定用举国之力，协助姬周。

由于历史久远，吕尚行间的具体情况，古籍中鲜有记载，故此其中的详细经过尚待继续考证。总之，吕尚一定是在东夷进行

了一系列艰苦运作和一番煞费苦心的经营之后，才能成功地使得东夷背叛商纣，站在周的一边，成为周灭商的同盟军。东夷叛商之后，立刻成为商纣的心腹大患。商纣得知这个消息后，震怒之余，也不得不立即调整战略部署，以大量的人力物力对付东方之国，并从此陷入了耗时久远的战争。在经过多年的征讨之后，商纣终于使东夷再次臣服，但自己也是元气大伤，国运开始日趋衰落，而一蹶不振。

商、周在西线对立之时，东夷乘机叛之，则可知东夷与周的联盟行动，也可知其中必有间谍和情报来往，以作协调和沟通。东夷与姬周，分处东西，其间正好隔着殷商。必经之地就是敌国，情报传递必然遭到严密的盘查，这给他们之间的协调联络带来极大不便。那么，吕尚又是如何解决这个难题的呢？

据说"阴符"和"阴书"这两种情报传递方式就是太公吕尚所发明，专为传递秘密情报和机密文件之用。所谓"阴符"，是用铜、木或竹板制成，以板之长短为秘密通信信号。而"阴书"则是将秘密文书一分为三，派三人分别传送，敌人如果不能将三部分内容全部截获则无法了解文书内容。想必是因为有了这种安全保密的情报传递，东西盟友之间的沟通协调才能得到保障。

周文王去世、周武王即位后，周的大政方针并无重大调整，仍是在吕尚的指导下励精图治，蓄势待发。吕尚和武王密切关注着从敌国传来的情报信息。起初，间谍送回的情报是殷商政治上一片混乱：邪恶之人受到重用，而贤良之才却遭罢黜。武王和吕尚认为，这还不是出兵的时候，便派间谍继续侦察。不久，他们又得知商朝的老百姓都因为畏惧纣王的刑罚，不敢开口评论政事了，便信心倍增，继续大量派出侦察人员进行打探。等获悉一干得力臣子都灰心地要离开纣王这个无道昏君时，吕尚和武王认定伐纣的日子已经不远。

姬周在不知不觉中实现了实力的巨大跃升，而殷商却在茫无头绪中迎来了一次最为致命的内乱。由于王叔比干被杀和重臣箕子被囚，商的统治几近分崩离析。吕尚和武王看到时机成熟，便立即厉兵秣马，精心准备最后一战。约在公元前 1046 年①的某一天深夜，武王在吕尚的协助下，率领兵马，顶着暴风骤雨，悄悄地向殷商进发，最终完成了灭商的历史使命。

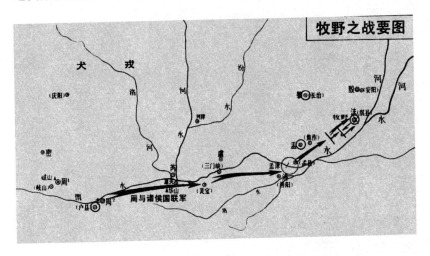

牧野之战要图

---

① 武王伐纣的具体时间，学界一直没有定论，只能采用约数。

在《孙子兵法·用间篇》中有"周之兴也，吕牙在殷"一句，这至少说明吕尚行间，包括吕尚对殷商的洞悉，被孙子认为是周兴商亡的关键。总体看来，灭商的成功与吕尚的情报战密不可分。纣王既不能识别姬周的情报示伪，又不能做好己方战略情报保密工作，既不能及时削减姬周的实力，反倒是授人以渔，无形之中帮助姬周坐大，可说是一直在被吕尚的行间和情报谋略牵着鼻子走。反观吕尚，通过在情报战线的一系列的成功运作，他既对殷商的国情军情有了充分的了解，又成功赢得发展实力的时间和空间，还意外地赢得了一些同盟力量，从而为灭商夯实了基础。吕尚的行间和战略情报运作，使得对手错误地调整了战略方向，既消耗了对手的实力，也使得其不能东西兼顾，最终留下极其虚弱的一道防线，等着自己的乘势一击。

贰

暗战渐起
春秋战国时期谍战

春秋战国时期，由于"礼崩乐坏"和周王室的日益式微，各路诸侯渐渐坐大，进而形成列国分治的局面，接着便是诸强争霸，纷争不已。这种你争我夺的局面，迫使各路诸侯都高度关注局势演变，非常重视收集情报，间谍战也由此而渐渐兴起，贯穿于整个乱世。到了战国时期，更是出现了以改变对手外交政策和结盟对象为目标的长期经营的战略间谍，其中尤以纵横家为代表。他们集"伐交"与"用间"于一身，既是外交家，又是战略间谍，其胆识、才干和用间谋略等，无不令人刮目相看。我们甚至可以说，正是这些大大小小的暗战，决定了诸侯争霸的走势。

秦郑恩仇

公元前 630 年（晋文公七年，秦穆公三十年，郑文公四十三年），晋国联合秦国出兵围攻郑国。晋军驻扎在函陵（郑地，今河南新郑之北），秦军驻扎在氾水南面（郑地，今河南中牟之南）。面对两个军事强国的大兵压境，郑国可说是危在旦夕。就在这个危急时刻，有人向郑国国君推荐了老臣烛之武，希望他能想办法解救郑国。

烛之武先是为自己的长期遭受冷遇发了一通牢骚："我在壮年的时候都不如别人，现在我已经老了，更不能有什么作为了！"可是，国家的生死存亡毕竟马虎不得，所以，在一通牢骚之后，烛之武还是连夜出城。

烛之武让兵士用箩筐把他从城墙上放下来。出城之后，他便直接赶往秦军大营。秦军看门卫士看到忽然间来了一个头发花白的老者，便连忙阻止，拒绝其继续前行。烛之武见状，便坐在秦军营门外放声大哭起来，见此情形，守门卫士只好带他去见秦穆公。

秦穆公问："你是何人，为何在营门外面痛哭？"烛之武说："我是郑国的老臣，既为郑国的即将灭亡而痛哭，也为秦国痛哭。"秦穆公非常奇怪，接着问道："你为郑国哭可以理解，怎么还会为秦国哭呢？"烛之武说："秦晋围郑，郑是必然灭亡的。但是，郑国的灭亡能给秦国带来什么好处呢？郑国在晋国的东面，而秦国又在晋国的西面，东西相距甚远。所以郑国的灭亡对秦国没有什么好处，只是帮了你们的邻居晋国。晋国实力增强了，也就代表你们秦国实力减弱了。晋国是那样一个贪得无厌的国家，对你们许诺的很多事情都没有兑现，这次能不能按照你们事先的约定行事，也是一个很大的疑问。没想到大王真的做这种损秦利晋的事情，我因此而替大王感到难过。如果你们不灭亡我们郑国，那么郑国就可以在日后为你们多尽一些东道主的义务，可以为秦使往来提供方便。这对你们也是很有好处啊。"秦穆公听了烛之武这一番分析之后，终于有所醒悟，随即下令退兵。

秦国撤军之后，晋国迫于无奈，也只好随即撤军，郑国就此避免了一场亡国之祸。烛之武利用秦晋之间的利益矛盾，从秦国的角度分析了"亡郑"之后的形势以及对秦国的得失，从而使秦穆公决定撤兵，瓦解了秦晋联军。这是一次非常成功的秘密间谍活动，也令烛之武千古留名。

烛之武在成功劝退秦军之后，还与秦穆公签订了外交协议。

根据烛之武与秦穆公订立的盟约，双方约定了两件事情：一是，今后秦国的外交使节出使东方途经郑国时，郑国有为其供应物资粮秣的义务。二是秦国留下杞子、逢孙、杨孙三名将领协助郑国的防务工作。于是，杞子等三人作为秦国派驻郑国的军事代表留在了郑国。

秦国往郑国派驻军事代表的这种形式不知何时起源。通过甲骨卜辞和《易经》，我们甚至可以从商代找到久远的痕迹。商朝为了掌控周边小国，就曾以派驻类似于军事代表的形式收集情报，监控对手。所以，秦、郑之间的这种协议很可能并非当时独创。因为秦、郑两国实力不对等，秦国绝不会答应郑国往秦国派驻军事代表，而郑国则只能以接受对方的军事代表为代价，来换取秦国的撤兵。

《左传·僖公三十二年》记载，杞子从郑人手里获得了北门的掌控之权。由此可见，杞子在两年多的时间里，通过大量的交友和情报工作，获得了郑国都城司城（即主管城防之官）缯贺的信任，不仅获取了郑国的情报，甚至连郑国北门的钥匙都能予以掌控。很快，杞子派人向秦穆公送出了一份情报：郑国人已经让我们掌管北门，如果悄悄地派兵潜入，就可以将郑国就此据为己有。与此同时，杞子等人则开始在馆舍之中秘密筹划策应方案。

秦穆公在接到这一情报之后，不顾老臣蹇叔的反对，鲁莽地决定出兵远征偷袭郑国。秦军匆匆行至滑国（今河南偃师之南），恰好遇到郑国极具情报意识的爱国商人弦高等人。弦高原本要去

成周（今河南洛阳）做买卖，发觉情势不妙，便立即机智地假借郑君的名义，拿出四张熟牛皮，再送上十二头牛来犒劳秦军，并假意说道："郑君听说你们行军经过我国，就让我先来犒劳大家。考虑到你们将在郑国宿营，我们已准备了一天的供应。当你们离开时，我们还将提供一夜的警卫。"弦高的话，不卑不亢，绵里藏针，实际上是在警告秦军：郑国已得知秦军将偷袭郑国且郑国已做好了战争准备。秦将孟明视听了这番话之后，心中暗暗吃惊。他没想到郑国已经做好了充分的防备。眼看偷袭无望，围攻又无后援，孟明只好率领大军转道回国。

秦军将要偷袭郑国的情报，被弦高迅速传回国内。郑穆公便派人前往杞子等人的"客馆"侦察，发现他们已经披挂整齐，整装待发。于是，郑穆公派人揭穿他们试图里应外合的阴谋，并驱逐他们出境。受命前往馆舍的大夫皇武子对他们说："诸位久住敝国，我们已经没有多余的干肉和粮食可供应了。听说你们要走，那你们就自己去猎捕一些野味带上吧。"眼看阴谋已被揭穿，杞子等三人便只好分别逃往邻近的齐国和宋国。

秦国和郑国之间两次谍战，郑国都是胜利一方，秦国先后蒙受损失。秦国失败的根源在于，事先并没有对周边国家的战略态势，尤其是地缘战略对国家可能带来的影响进行充分分析，贸然出击的结果，只能是遭受失败。当然，从长远来看，秦国的这种失利不全是坏事：这对他们认清自己的地位、适时调整战略方针很有好处。在遭遇挫折之后，秦国大幅度调整战略方向，转而专心经营西部大后方，努力打牢东进的基础，扩展对于西戎的影响力，这便有了"秦穆霸西戎"。

巧收由余

秦国在殽之战遭到惨败之后，秦穆公决心把战略目标调整到西部，加快向西拓展，不再盲目东进。这应该是秦国最切合实际的选择。这个时候，西戎使者由余的出现，正好给了秦穆公向西进军、独霸西戎的大好时机。策反由余，使其为我所用，便成为秦穆公最为迫切的重要任务。

由余，一作繇余，其祖先为晋国人，因避乱而逃到西戎。西戎王听说秦穆公的贤能，很想探听一下秦国虚实。因为由余能说中原一带的方言，所以就派他到秦国担任使者，借此机会收集情报。

秦穆公热情接待了这位使者。他带着由余观赏秦国那些高大宫殿，希望以此炫耀秦国的强大，没想到这种炫耀的结果只是换来由余的一番讥笑。秦穆公感到非常奇怪，他问由余是怎么回事。由余非常直率地指出，这样浩大工程就是鬼神来做也非常劳神，如果是由老百姓来做，就会更加苦不堪言。所以这显然是劳民伤财之举。这些话虽然说得难听，却很能发人警醒，由此引起秦穆公的重视，从而对由余刮目相看。他没想到西戎蛮荒之地竟然有如此深明事理之人，所以立即提高了接待由余的规格。

随后，秦穆公找来内史廖商量。内史廖认为，既然由余没有隐瞒自己的观点，说明他是坦诚相待，那就可以争取过来。接着，内史廖就说出了一套策反由余的计划，秦穆公对此言听计从。

第二天，秦穆公让乐官精选几位擅长音乐歌舞的美女送给戎王，戎王愉快地笑纳，而且乐不思蜀，长久不还。对于由余，秦穆公则是盛情挽留，热情款待，让由余充分感受到温情和诚意。在酒席上，秦穆公也择机向由余询问西戎的山川地貌与风土人情等情况，由余经常会在酒后吐露真言，秦穆公由此了解到很多关于西戎的重要信息，甚至是相关于西戎兵力部署等重要情报。

一年之后，由余回到西戎。戎王责怪他迟迟不归，由此开始对他产生疑心。反过来，戎王因为得到新欢，一直疏于朝政，沉湎于酒色，这也让由余感觉非常失望。由余曾经几次进谏，不仅没有起到效果，反而惹得戎王心生厌烦，二人之间的关系渐渐破裂。这时候，秦穆公趁机派出间谍到西戎散布流言，说由余已经投靠了秦国，并且给秦国传递情报。由余知道有些情报其实是自己无意之间透露出去，害怕受到追究，于是产生了逃离西戎的念头。秦国的间谍得知这些情况后，秘密地与由余接洽，为由余出逃创造条件，由余感念不已，终于就此投靠了秦国。

　　秦穆公看到由余重新出现在自己面前非常高兴，明白霸西戎的目标已接近成功。他立即给由余加官晋爵，给予优厚的待遇。由余感受到了秦穆公极大的恩宠，便主动和他商定讨伐西戎的计划，为秦穆公进攻西戎出谋划策。第二年，秦国出动大军，对西戎发动攻击。由余对西戎的设防情况非常熟悉，他带领秦军一路高歌猛进，非常顺利地就把西戎十二国消灭了。秦国的领土由此得到极大扩张，进一步巩固了自己作为西方霸主的地位，为后来渐渐强盛，进而统一中国奠定了基础。

　　秦穆霸西戎，战略方向的调整固然是一个重要的直接原因，在具体的操作层面，秦穆公的善于用间和善于用人也非常关键。诸如由余这样对西戎有着举足轻重作用的重臣，被秦穆公成功地策反，这对最后占据西戎起到了非常重要的作用。正是这个缘故，司马迁才会如此感叹说："秦用由余谋伐戎王，益国十二，开地千里。"①秦国由此开始在西方称霸，也隐约对中原构成威慑和影响。这其中，由余的贡献不容忽视。

---

　　① 《史记·秦本纪》。

楚材晋用

春秋时期的争霸战争，以晋楚之争最为激烈。二者缠绕相斗，旷日持久，几乎贯穿整个春秋时期。

晋楚之间发生的大规模战役有三次，分别是公元前632年的城濮之战，公元前597年的邲之战，以及公元前575年鄢陵之战。晋楚争霸过程中，郑、宋等小国身处夹缝之中，只能依靠"墙头草"一样的政策来苟且偷安。当楚军前来进犯，他们便投靠楚国；当晋军赶来讨伐，他们便倒向晋国。晋楚争霸其实就是争当这些弱小诸侯国的主人，求得对郑、宋等小国的支配权。尔尔小国，如果胆敢拒不顺从，便会被他们找借口消灭兼并。

公元前632年的城濮之战实则与宋国有着密切关系。在齐国霸业衰落之后，宋襄公曾企图以标榜仁义来谋求霸主地位，没想到楚国人并不认同这种游戏规则，他们在举办盟会时将宋襄公活捉并大肆羞辱。宋襄公回国后便拿和楚国关系密切的郑国解气，于公元前 638 年举兵攻郑。没想到此举招致楚军更大规模的反击。这年冬天，宋军和楚军在泓水相遇，宋襄公因迂腐的战法多次错失战机，使得宋军再次遭到重创，宋襄公在战争中受伤，并在不久之后身亡。宋襄公死后，宋国只得与晋国交好。楚军则不依不饶，率领陈、蔡、郑等多国联军继续攻打宋国，将宋国都城商丘包围得水泄不通。

这时候的晋国由晋文公执政。晋文公面对宋国的求援，显得

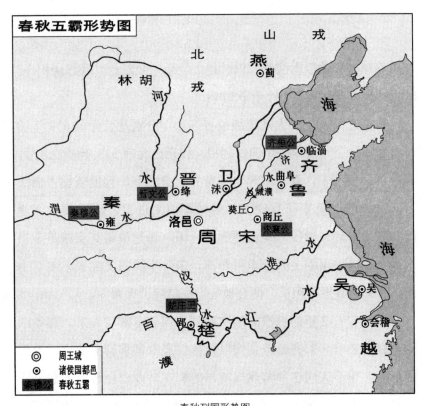

春秋列国形势图

犹豫不决。先轸建议他以"报施救患"的方式"取威定霸"，狐偃也给晋文公献计献策，建议他调动楚军北上，伺机救宋图霸。晋文公由此获得与楚军决战的信心。

两军对峙，楚军在军事实力上相对占有优势。晋军虽然一度争取到齐、秦的支持，但在兵力与战车数量上与楚军相差悬殊。实力上的巨大优势，使得楚军将领子玉有些飘飘然忘乎所以，非常狂妄轻敌。他甚至断言，可以一战成功："今日无晋。"①即使面对楚王的善意提醒，他仍然充满自得之情，坚决请求马上领军出战。这使得楚王非常生气，甚而有意不给子玉更多兵力，以惩治他的狂妄和自大。

面对占据优势兵力的楚军，晋文公处处谨慎。而先轸则是大量收集关于楚国的重要情报。他通过逃往晋国的楚人口中得知，楚军虽然人数众多，但也有很多七拼八凑的杂牌军。那些被迫跟随楚军前来参战的小国，并不能和楚军同心同德。也就是说，楚军内部并不是非常团结。楚军的精锐部队，比如若敖氏的军队，更是随时打算撤军。此外，先轸还得到一个相关楚军主帅子玉的重要情报：作为楚军主帅的子玉，性情刚烈，自以为是，骄傲自大，有着明显的弱点，可以用"怒而挠之"的策略使其陷于轻率烦躁，做出错误决断。这些重要情报使得先轸更加坚定了与楚军决战的决心，只有晋文公还在担心与犹豫之中。

---

① 《左传·僖公二十八年》。

晋文公复国图

晋文公的犹豫不决，令先轸和晋军众将都非常着急。这时由楚国出逃的王孙启适时出现，提供了重要情报，帮助晋文公下定了决心。王孙启告诉先轸，这次交战实际只有子玉一个人态度积极，楚王与其意见并不一致，所以楚国军队中只有东宫和西广两支部队来参战。至于诸侯军队，也有半数背叛楚军，若敖氏也已撤军。按照这样的趋势，楚军的失败在所难免。得到这些情报后，晋文公终于下定与楚军交战的决心。

晋文公和先轸根据收集到的有关楚军的重要情报，尤其是利用对手狂妄自大的性格缺陷，制定了"退避三舍""诱敌深入"的作战方针。同时，针对楚军内部不稳的情况，晋军采取了集中优势兵力各个击破的战法，首先攻打楚军的左军和右军。在战斗中，由陈、蔡军队所组成的右师被首先击溃。接着，楚军左师也被击溃。由于左右两军相继受挫，楚军阵脚大乱，随即大败。子玉在战后被迫引咎自杀。晋国取得一次重大胜利，开启了中原争霸的局面。

晋国和楚国各自都有对方潜伏或反叛人员，悄悄进行着间谍活动，所以，用"敌中有我，我中有敌"这句话来形容晋楚争霸，再恰当不过了。"楚材晋用"这个成语本是用来形容春秋时期楚国和晋国之间的人才流动情况，其中主要是说楚国的人才纷纷外流到了晋国，反为晋国所用，因而有了所谓"晋卿不如楚"①的说法，后来这个成语泛指各国之间的人才流动。由于人才流动频繁，晋楚争霸的这些战役中，谍战的戏份很足。《国语·楚语上》有一篇《蔡声子论楚材晋用》，说的就是楚国排挤贤人的故事。这些人才外流到晋国之后，纷纷成为反间，反戈一击，成为晋国战胜楚国的一个重要因素。

这种情形到了鄢陵之战时，显得更加突出。晋楚之间围绕鄢陵之战，都非常重视情报和谍战。由于间谍战地位突出，情报成为主导战争胜负的最关键因素，至少战争胜负的天平由此而发生倾斜。

公元前 575 年，郑国重新倒向楚国的怀抱，这立即招致晋国不满，马上引军攻击。晋厉公亲自率领大军，浩浩荡荡地征讨郑国。郑国见势不妙，只好立刻向楚国求救。楚共王带领救兵与晋军在鄢陵相遇，鄢陵之战由此爆发。

①《左传·襄公二十六年》。

面对楚军咄咄逼人的态势，晋军内部意见并不统一。栾书、郤至等人坚持认为，楚军虽然貌似强大，但是军纪不严，并非不可战胜。尤其是苗贲皇，他本是楚人，对楚军的情况了解较多，所以他认真地帮助晋厉公分析楚军的缺点，使得晋厉公有了同楚军决战的决心。

苗贲皇本为楚国斗椒之子，楚王灭若敖氏之后，他逃奔晋国。晋君看到他来投奔，立即厚礼待之。而苗贲皇则一直寻找机会报答晋君的知遇之恩，所以这次晋楚两军交战正是苗贲皇提供情报，求得报答和表现的机会。

苗贲皇根据自己掌握的有关楚军的情报，告诉晋国国君，楚国的精兵强将都在中军，属于王族部队，所以应该把精锐部队集中到左右两军，这样就可以一举击溃他们，然后再把兵力集中攻击楚军的中军，就一定会将楚军打败。晋侯听了这番分析之后，心中不禁大喜。他马上请来太史进行占卜，又得到了非常吉利的一卦，于是立即下令出兵，与楚军进行决战。

晋军大营中有苗贲皇这样熟悉楚军军情的人物，楚军这边也有对晋军的军情非常熟悉的伯州犁。

伯州犁，晋国伯宗之子。由于伯宗被害，他被迫南奔，逃到楚国，被楚王任命为大宰。由于他对晋军的军情非常熟悉，此时实则也为楚军充当了情报官的角色。当楚王决定登上楼车探望晋军军情的时候，子重建议让大宰伯州犁侍立楚王身边，为楚王分析敌情。

在观察军情的过程中，楚王问了很多问题，比如晋军的战车左右驰骋是干什么，都聚集在中军是干什么，晋国军队的帏帐张开了是在做什么，伯州犁都一一及时予以作答。楚王看到晋军车马喧闹，尘土飞扬，担心地问是不是马上就要开战。伯州犁根据晋军的惯例回答说：还不能确定。

伯州犁和楚王的对话过程，透露出春秋时期战场侦察的一些情形。楚王察看得仔细，伯州犁解读得耐心，对晋军的军情观察不可不谓细致。但在一个关键的问题，即相关"战与不战"的情报研判上，楚王和伯州犁都没有做好。这是一个非常致命的失误，也对晋楚两军的交战结果产生了重要影响。

这场战争在楚军明显带着些马虎大意的情况下打响。战斗的第一天，楚军果然被晋军所击败。楚军被逼入险境，连公子筏也为晋军所俘虏。虽然遭受重创，楚共王决定及时重整兵马，以待次日再行决战。子反派军吏视察伤员，补充步兵与车兵，修理盔甲和武器，清理战车马匹，命令大军次日鸡鸣时分便早早埋锅造饭，整装待发。

这个时候，晋军上下也在积极准备着第二天的决战。苗贲皇在通告全军做好准备的时候，故意放松对楚军俘虏的看守，让他们逃回楚营，报告了晋军的详细备战情况。楚共王得知晋军厉兵秣马，做了周密的作战计划，立即召见子反商讨对策。没想到的是，就在当晚，谷阳竖派人给贪杯的子反献上好酒，致使子反酒醉不醒，不能应召入见。楚共王看到这个情形，只得长叹奈何，

下令部队当夜撤出战场。楚军撤退至瑕时，子反为子重所逼而自杀。

鄢陵之战是晋楚争霸的最后一次大规模会战。在这次战争之后，楚国对中原的控制力明显减弱，晋国赢得复霸和崛起的机会，但在不久之后也由于内部分裂而失去对中原地区的控制力。此后，春秋争霸的重心就此由北方转到南方，更加惨烈的吴越争霸正式登上历史舞台。

勾践行间

如果说晋楚争霸是春秋前期至中期争霸主旋律的话，那么吴越争霸则是春秋晚期争霸的主旋律。吴越之间既有国恨，更带家仇，情节曲折跌宕，耗时蔚为久远，结果耐人寻味，诚可作为家国复仇的典型案例载入史册。在这场争霸战争中，谍战的作用尤为重要。越王勾践甚至亲赴吴国，充当间谍，策划和指挥这场针对吴国的间谍战。

吴越结邻为伴，却纠纷不断，仇怨日深。公元前496年，吴王阖庐得知越王允常去世，便试图乘着越国治办丧事、防守松懈之际发动攻击。勾践率军仓促应战，却意外取得了胜利。这场战争中，勾践已经显露出其出色的军事指挥才能。在双方交战之前，勾践派三队罪犯在吴军阵前集体自杀。面对这种阵势，吴军上下大感意外，惊恐不已。就在这时，勾践突然挥师掩杀，吴军就此被冲杀得七零八落。吴王阖庐（一作阖闾）在战争中身负重伤，

死在回国的路上。

继而夫差即位，念念不忘复仇。夫差命令手下每天站在宫门两旁，专门提醒他莫忘父仇。每当夫差出入，就会有人对夫差大声喝问：你忘记杀父之仇了吗？夫差慌忙答道：没有！如是日复一日，夫差不厌其烦。到了第三个年头，夫差发动倾国之兵进攻越国，并一举打败越军。

在这次战争中，越国损失惨重，勾践身边只剩下五千甲士。为免遭亡国灭种之祸，勾践采纳文种"卑辞厚礼"、委屈求和的建议，派大夫低声下气地向吴王请罪：我勾践愿为吴王臣仆，夫人可为吴王奴妾，大夫、国士以及其妻女都心甘情愿地为吴王服役，越国的宝器珍藏也可以尽数献给吴王。正当夫差打算答应之际，伍子胥劝谏吴王不要放过勾践。伍子胥指出，吴越两国同处三江之地，其势不能并存，必须乘机将越国彻底剿灭。

伍子胥的建议让夫差犹豫不决。见此情形，勾践加紧挑选美女和珍宝进献给吴国太宰伯嚭，对其进行收买，将他发展成为越国的内间，让伯嚭替自己充当说客。

勾践曾对伯嚭进行过细致研究。伯嚭是楚人，和伍子胥一样，属于背着深仇大恨远走他乡的亡臣。勾践深知，伯嚭只是一只寄居蟹，对吴国并没有什么深厚感情，而且生性贪婪，正可诱之以利。事实正如所料，由于文种的出色运作，伯嚭果然被成功收买，并在关键时刻解救了勾践。

由于伯嚭的引见，文种得以拜见吴王。在夫差面前，他一面是奉承，一面是威胁，正所谓软硬兼施。文种对夫差说：越军战斗力尚存，非得争斗下去，谁胜谁负尚未可知，即便吴军幸运获胜，最后也必然是损失惨重，得不偿失。

关键时候，伯嚭也乘机劝说吴王："越国已经臣服，赦免勾践则可以尽得越国宝物，这显然对吴国非常有利。"骄傲自满的夫差随即同意议和，并释放了勾践。伍子胥在得知这一消息后，长叹一声道："这是养虎遗患，越国将会发展国力，训练军民，二十年之后，吴国就变成池沼废墟了！"

勾践眼见目标得以初步实现，便着手展开下一步计划："与范蠡入宦于吴。"勾践君臣入吴可实现的战略企图有二：一是佯向夫差示弱，借以麻痹夫差；二是借机打探吴国的军政情报，深入吴国充当间谍。

勾践对吴王说，我们可以把越国的门锁和钥匙都交给吴国，可说是毫无保留、毫无戒备，请吴王完全放心。勾践亲自出现在投降的队伍之中，卑躬屈膝地请求吴王宽恕。看到勾践在自己面前摆出如此卑贱的模样，夫差的虚荣心得到了极大满足。

勾践这次入吴，明为奴隶，实为间谍，总计三年时间。伍子胥在得知勾践要入吴称臣后，立即提出了反对意见。伍子胥是个明白人，非常清楚勾践入吴称臣只是个阴谋，对吴国来说并不是什么好事情。故此，他极力劝说夫差抓紧时间杀掉勾践，以绝后患。

伍子胥的劝谏一度让夫差摇摆不定。就在这时，勾践所收买

的内间伯嚭又起到了关键作用。伯嚭对夫差说："伍子胥只是明于一时之计，并不懂什么安国之道。"夫差又一次听从了伯嚭的意见，没有杀掉勾践，任由勾践带着范蠡等人一同入朝。

夫差满足了一时的虚荣心，换来的却是无穷的后患。结果正如伍子胥所料，勾践入吴之后，"近卧于华池，集于亭庑"①，开始大量收集情报。自此之后，吴国君臣的活动被勾践和范蠡尽数掌握。

《吴越春秋》中记载有勾践"饮溲食恶"的故事：勾践得知夫差生病了，就乘机献媚，亲自品尝夫差的排泄物，以帮助夫差诊断病情，借机取悦和麻痹夫差。当然，《吴越春秋》类于小说，有故意丑化勾践的嫌疑，但不管如何，正是由于勾践深入吴国，才能轻松地获得诸如吴国人文地理、大政方针、人事变动，包括国君身体健康状况等这些重要的情报。

仅以常理推断，让敌人住在自己身边，并且一住就是三年之久，这无论如何也是一件匪夷所思的事情。夫差愚昧至此，怎么能不招致失败？勾践在吴国三年，获得多少相关吴国重要情报，我们不得而知。但有一点应该可以确信，勾践对于吴国上下一定已经非常熟悉。或者说，吴国对于勾践和范蠡来说，已经毫无秘密可言。夫差的身体状况如何，夫差在做些什么，吴国的军政形势如何，有什么重要举措等，勾践都已经完全掌握。即便勾践君

①《吴越春秋·勾践入臣外传第七》。

臣无法打探得到，他们所收买的内间伯嚭也会及时传递过来。

对吴国兴盛起到关键作用的人物是伍子胥，勾践对此也洞若观火。《史记·伍子胥列传》中说："吴以伍子胥、孙武之谋，西破强楚，北威齐晋，南服越人。"伍子胥对吴国的影响和贡献可见一斑。勾践深知，伍子胥一日不除，其灭吴大业便无从实现，便同范蠡、文种密谋，计划用反间计除掉伍子胥。

公元前484年，吴王听说齐景公病死，国内动荡，便决定兴兵伐齐。伍子胥担心越国会趁机发难，便对其进行劝阻。没想到夫差执意用兵，而且大胜而回。得胜归来，夫差不免充满自得之情。正当此时，伍子胥泼来满盆冷水，劝他不要高兴得太早。夫差于是大怒，对伍子胥失去信任，自此不理不睬。伍子胥非常失望，一度想到自杀。

不久之后，夫差再次计划伐齐。勾践得知情况后，听从子贡的建议，主动提出出兵相助。对此，伍子胥再次劝阻。他对夫差说："越国是吴国的心腹之患，现在他们用虚假言辞怂恿你醉心于攻打齐国所得到的利益。吴国即使打下了齐国，也像是得到了一块不能耕种的石田，没有一点用处。"对于这些劝谏，吴王不但听不进去，还派伍子胥出使齐国。伍子胥非常失望，便借出使之机，将儿子托付给齐国的鲍氏。这是伍子胥精明一世糊涂一时之举。勾践抓住机会再次重金贿赂伯嚭，并派大夫逢同到吴国予以协助。伯嚭和逢同一起谋划，终于找到除掉伍子胥的计策。

伯嚭找到一个合适的时机，在夫差面前极力诋毁伍子胥。从

《史记·伍子胥列传》中可以看到，伯嚭的这番挑拨离间之词极有分量，其中包括了三项内容。其一是攻击伍子胥的人品。伯嚭和伍子胥同属楚人，对伍子胥非常了解。他对伍子胥的攻讦，不由吴王不信。其二是离间吴王与伍子胥的君臣关系。吴王伐齐成功，伍子胥不但不高兴，反而怨恨，这是吴王知道的事实，也是特别容易引起吴王恼怒的事情。其三，伍子胥托子于齐，个中深意，吴王再蠢也不难明白。

伯嚭的离间计非常成功，夫差听了伯嚭这番话后，失望地摇头："你所说到的这些情况，我也有所察觉。我已经不相信他了。"于是，夫差赐伍子胥属镂之剑，令其自杀。可怜一代名臣伍子胥就这样屈死。临死前，伍子胥对家臣说："你们一定要将我的眼睛挂在国都东门的城楼上，我要亲眼看到越寇从那里进来，灭掉吴国。"吴王听了这些话后勃然大怒，命人将他的尸体包裹起来，投入长江。

纵观伍子胥的一生，大概只做了两件事：覆楚复仇和兴吴灭越。复仇这件事，由于楚王及时脱逃，只以"鞭尸三百"告终，由此而在后世留下无穷非议。至于他的灭越也做得很不成功：由于中了勾践的反间计，"出师未捷身先死"，令人扼腕。

勾践在大行反间计谋杀伍子胥的同时，还卓有成效地开展了一系列军政外交斗争。针对吴国其时正与齐、楚、越争锋的现状，勾践制定了结齐、联楚、附晋的外交策略，使吴国进一步陷于孤立状态。为了讨得夫差欢心，麻痹夫差，勾践经常以珍宝玉器相赠，并选送上好的木材，怂恿吴王大兴土木，以达到疲惫其人力物力的目的。勾践还假借饥荒的名义，向吴国借用粮食，在次年偿还时，却将那些用作偿还的粮食悄悄地煮熟，谎称是优质种子。吴国大量栽种勾践所提供的这些劣质种子，导致当年颗粒无收，粮食供应出现困难。这也为勾践灭吴创造了条件。

在后世享有盛誉的著名美女西施，据说就是在这期间被勾践选派到吴国，潜伏在夫差身边作卧底的。《国语·越语下》曾提到越国每年向吴国选送美女之事，西施应该是这期间越国向夫差大量输送的众多美女中的一位。从《越绝书》等古代典籍中可知，当时连同西施一起到吴国作卧底的还有一名叫郑旦的美女，只是她的名声已被西施所掩。

历史上，西施可能确有其人。先秦典籍中，西施曾被广泛提起，所以，西施故事战国时期很可能曾经人口耳习传，是家喻户晓的著名故事。应该相信的是，勾践曾先后选派多名美女送到吴国作为贿赂之用，这同时也是他灭吴计划的一项重要内容。在他选派的这些美女中，难免会有若干人行间谍之实，大量地为勾践收集和传递情报。至于她的名字，我们不妨就推想为西施。

在这一系列间谍战之后，卧薪尝胆、励精图治二十载的勾践，于公元前473年对吴国发动大举进攻，并一举攻入吴国都城。夫差卑躬屈膝地求和，却遭到勾践的断然决绝，最终被迫自杀。越王勾践继续挥师北上，与齐、晋等诸侯相会于徐州，成了春秋时期最后一位霸主。

作为一国之君，勾践在国破家亡之后并没有灰心丧气，而是冒着极大的风险，忍受着空前的屈辱，以做奴隶为名，悄悄地行用间之实，借机大行间谍之计，从而为此后的复仇之战奠定了良好的基础。勾践经过打探，发现了伯嚭的贪婪，便大量地赠送珍宝美女，收买他作为内间，不可不谓用心。如果不是伯嚭在夫差面前的多次劝说，勾践可能早就被随性随意的夫差杀死，早就没有了再次同夫差争霸的本钱。

　　勾践行间乃至对夫差最后一战的获得成功，说到底还是建立在对于吴王夫差性格缺陷的准确把握上。夫差虽然一度有着清晰的思路，但是在成功建立霸业之后，经常错误地估计形势，并且逐渐狂妄自大起来，甚至连伍子胥等人的忠言都听不进。而勾践则准确地抓住他的这个弱点，一面尽可能地满足夫差的虚荣心，让自大的夫差更加狂妄，一面则暗中积蓄力量，终于打败强敌。

子贡救鲁

　　春秋末期的说客，以子贡和张孟谈为代表。他们靠着出众的口才，在关键时候完成了行间的任务，成为古代间谍史上值得关注的重要案例。

　　子贡（前520—？），复姓端木（一作端沐），名赐，是孔子的高足。孔子自认为他的学生中有不少可造之才，而子贡"利口巧辩"，属于"可器用之人"。为了使子贡真正成为"可器用之人"，孔子在他身上花费了很多心血。据说孔子对子贡的器重仅次于颜渊。在《论语》中，我们经常能看到他们的师生对话。在

子贡画像

孔子门下，子贡学业有成，是一个好学生。后来，子贡做官经商，也都顺风顺水，取得很大成功。通过做买卖，他获得了巨大的财富，生活安逸。通过与公卿大夫的密切交往，子贡赢得许多的政治筹码，仕途无不得意。①

显然，子贡半官半商的身份，对他开展外交活动非常有利，也可借机获得相关国家的军政情报。子贡的后半生大体就是这样度过的：在需要他是商人时，他就是商人，有着花不完的大把钞票；在需要他是外交官时，他会立即向你展示出他出众的外交才华，同列国诸侯纵论时势，令这些诸侯无不敬畏，乃至与其分庭抗礼。当然，有一点子贡是始终不变的：始终追随着自己的恩师孔子，并且时刻关注鲁国的利益。孔子去世之后，子贡甚至在孔子墓前守墓六年，师生之情已超过父子之情，被传为佳话。

子贡曾多次代表鲁国出使，均顺利完成国君交给的外交任务，取得了相当不错的外交政绩，举其要者有三：其一在鲁哀公七年（前488），子贡通过外交活动巧妙地化解了吴国和鲁国的矛盾，并回绝了当时实力强大的吴国的无礼要求；其二在鲁哀公十二年（前483），子贡通过出色的谈判技巧回绝了吴国"必寻盟"（重温旧盟）的无礼要求，再次很好地维护了鲁国的利益；其三在鲁哀公十五年（前480），子贡面对齐国的蛮横，镇静自若，从容应对，最终把齐国强占鲁国的土地成功地索要回来。从子贡以上这

---

① 司马迁甚至认为，孔子当时之得名，实际上很多仰仗于子贡这位大弟子的财富和地位。

些外交实绩可以看出，子贡确实具有非常出色的外交能力和过人的语言能力，不愧为孔子所称"可器用之人"。

公元前484年，鲁国又一次遇到危机：齐国的田常试图以攻打鲁国转移视线，寻找篡位的机会。这使得鲁国上下立即如临大敌，充满紧张气氛。以鲁国的军事和经济实力，在当时大概只能算作是一个二等国家，在实力更为强大的诸侯面前，便只能处于受气和受压迫的地位。在齐国攻打鲁国的前前后后，子贡为了挽救鲁国的命运，累日穿梭于齐、吴、越、晋四个大国之间，疲惫地奔跑，以口舌之能巧妙行间，最终成功地挽救了鲁国，也因此在历史上留下了巨大名声。因此，司马迁在《史记》中曾对其有很高的评价，而清代朱逢甲在撰写《间书》时，也特意赞扬了子贡的行间之术。

要论说起来，这次事件的起因要归究到在当时堪称齐国政坛一颗冉冉升起的政治明星田常的身上。

田常的祖先是从陈国避难来齐的陈氏。后来通过一次战斗立有战功而被齐王赐姓田。在齐国避难的这段日子，田氏凭借经济手段，实力一步步增长，其后便有了对于政权的诉求，就此产生篡夺君权的想法。为争取民意，赢得广大民众的支持，田氏在齐国采用非常优惠的赋税，最终成功地使得民众归心于田氏，转而投奔田氏。由此开始，田氏在齐国政坛逐步坐大。当田常的势力越发壮大之后，他便开始寻找一切机会夺取权力，却碍于其他重臣牵制，迟迟不能达成企图。终于，田常想到了一个办法。为了转移国内视线，他决定派兵攻打鲁国，试图借此寻找篡位良机。

消息传到鲁国之后，鲁国上下无不震恐。孔子师徒同时得到了消息。孔子意识到问题的严重，马上召集群弟子商讨对策。弟子们都觉得这是一展身手的机会，于是无不踊跃举手，希望能出面解救鲁国。孔子经过反复斟酌，最终选定口才最为出众、最善于周旋的子贡。

子贡领受任务之后，星夜赶往齐国。他一到齐国之后，就马上请求拜见田常。田常显然非常清楚子贡此行的目的，但在经过一番考虑之后，还是同意出面接见子贡。在接见中，子贡告诉田常鲁国城低池浅，上下不睦，很容易攻打，不如转而攻打吴国。田常听了子贡这番不合逻辑的话，感觉非常奇怪。子贡则为田常分析形势，打下鲁国没有什么好处，攻打吴国才是正道，会对齐国造成很大消耗，令齐国元气大伤，田常就可以顺理成章地成为齐国的主宰。

田常觉得子贡分析得很有道理，有些心动，但转念一想，不行啊，兵马已经发出了！子贡猜到田常的心思，便继续进行劝说。他建议田常让大军的行军速度稍稍放缓些，他可以再赶往吴国，争取说动吴王派兵救鲁。这样便可以获得和吴国交战的机会。

子贡于是立即赶到吴国，然后请求拜见吴王夫差，告诉夫差齐国正要举兵攻打鲁国的消息，为他分析救鲁的好处：一是，通过这次救鲁，可以获得很高的国际声望，使得那些小国纷纷地前来依附，实现称霸的目标；二是，可以通过这次的吴鲁合力，狠狠打击齐国，使之再无力与吴争雄。

　　夫差一听，立即觉得这确是非常难得的机会。只是担心一直窥伺吴国的越国趁机发起偷袭。子贡提出，可以主动承担起出使越国的任务，劝说勾践一道北上伐齐。子贡迅速赶到越国，劝说勾践派兵，寻找复仇机会。勾践也答应了，不久之后还带着礼品和战车来到吴国，拜见夫差，当面表示不会趁机做出背叛之举。夫差感觉伐齐的时机已经成熟，便立即下令出兵北上。而子贡则悄悄启程赶赴晋国，对晋君详细介绍了此前发生的情况，劝其立即整顿兵马，以防不测。子贡在辗转多国巧施连环计之后，再赶回鲁国，将这些情况向孔子做了详细的汇报。

　　当子贡回到鲁国时，已经听到吴、齐交战的消息。齐军准备并不充分，面对多国联军的进攻，只能卷席逃跑，而齐军对鲁军的包围态势随之瓦解。夫差在获胜之后，果然又继续向晋国进兵，试图借此机会打败晋国，一举称霸中原，但因为晋国早有准备，吴军很快被挫败。就这个时候，勾践则抓紧时机连夜发兵偷袭吴国。夫差得知情况之后，急忙撤兵回援，但已无济于事。吴国从此亡国，夫差自尽身亡。越国成功地复仇并从此获得振兴，勾践也当上了霸主。

奇计救赵

　　春秋末期，晋国的强盛已经难以为继，非但不能保住霸主地位，内部也陷入大夫纷争、各自为政的局面，甚至面临着分崩离析的危险境地。

　　当时，在晋国专权的主要是智氏、范氏、中行氏以及韩、赵、魏六家，史称"六卿专权"。不久之后，六家之中的两家，即范式与中行氏，相继失势，其领地被其余四家瓜分。剩下的四家中，以智氏实力最为强大，经常对其余众卿随意吆喝，谁胆敢有丝毫不服，便会招致报复。

　　智宣子专晋国之政很长时间之后，开始在几个儿子中寻找合适的继承人。他很想立智瑶，但遭到族人智果的坚决反对。智果指出智瑶刚愎自用、不修仁义的缺点，可惜智宣子听不进去。智宣子去世后，智瑶顺利地继承了他的爵位，这就是智襄子。

　　不出智果所料，智襄子在把持晋国之政后，很快就暴露出其暴虐无道的本性。一次，他和大夫韩康子、魏桓子喝酒，竟然在宴席上无端戏弄起韩康子。虽有家臣暗中提醒，但傲慢自大的智襄子根本不予理睬。看到韩康子、魏桓子忍气吞声，智襄子更加得意，径直向韩、魏两家索要土地。韩康子和魏桓子因为自感实力不够，只好暂时忍让，虽然各自心里窝着一团火，但还是忍气吞声，先后把土地割让给了智襄子。

这时候，赵简子也已去世，无恤继承赵氏家业，这就是赵襄子。智襄子乘机向赵襄子索要两处土地，没想到初出茅庐的赵襄子不甘示弱，智襄子勃然大怒，立即叫上韩、魏两家的军队一同攻打赵氏。韩康子和魏桓子不敢不从，只得跟随着出发了。

赵襄子自知寡不敌众，赶紧退守晋阳。智襄子旋即统率联军将晋阳城团团围困。在晋阳坚守一阵之后，赵襄子发现选择退守晋阳真是一个英明的决定。晋阳城的百姓对赵氏的恩德一直念念不忘，因而非常愿意为赵襄子卖命，城中粮草储备也非常充足，城墙更是修建得非常坚固，包括晋阳的宫殿和房屋，柱子大多为铜铸，紧急时刻可以将其熔化掉打造兵器。因为这些条件，赵襄子可以顽强地进行抵抗。

看到赵襄子坚守不出，联军挖开汾水，准备引汾河之水淹没晋阳城。很快，晋阳城的城墙有很大一截被洪水所淹没，露出水面的部分也只剩下六尺。晋阳城里，连炉灶都被淹没在水中，城中一片狼藉，到处爬着青蛙，但是，面对危局，晋阳军民丝毫没有退缩和投降的打算。他们团结在赵襄子手下，一直坚守不出。

双方在晋阳一带，就此僵持数年之久。

这一天，智襄子乘坐战车视察军情。魏桓子负责驾车，韩康子则在旁边担任保卫。看到晋阳城的狼狈景象，智襄子不无得意地说："我现在才知道，原来水也可以让别人灭亡啊！"说完便仰头哈哈大笑。在一旁的魏桓子听了之后，用胳膊肘偷偷捅了一下韩康子，韩康子也轻轻踩了一下魏桓子的脚。二人心头掠过一丝不快，几乎同时意识到自己的危险，因为按照智襄子的骄横，他也可以用汾水淹没魏的安邑和韩的平阳了。

被困晋阳城中三年之久，面对"财食将尽，士卒病羸"[①]的困境，赵襄子感到很灰心，于是找来张孟谈商量对策。

赵襄子对张孟谈说：库府没钱没粮，士卒羸弱不堪，我怕是真守不住了！看到赵襄子满面倦容灰心丧气的样子，张孟谈请求出城游说韩、魏两家。赵襄子知道这是最后一线希望，便立即同意。这天夜晚，张孟谈乘着暗夜偷偷地潜出城去，拜见韩康子和魏桓子，对他们说了"唇亡齿寒"的故事，告诫他们，赵氏如果灭亡，下面就该轮到韩、魏面临危险。

张孟谈的一番话正好击中要害，说出了韩康子、魏桓子一直最为担心的事情，他们便暗中与张孟谈商量共同攻击智襄子，以求摆脱危险局面。商定完毕之后，韩康子、魏桓子派人把张孟谈送回城去。

---

① 《战国策·赵策一》。

不巧的是，张孟谈正好在辕门之外遇到了智襄子的手下智过。[1]智过看到张孟谈神色怪异，立即将情况报告给了智襄子。没想到的是，智襄子坚信韩、魏不会背叛自己，对于这种善意的提醒未予理睬。

智过还是放心不下，第二天一早他便继续赶往韩魏大营打探消息。这一次他正好遇到韩康子和魏桓子。智过发现这二位在见到自己之后神色同样非常诡异，心中暗叫不好，于是又匆匆赶赴智襄子帐中报告情况。

智襄子这一次听了汇报之后，也不免对韩康子和魏桓子心生怀疑了，便向智过询问对策。智过主张立即杀掉他们，遭到智襄子的反对。智过接着建议对韩康子和魏桓子手下的两位得力谋臣——赵葭和段规进行收买，在灭赵之后分给他们各一个万户之县，但也遭到否决。

智过看到智襄子如此贪婪寡恩，甚至在大祸临头之时仍然执迷不悟，不知如何取舍，不禁大感失望。他只能轻轻叹息一声，改名换姓，远远地逃开。后来的结果证明，他的选择非常明智。

张孟谈回到晋阳城，将前后结果向赵襄子进行了汇报，同时建议行动计划提前，因为他看到了智过的怀疑目光。赵襄子马上便联络韩康子和魏桓子，约定当晚行动，共同出击，攻打智襄子大营。

----

① 一说智过即智果，或智国。

就在张孟谈和赵襄子盘算着提前行动的时候，另外一个小插曲也提醒韩康子和魏桓子下决心提前行动。原来，就在智过极力劝谏智襄子的同时，他手下还有个叫缔疵的谋士也提醒智襄子注意韩、魏谋反。没想到第二天，智襄子竟然把缔疵的话原封不动地转告给了韩康子和魏桓子。韩康子和魏桓子连忙解释，把缔疵说成一个专门在背后讲别人坏话的小人，智襄子这才放下心来。韩康子和魏桓子则匆匆离开，立即暗自商量将袭击计划提前。就在这个时候，张孟谈再次前来拜访，而且正是同他们商讨将袭击计划提前的事情。他们于是立即约定当晚采取行动。

　　当天夜里，韩、赵、魏三军联合发起行动。他们首先派人消灭掉看守堤坝的小部分人马，立即决开汾水的堤坝。当初蓄水的时候，智襄子骄横地认为这河水将会把赵氏淹灭的，没想到现在这河水倒是先令他自己被淹灭了。只见滚滚的河水裹挟着泥沙，气势汹汹地冲向智襄子的大营。智襄子的军队顿时乱作一团。韩、魏两军则乘机从侧翼发动进攻。与此同时，赵襄子也率领大队士兵冲出城来，正面进攻智襄子的前军。三军用命，一举击溃智襄子的军队。智襄子本人也在乱战中被杀死。此后，智氏家族被全部诛灭，只有智过事先逃走而得以保全。

　　智氏被灭之后，晋国政权很快就落入韩、赵、魏三家之手。晋国的国君反过来要朝见自己的臣下，可见三家势力之强劲，连国君也早已不能左右政局了。

　　在灭掉智氏之后，韩、赵、魏瓜分了智氏的土地，势力进一

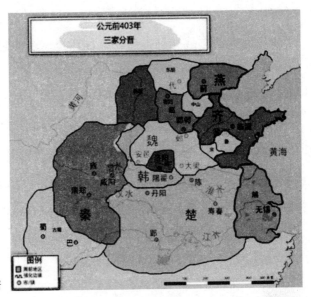

三家分晋

步转强，遂在长期把持晋国国政之后，又各自宣布独立，成为战国七雄中的三家。公元前 403 年，即周威烈王二十三年，周王下令给予三家诸侯称号，晋国宣告灭亡。

"三家分晋"是中国古代史上的一件大事，很多人将其视为春秋与战国的分界。"三家分晋"固有其深层的背景和原因，张孟谈铤而走险的游说行间也是不容忽视的。他的成功行间，其实是智襄子灭亡和韩、赵、魏兴盛，乃至三家分晋的一根导火索。

张孟谈游说行间，并没有十足的把握，但也经过了认真而又充分的准备。张孟谈深知智襄子狂妄自大和贪婪暴虐的本性，一定不能让韩康子和魏桓子信服，于是敏锐地抓住他们之间的矛盾，并依靠自己出色的口才，使得这次行间最终获得了成功。在行间过程中，张孟谈遇到了同样善于察言观色的智过，遂当机立断，立即将原定的作战计划提前。这显然是一个非常正确的决定，反映出张孟谈机警的一面。

后人评价这段历史时说："晋阳之存，张孟谈之功也。"①这是非常公正的评价。赵襄子的转危为安，乃至赵氏的最后立国，张孟谈居功至伟。但张孟谈在帮助赵襄子成功灭掉智襄子之后，并没有邀功领赏，而是"与范蠡泛五湖同风"②，甚至主动逃避赵襄子的封赏，躲到一个叫肙山的地方，做了一个不问世事的闲散耕夫。

---

① 《淮南鸿烈解·人间训》。
② 《黄氏日抄》卷54。

张仪多诈

　　秦国在春秋时期只能算是一个二流大国，却在和东方六国的长期角力中取得胜利，最终完成统一大业。秦国目光长远，致力发展经济和军事实力，当是其取胜的首要因素。此外，在隐蔽战线，秦国也以舍得投入和善于拉拢著称，很好地配合了战场征伐，每每取得意想不到的战果，是秦国统一的另一重要因素。狡诈多变的张仪，就是秦国隐蔽战线的一位奇兵。

　　张仪（生卒年不详），战国时期魏国人。曾任秦相，封武信君，长期为秦国筹划用间，甚至亲自充当间谍，游说离间诸侯。他极力倡导连横之事，努力瓦解齐楚同盟，为秦国最终各个击破完成统一立下

张仪画像

大功。

根据汉代人的记载，张仪可能是战国初年帮助赵襄子行反间计灭掉智氏的大间谍张孟谈的后代。①假如这个说法属实，张仪出众的口才和善于行间的能力实则得到某些遗传基因，而且他可能还有着不错的家教，这才具备了在风云际会的战国政坛掀起一番风浪的能力。当然，也有人说张仪曾经在鬼谷子门下学习过纵横之术，他出色的口才和策士之术本是得自鬼谷子。不管这些说法是否属实，张仪确是在年纪轻轻时就学到了很多纵横家的看家本领。

张仪自以为学业有成，便前往楚国谋取功名，并在楚国令尹（相）昭阳的门下做门客。这一天，昭阳在家中大宴宾客，得意之时便拿出和氏璧，想给宾客们开开眼。可是，传来传去，宝贝竟然不翼而飞。因张仪新来，大家便同时将怀疑的目光投向他。昭阳也感觉张仪形迹可疑，于是将张仪抓起来一顿毒打。张仪被打得奄奄一息，被人抬回家中，在妻子的悉心照料下，终于从昏睡中苏醒过来。没想到他醒来后的第一句话就是：我的舌头还在不在？妻子回答说：在。张仪笑了：舌头在就不怕，我营生的资本没有丢！

公元前333年到公元前328年左右，张仪听说秦国重用客卿，便赶到秦国寻找机会，命运就此迎来转机。据《吕氏春秋·报

---

① 汉代学者王符在《潜夫论》中指出，张孟谈在帮助智襄子成功灭掉智伯之后，"逃功赏，耕于肖山"，其后便在当地有张仪、张丑等张姓人物出现，乃至在汉代还有张姓的进一步繁衍。

更》，他这次入秦是得到了东周君的资助。这一次在秦惠王面前，他出众的口舌得以尽情施展，过人的才学终于受到重视。此后，他又通过在平义渠内乱、攻取魏河西之地等事件中的功劳，再次获得提拔，乃至被秦惠王任用为相。此后他又受秦惠王派遣，前往诸侯国从事离间活动。由此开始，他得以再次施展出众的用间谋略，借出使为名，行用间之实，在列国政坛掀起一番大波浪，也由此赚得大名。

张仪认为自己对魏国的情况了解多一些——毕竟是在这里出生和长大的，便将他行间的第一站选定在这里。正是在这个他理应为之效命的地方，张仪开始了间谍生涯。

张仪再次回到魏国是公元前 322 年，是以秦王使者的身份来的。在魏王面前，他再次展示了巧口利舌，最终说动魏王，并且获得极大信任，直至被任用为相。[1]魏惠王甚至听从公孙衍的提议，一度准备禅位于张仪，这很能说明张仪受到的信任。而张仪正是借助这种信任，开始大行间谍之道，大肆窃取魏国的政治、军事秘密，堂而皇之地进行间谍行动。

但是，当张仪试图说服魏王顺从秦国，从而实现他与秦王事先拟定的"欲令魏先事秦，而诸侯效之"[2]的战略计划时，却没有

---

① 当然，如果考虑到他是以秦使臣身份回到魏国，则此次任命可能是魏国迁就秦国的面子，或者是魏国基于一种特殊的外交利益而任命张仪为相。而且，张仪的这个相位很可能处于非常特殊的位置，一定不会被委以实权。很明显，魏王知道张仪是从秦国过来的，很可能带着秦王的特殊使命。

② 《史记·张仪列传》。

获得成功。因为魏王自恃国力雄厚，根本听不进张仪的这番鼓噪。张仪眼看计谋不能达成，便立即派人悄悄返回秦国，说服秦王立即发兵攻打魏国，试图以武力逼迫魏国就范。秦国大军迅速出动，并根据张仪所提供的军事情报，尽攻魏军所不守，迅速地便将魏军击败。这时候，张仪试图乘机再去游说魏王事秦。正当魏王犹豫不决之际，他受到了其他诸侯的提醒，开始怀疑张仪游说的真正企图。张仪害怕阴谋暴露，只得匆匆逃回秦国。①

秦国攻打魏国使得齐楚两国都感受到巨大压力。于是他们试图以结盟的方式，与秦国一争雌雄。张仪回到秦国后，一度复任相国，但又因为惧怕齐楚联盟对秦国有所牵制，便再次赶赴楚国进行间谍活动，主要目的是离间齐楚联盟，便于实施各个击破的策略。

张仪来到楚国之后，不惜重金收买了楚怀王的宠幸之臣靳尚，发展其成为内间，通过他实现接近楚王的目的。张仪对楚王说：如果楚国与齐国断交，秦国就将商於一带六百里土地敬献楚国。这样一来，楚国强了，齐国弱了，楚国也可与秦国交好。楚怀王被这"一计而三利俱至"的好事迷惑，对于大臣们的劝阻也都置若罔闻，立即张罗着和齐国断绝交往的事情。于是，经过张仪的

---

① 据《战国策·楚策三》记载，张仪这次仓皇逃走，大概是受到了来自楚国的压力。楚王告诉魏王张仪的"不忠不信"，令魏王猛然觉醒。张仪相魏本来就是借出使为名而行用间之实，心虚总是难免。故此，稍微有点风吹草动，他便不敢大意，只能立即撤退。所以，从这个角度来说，我们也可认为是"楚王逐张仪于魏"。

间谍活动，刚刚启动的齐楚联盟战略便宣告破灭。

楚王对张仪的话信以为真，便天真地派一名将军跟随张仪前去秦国收取土地。没想到张仪一回到秦国，便对外宣称自己在骑马时不慎摔倒受伤，整整三个月不出家门。这让楚怀王焦急万分，但是他仍抱有幻想，希望秦国将商於尽快割让给他。楚怀王甚至以为秦国不信他真的与齐国绝交，于是进一步与齐国交恶，以表示对秦的诚意和友好，并希望尽早获得土地。就这样，张仪成功地以拖延战术，使得楚国的外交政策左摇右摆、犹豫不定，进而与齐国全面交恶。秦国不但不理会楚怀王的这些示好之举，反而趁机拉拢和联络齐国，一举使秦国在多极竞争的格局中处于主动地位。

终于，张仪答应交付土地了，只是这块土地不是六百里，而是六里。楚怀王一直眼巴巴地等着这块地，没想到这块地已经严重缩水。所以他在听到张仪的答复之后勃然大怒，遂下令派兵攻打秦国。这时，齐国已经与秦国结交，楚国则处于孤立无援状态，与秦国的战争也就只能以失败告终。这次交战的结果，秦军在丹阳一带大败楚军，并一举占领了汉中。在夺取汉中之后，秦国再致力经营巴蜀，使得巴蜀和汉中连成一体。楚国对秦国的威胁，自此得到很大程度的缓解。

张仪献地于楚，除了可以加强秦楚联盟，便于秦国东进之外，还可以瓦解齐楚联盟，减少齐国的牵制，可谓一石二鸟。显然，"六百亩商於之地"既然能勾起楚王的欲望，当然也对秦国有着举

足轻重的作用，故此才使得秦王不能大方地舍弃，进而引发了两国之间的争斗。只是就此背上"诈楚"的恶名，至少楚怀王会把这笔账记在他头上，对其深恶痛绝。

土地，是当时外交和寻盟的一个常用筹码。又过了两年，秦惠王又一次打起以土地换外交的主意。这一次，他想用商於之地来换取楚的黔中。楚怀王因为对张仪耿耿于怀，便要求秦王用张仪换取黔中。秦惠王为此感到为难，但张仪并不畏惧，自告奋勇地要求前往楚国。

结果，张仪一到楚国，便被怀王囚禁。在这个关键时刻，张仪此前重金收买的靳尚起到了重要作用。靳尚对楚国的宫廷内幕非常了解，而且得了张仪的好处，就需要为张仪办事。为了解救张仪，他设法找到了楚王的宠妃郑袖，希望利用她来影响楚王以达到解救张仪的目的。靳尚为郑袖分析形势：秦王非常器重张仪，一定会尽最大努力进行营救，除了奉送土地之外，还会送来许多能歌善舞的绝色美女。郑袖担心自己由此而失宠，便开始设法营救张仪。于是，她不断地给楚怀王吹枕边风，终于使楚怀王改变了主意，同意释放张仪。张仪就这样由阶下囚一跃而变为座上客，并顺利地离开了楚国。

秦国赖张仪之力在纷繁的变局中一举赢得主动，并在此后多国争雄的格局中一直处于执牛耳的地位，直至完成统一大业。但几年之后，秦惠王去世，秦武王继位，张仪在秦国的风光日子便难以为继了，他立即从众人瞩目的政治明星变成了千夫所指的罪人。

秦武王在做太子时就对诡计多端的张仪十分反感，再加上张仪立下许多功劳也惹群臣嫉妒，导致他们在秦王面前经常说张仪的坏话，秦武王甚至由此而对张仪生了杀心。张仪对此心知肚明，于是设法逃到魏国。

唐代军事家李靖曾说："历观古人之用间，其妙非一……有间其左右者，有间其纵横者。故子贡、史廖、陈轸、苏秦、张仪、范雎等，皆凭此术而成功也。"①张仪和苏秦一样，同被视为纵横家的杰出代表，也同样是我国古代著名的战略间谍。他每每在危难之中显示出超凡智慧，顺利地完成行间任务，甚至在生命受到严重威胁时也能成功自保，张仪的诈术可谓名不虚传。

张仪对于一国乃至多国的战略格局能进行认真合理的分析，准确地进行预判，以及预先做好准备，是他能每每获得成功的关键因素。他游走各国，完成了众多看似不可能完成的任务，往往在生命悬于一线之时总能化险为夷，与他细致的研判和周密的准备是密不可分的。除此之外，张仪在平时练就的出众口才和情报谋略，也是他多次获得大功的重要因素。即便蒙羞受辱，张仪也没有灰心，更不会一蹶不振。面对挫折，他有一股超越常人的韧劲。这的确是他的过人之处，也应当是一名超级间谍的基本素质。

---

① 《李卫公兵法》卷上。

苏秦覆齐

苏秦是与张仪齐名的纵横家。历史上，他们二人长期以一纵一横而相与闻名。但是，根据出土文献记载，苏秦本是燕国派往齐国的间谍，一直在帮助燕昭王从事着颠覆齐国的活动。也就是说，苏秦的真实身份曾被埋没千年，作为战略间谍的他，也因此而遭到千年误解。

苏秦（？—前284），字季子，东周洛阳人，曾受封"武安君"，战国时期著名的战略间谍，因"游说诸侯以显名"，在战国末年的一系列历史事件中占有着极其重要的地位。

苏秦曾用功学习纵横家的学说，据传他是鬼谷子的高足，早期游历诸国却不见用，因此而郁郁不得志，甚至惹得"兄弟嫂妹妻妾窃皆笑之"①。苏秦也曾试图以"义兵"理论前去秦国游说秦

---

① 《史记·苏秦列传》。

王，却同样没有获得成功。屡经挫折之后，苏秦没有灰心丧气。不久之后，他得到周书《阴符》，如获至宝，反复揣摩，于是获得飞速进步。

苏秦再次踏上谋取功名的道路，是从燕国开始的。战国时期，燕与齐是邻国，燕弱而齐强。公元前314年，齐宣王趁燕国内乱大举发动进攻，燕国的国都被齐军占领，燕军几乎尽数覆灭。燕昭王即位后处心积虑地复仇，踌躇满志的苏秦恰于此时来到燕国，并自愿冒险赴齐国从事间谍活动，自此开始了他长达十六年的间谍生涯。

这时候的齐国由湣王执政，实力非常强大，并同赵国保持着密切的盟友关系。故此，燕昭王授予苏秦活动的战略方针就是"大者使齐毋谋燕，次可恶齐赵之交"，使得齐国不再将战略矛头指向燕国。所以，苏秦到达齐国之后的第一步棋便是破坏齐赵之间的联盟关系，第二步棋便是使得齐国"西劳于宋，南疲于楚"①，令齐国在攻打楚国的过程中逐步削弱自己，并在攻打宋国的过程中得罪其他几个对宋国同样虎视眈眈的大国，在四面树敌的同时，也使得自己陷入危难险境，从而为燕国复仇之战赢得机会。

苏秦于公元前300年奉燕昭王之命第一次来到齐国，似乎未能取得任何成果就被迫返回。回到燕国之后，苏秦一直等待着合适的时机再次赶赴齐国从事间谍活动。公元前289年，齐国与赵

---

① 《战国策·燕策一》。

国断交，并和韩、魏关系恶化，于是燕王派苏秦第二次赶往齐国，再次进行间谍活动。

这一次，苏秦以使者的身份出使齐国，随行携带了大量的宝物，由此获得直接面对齐王的机会。面对齐王，苏秦终于可以尽情施展其出众的口才。苏秦谎称韩、赵、魏三国希望联合燕国共同对付齐国，被燕国拒绝，接着，苏秦便向齐王献上战车等厚礼，齐王对燕国和苏秦的戒备之心渐除，甚至就秦国邀其称帝之事，向苏秦征询意见。

当时列国争霸的形势是，齐、秦实力最强，属于一流强国，至于韩、赵、魏等其他国家则只能属于二流国家。这两个强大帝国，一个在东，一个在西，都具备统一天下的实力。所以，秦国也一直将齐国视为主要的竞争对手。秦国希望让齐国称"东帝"，而自己则称"西帝"，共同主导诸强争霸的格局，但最终目的却是让齐国成为诸强的众矢之的，以争取更好的战略发展。齐王对秦国的意图看得不是非常清楚，所以一度准备同意秦国之请。对此，苏秦及时进行了劝阻。为了博取齐王的信任，达到疲惫齐国之师的目的，苏秦极力劝说齐王不要称帝，以免成为众矢之的。齐王非常相信苏秦的一番分析，对于他的忠心不再怀疑。这时，苏秦竭力怂恿齐王，告诉他，齐国的当务之急是发展实力，应当攻打宋国。齐王被苏秦说动，立即发兵攻宋。

宋国虽然是三流小国，但是由于是处于几大国的夹缝之中，必然牵动着各方的利益。故而，齐在攻打宋国的同时，必然地与秦、楚等国关系越来越差。但这时的齐王受苏秦的诱导，只被眼前利益牵着鼻子走，在通往深渊的道路上越走越远。不久之后，苏秦自愿充当使者，前往燕国和韩、赵、魏，说服他们组成联军共同伐秦。苏秦希望韩国等国做先锋，而燕国稍微滞后，故一再劝阻燕昭王推迟攻齐计划，却不幸招致燕王误解。苏秦因此致书燕昭王坦白心迹，希望燕王"慎毋令群臣众议攻齐"①，即不要和大臣们公开讨论攻打齐国的事情。这一方面是为了自身保密；另一方面，他担心燕王受大臣们议论的影响，随后对自己的信任有所动摇。

这期间，苏秦的形迹差点就被发现。齐王一度派人来和苏秦对质，结果被苏秦巧妙化解。这之后，苏秦为了继续破坏齐、赵关系，再由赵国匆忙赶赴齐国，极力推动齐国继续打定主意攻宋。因为燕昭王交给苏秦的使命之一，是要使得齐国"西劳于宋"。宋国在齐国的第三次进攻中终于陷落，但齐国为此也付出了巨大的代价，伤亡惨重。宋国的灭亡引起诸侯的一片恐慌，大家一致认为齐国已对各国构成了最大威胁。所以，齐国同秦国的友好未能持续多久便宣告终止。而且，就在齐国攻下宋国后不久，韩、赵、魏便开始酝酿联合秦国一起伐齐。这期间，燕国也积极参与其中，不过燕国必须在表面上维持和齐国的友好。这不仅对苏秦在齐国的生存有利，也为联军下一步攻打齐国留下了一个隐蔽的

---

① 《战国纵横家书》，北京：文物出版社，1976年3月第1版，第25页。

方向。

五国联军的正式成形是在公元前 284 年，其标志是燕昭王悄悄赶到赵国同赵王会晤。联军由著名将领乐毅率领。乐毅是燕将，但此时的身份已变成赵国人。苏秦作为内应，当然会将齐国的设防情况悉数向乐毅汇报。这很可能是乐毅能顺利拿下齐国的关键原因之一。苏秦并且劝说齐王在燕国方向可以不必设防，以集中力量对付西线之敌，因为燕国是决不会反齐的。齐王竟相信了他，并按照他的建议去进行布防。这样一来，战争的结果可想而知。

公元前 284 年，乐毅率五国联军从燕国方向对齐国发起了猛烈的进攻，所到之处并无强力抵抗。乐毅在军事上的胜利，固然显示出他出色的军事指挥才能，但也与苏秦的行间有着直接的关系，所以乐毅在战场上接二连三的胜利，导致苏秦的间谍身份逐渐暴露。齐王做梦也没想到，长期以来，一直在身边关心并帮助自己的人，竟是最危险的敌人。苏秦没有机会脱逃，或许，这时的苏秦也早已将生死置之度外。在他看来，为了他所忠于的燕昭王，齐国的覆灭是最重要的。气急败坏的齐王立即对苏秦施以车裂的重刑。

苏秦在齐国行间获得了极大成功，但最终却因为身份暴露而被齐王处死，既是孙子所说的"反间"，同时也是一名"死间"。基于自身的工作需要，间谍行事多为隐秘，功业一般不显，很多时候人们都习惯把间谍比喻成无名英雄就是这个道理。由于史料不足，导致人们对于苏秦这名死间曾经历了长达两千年的认识误区。今天，当我们依靠出土资料解开这巨大的谜团之后，不由得对苏秦和像他这样的间谍们更多一重感慨。那些深藏不露的间谍们，一定需要经历一些常人难以想象的磨难。

苏秦一直牢记着燕王赋予他颠覆齐国的使命，虽然中途也发生过动摇，但他最终没有变节。他长期经营、一以贯之，集"伐交"与"用间"于一身，其胆识、才干无不令人刮目相看。在纷繁复杂、头绪众多的事件中，苏秦具有高超的临时处置和便宜行事的能力。他既要谨防暴露身份，又要积极运作有所作为，事事都需要当机立断、果敢决策，集谍报经营、战略分析、谋略运用和军事外交多种能力于一身。他的这些素质和才干，已经远远超出了一般意义的间谍。孙子曾说："能以上智为间者，必成大功。"①苏秦当是孙子所说的"上智"之人。

---

① 《孙子兵法·用间篇》。

荆轲刺秦

荆轲（？—前227），战国末期卫国人。荆轲年少时就喜欢读书击剑，而且嗜酒如命，爱好唱歌。由于在卫国一直未能获得重用，荆轲最终远走他乡，先后到过魏国、赵国，但都没能觅得建功立业的机会。最后，他来到了燕国，却仍然一直未遇良主，只能与屠夫酒肆之徒为伍。荆轲尝与盖聂论剑，遇怒目相向，便主动退却，又与鲁勾践争道，眼见不能胜，便择机逃走，由此可知荆轲并非争强好胜之人。

公元前228年，秦国在灭掉韩国之后，又将赵国这样一个超级大国活生生吞下。秦王嬴政由此更加坚定了兼并的决心，剩下的几个诸侯则更加寝食难安。消息传到燕国之后，燕国的太子丹坐卧不宁。太子丹深知，秦国的下一个目标就是燕国，整日如临大敌。太子丹焦虑地思考退兵之策，最终想到了招募刺客刺杀嬴政的办法。

这个时候，田光在酒肆中发现了荆轲，便极力推荐给太子丹。田光不愧为一名敢作敢当的义士，为报答太子丹的知遇之恩，更为保证此次行刺的安全保密，他在完成引荐任务之后便立即引颈自杀。

太子丹见到荆轲之后，立刻引以为知己。有感于田光之死，太子丹坚信荆轲是可托付之人，便决定把宝全部押在荆轲身上。为了拉拢荆轲，太子丹经常对荆轲施以恩惠。据《史记》记载，太子丹每每用车骑美女满足荆轲的贪欲，而且想尽一切办法顺从他的要求。据说荆轲曾在太子丹府上见到一位美女，非常欣赏她的美貌，尤其称赞她的手长得漂亮，太子丹便命人斩断了这位美女的手，盛在一个玉盘中，送给荆轲。从这件事可以看出，太子丹对于荆轲的恩宠已经近乎变态。

即便如此，荆轲还是迟迟不肯行动，没有丝毫动身赴秦的念

汉代画砖：刺秦

头。太子丹非常着急，终于忍不住催促他。荆轲倒是显得胸有成竹，只见他紧不慢地说道：此事事关重大，实在是着急不得啊，必须要在周密部署，保证万无一失之后才好采取行动！太子丹听出这番话中所透露出来的自信，便放下心来，于是连忙询问荆轲有何计策。荆轲说，他希望用先前得罪秦王的樊於期的首级，来获得接近秦王的机会。没想到的是，太子丹对此断然拒绝。太子丹显然不肯做这样的绝情之举，挫伤天下士人之心。

荆轲知道太子丹一定不能下定决心杀死樊於期，便自己行动。荆轲向樊於期透露了刺杀计划。樊於期同样是一位义士，当他知道荆轲的意思之后，丝毫未作迟疑，便拔剑自刎。

太子丹得到这个消息，对荆轲更加刮目相看。不久之后，他不知从哪里找到一把锋利的匕首送给荆轲。匕首曾用毒药反复地浸泡，如果用它来杀人，就会见血封喉。为了保证行刺的万无一失，太子丹又经过严格挑选，找到了一位名叫秦舞阳的壮士，担任荆轲的助手。几天后，荆轲便带着这把匕首和樊於期的首级以及一张地图、一名随从，也带着太子丹和燕国仅剩的希望，向着秦国出发了。

临行这天，太子丹等人身着白衣白帽为荆轲送行，并一直送到易水河畔。荆轲则伴着高渐离苍苍老老的击筑之声，唱到："风萧萧兮易水寒，壮士一去兮不复还……"周围人都感佩其无匹的勇气与胆识，而荆轲则头也不回地渐行渐远。

荆轲到了秦国后，不惜重金买通了秦王的宠臣蒙嘉，请他代为引见秦王。蒙嘉并不知道荆轲此行的真正目的，只是见到荆轲出手大方，有利可图，便爽快地答应了他的请求。蒙嘉告诉嬴政说，燕王派人专门奉上樊於期的首级和燕国的地图。秦王大喜，于是同意接见荆轲。

这一天，阳光还是像平常一样，和煦地照射在咸阳宫上。荆轲捧着装有樊於期首级的木匣，秦舞阳捧着装有地图的木盒，一前一后地走进了咸阳宫。面对秦王，荆轲从容不迫地献上樊於期的首级。秦王命令属下小心验过首级后，终于确信自己一直非常痛恨的仇敌果真死了，开心之余，他也对荆轲失去了戒备之心。只见他厉声对着荆轲喝道：快把燕国献给我的那块地呈上给我看看！荆轲立即恭恭敬敬地双手捧着地图来到秦王的面前。秦王神情自得地看着眼前的地图慢慢展开，不料突然间寒光一闪，一把锋利的匕首惊现眼前。秦王大惊失色，知道情况不妙，慌忙撤身逃跑。说时迟那时快，荆轲没等秦王回过神，就已经迅速抄起利刃，朝着秦王猛力一刺。惊惶失措的嬴政极力躲闪，勉强避开了这次袭击。嬴政连忙转身试图去拔身上的佩剑，可是由于剑身太长，他在慌乱中怎么也拔不出来。而荆轲则圆瞪着眼睛，举着匕首一路追杀过来，吓得嬴政只能环绕着柱子左右闪躲。

旁边的大臣都被这突发事件吓得目瞪口呆。按照秦国当时的法律，为了防止有人行刺，上殿的大臣一律不准携带武器。而护卫人等，没有命令也不得擅自上殿。所以，面对险境，当时无法采取及时有效的救护措施。只有几个反应稍快的武士急忙赶上前去，试图以血肉之身护驾，却都因手中没有兵器而奈何不得荆轲。就在这危急关头，有一个御医反应尚算迅速。当时他手里正好握着一包药囊，于是急忙把这药囊朝着荆轲扔将过去。荆轲感觉有东西朝自己砸过来，急忙进行躲闪。就在他闪躲之际，嬴政趁机拔出佩剑，并猛力砍向荆轲。荆轲的大腿被当场砍断，随即瘫倒在地，荆轲只得用匕首奋力向嬴政掷去，却没有击中。嬴政见到荆轲已经赤手，便赶上前去用利剑朝着荆轲猛力砍去，周围大臣一拥而上，将荆轲扑倒。跟随荆轲一同执行行刺任务，号称燕国勇士的秦武阳，则早已不知去向，荆轲终因寡不敌众被活活砍死。

秦王得此惊吓，对燕国和太子丹更加仇恨，立即派兵大力攻打燕国。秦国大将王翦与辛胜率军大举攻燕，并在易水之西大败燕代联军。公元前 226 年，秦王命令增加兵力，协助王翦一举攻破燕都蓟城（今北京城西南）。燕王喜及太子丹等，只得率部分残兵败将仓促逃往辽东（今辽宁辽阳）暂时躲避。不久之后，这些残部也被秦军所消灭，燕国彻底灭亡。

在荆轲死后，他的好友高渐离一直试图对嬴政再行刺杀。之后，他凭借着自己高妙的音乐觅得行刺的机会。在一次演奏中，高渐离把灌了铅的乐器向秦王用力掷去，可惜未能击中，随即便被秦王的左右护卫残忍杀死。其时离荆轲被杀已经五年。

荆轲刺秦王，是战国期间最具影响力的一次行刺事件。作为一名行动间谍，荆轲的谋杀行动虽然以失败告终，却影响久远。荆轲和太子丹试图以一次刺杀，来阻止强秦统一天下的决心和意志，多少有点飞蛾扑火或螳臂当车的感觉。在形势急迫时，一干迂腐之人指望以一二勇士慷慨赴死来救国救民，这不知是无奈还是荒唐。一次刺杀固然可以逞一时之勇，但无疑将强秦的战略矛头更加坚定地瞄向了自己，从而加速了己方的败亡，正是司马光所谓"挑怨速祸"①。

荆轲虽然行刺失败，还应该看到他确有过人之处。撇开其不畏牺牲的勇敢精神不说，一张地图、一颗首级、一柄利刃，皆可见其谋划之深。他在对秦王的心理进行一番研究之后，判断一个雄霸之主的真正喜好是土地而非个别仇人的脑袋，于是决定将匕首藏在地图之中，而不是装樊於期首级的盒子中。应该承认，他的判断能力相当准确，也达到了预期效果。

当然，荆轲的失误之处也是显而易见。他虽有必死的信念，但技击之术并不精湛。荆轲尝与盖聂论剑，又与鲁勾践争道，皆不能胜，可知他的剑术本来就不太好。到燕国后，或许还被太子丹所赠"车骑美色"所耽搁。无怪乎事后有人慨叹："惜哉其不讲于刺剑之术也！"②平心而论，荆轲大体属于半文半武之士，在读书人面前数他剑舞得好，在剑客面前，他的诗书读得相对较多，但这两样本领在荆轲俱是不精。书多读少读本也无妨，但作为一名刺客，刺术不精，焉能赴敌？再者，刺秦一案若细细追究，易水送别，击筑高歌，众人围观，虽可刺激勇士，但过于公开，张

① 《资治通鉴·秦纪二》。
② 《史记·刺客列传》。

扬其事，不利保密。这至少是秘密行动的一个大忌。有了这些失误，这次间谍活动，这起精心筹划的刺杀行动，便只能徒留几抹血迹而最终收获失败。

叁

巨谍层出

两汉时期谍战

公元前221年，秦始皇利用累代之功奋力一搏，最终完成统一中国的大业，但没想到秦王朝仅传二世，到了胡亥就难以为继。此后，刘邦在群雄逐鹿的乱世中，成功地击败各路对手，建立汉王朝。刘邦集思广益、从善如流，与项羽的妄自尊大、独断专行形成鲜明对比。这应该是刘邦取得成功，项羽乌江自刎的最为关键因素。除此之外，刘邦富有成效的间谍活动也起到了非常重要的作用，至于陈平等人的谍战谋略则更值得称道。两汉时期，统治者为了巩固边防，防御匈奴袭扰，曾先后派遣张骞等人担任战略间谍出使西域，在成功开展军政外交工作的同时，也大量收集相关匈奴及西域山川地理情报，为最终击败匈奴创造了条件。

酒徒善谋

秦朝灭亡之后，争夺天下的群雄之中数刘邦和项羽实力最为强大。二者角力的结果是，贵族出身的项羽最终败给了平民出身的刘邦。比较起来，刘邦更加善于因势利导，更加擅长权变之术，故此才能取得最终胜利。刘邦对手下谋士陈平、郦食其等人的谍战之法基本是言听计从，在情报战线取得极大胜利，这些卓有成效的情报战非常有力地支援了正面战场，甚至取得比战场更为丰硕的成果。

郦食其①（？—前203），陈留高阳（今河南杞县西南）人，在秦汉之际的乱世中投靠刘邦，为刘邦出谋划策，深得赏识。少年时，郦食其常混迹于酒肆之中，自称高阳酒徒。当陈胜、项梁等各路起义军路过高阳时，郦食其非常轻视他们，认定他们只是一

---

① 据《汉书》颜师古注，食，音异；其，音基。

些鼠目寸光之辈。等到刘邦的军队经过时，郦食其看到他们军纪严明，秋毫无犯，认为其可成大业，于是前往求见刘邦。

　　见面之后，郦食其劝说刘邦立即拿下陈留，积蓄力量，而且主动担任说客，劝说陈留县令投降，建议得到刘邦的全盘采纳。郦食其立即返回县城，找到陈留县令，向其陈说利害，劝他即刻投降刘邦，免得生灵涂炭，自己也会丢掉性命。陈留县令犹豫不决，尤其惧怕秦法的苛刻严厉，会连累到一家老小，所以最终选择了拒绝。看到游说不起作用，郦食其只好不声不响地退下。但是，就在当晚，他突然潜入县令的住所，乘着左右无人之机，举刀杀死县令，带着县令的人头再次求见刘邦。

郦食其画像

刘邦喜出望外，立刻引兵攻打县城。他命令手下将县令首级高高悬挂。城上守军看到县令已死，军心涣散，不久就开城投降。经此一役，刘邦得到大量兵器和粮食，俘虏的士兵也有一万多人，军力得到极大补充。

公元前207年，刘邦率军攻克南阳，抢占武关，打通了一条由东南方向进入关中的通道，并直抵峣关（今陕西蓝田县东南）。峣关地势险要，易守难攻，是秦军防守咸阳的最后一道防线，所以秦军派有重兵把守。

刘邦准备乘胜追击，强攻峣关，却被张良劝止。张良认为，秦军守关将领是个逐利小人，可以尝试使用金钱收买。他主张一面派人在山上多张旗帜，虚张声势地扮作疑兵，一面派郦食其和陆贾去秦军大营游说秦将。对此，刘邦言听计从。于是，郦食其携带重金来到秦军营内，凭借着他出众的口才，终于把秦军守关将领说服。看到秦军准备投降，刘邦准备就此应允，没想到再次被张良劝阻。张良说，秦将只是因为贪利而叛秦，未必心服口服，而且他手下的将卒也不一定会服从，所以应当趁着秦军麻痹大意时突然发动攻击。刘邦听从劝告，率兵悄悄绕过峣关，突然发起袭击，一举占领峣关。

在这次军事行动中，张良利用间计出色地挫败敌军，郦食其便是他的"生间"，替他来往游说行间，传递情报。①

---

① 据《孙子兵法·用间篇》，"生间者，反报也"。郦食其往返于敌我，作为"往来之使"，能将敌情"往来通报"，应该符合孙子所界定的"生间"。

公元前206年，刘邦的军事实力已得到极大提升，正式开始与项羽一争雌雄，结果一年之后就因为轻敌在彭城一带被项羽击败，只得退守成皋。这时候，已经归顺刘邦的魏王豹看到刘邦被打败，便决定趁机反叛，准备据守平阳关，和楚、汉三分天下。

刘邦闻讯大怒，立刻下令发兵攻打。郦食其连忙进行劝阻，他希望利用他和魏王豹平时的交情对其进行劝说，尽量省去兵马之劳。不久，郦食其火速赶到平阳（今山西临汾），见到魏王豹，向他说明利害，希望他尽快归附汉王刘邦，结果遭到魏王豹的断然拒决。满怀希望而来的郦食其碰了钉子，只得悻悻而返。

郦食其虽未能完成游说的任务，但他利用身在敌营的便利，认真收集对方情报。在回到汉营之后，他把这些重要情报向刘邦做了详细汇报。刘邦根据这些情报，知道了魏王豹的主帅及骑兵、步兵将领的任命情况，便立即放心了。在他眼里，魏王豹任命的这些将领，要么乳臭未干，要么缺少才能，根本无法和韩信、灌婴和曹参等人相提并论。

刘邦立即进行有针对性的准备。他任命韩信、灌婴和曹参为统帅，带领十万大军渡河，对魏王豹发起攻击。韩信根据郦食其所搜集到的情报，针对魏王豹的兵力部署情况，进行合理编组，在战争中处处主动。经过一番战斗，汉军一路势如破竹，大获全胜。魏王豹只得仓促向临晋关一带退却。令魏王没想到的是，灌婴的兵马早已先期埋伏在此。腹背受敌、缺少援兵，魏军损失惨重，魏王豹只得下马投降，刘邦重新收复失地。

公元前204年，韩信受刘邦之命，攻打齐国，但在到达平原（今山东平原东南）后，却把兵马驻扎下来，迟迟不采取任何行动。汉王刘邦长期处于被动局面，师老兵疲，看不到胜利的曙光，一时间非常着急。

这时候，郦食其劝刘邦占领荥阳，牢牢占据敖仓这个粮库，扼守成皋这一处险要之地，并控制太行山等要道，争取掌控白马津渡口，让诸侯得知汉军已占据有利地形，形成了克敌制胜的态势，好让那些随风倒的诸侯前来归顺。

郦食其进一步分析认为，现在燕、赵已经平定，东方的敌对势力除了楚国之外，就只剩下齐国。眼下，齐王拥有齐鲁大地，沃野千里，粮草充足。田间又率领二十万精兵强将驻守在历城。田氏家族根深蒂固，势力强大，多诈善变。齐地又地势险要，易守难攻。济南又靠近楚都彭城，即使派几十万军队去攻打，也很难确保成功。这个时候，强攻不如智取。所以，郦食其主动请缨充当说客，劝说齐王归顺，争取实现不战而屈人之兵。

郦食其和刘邦的这次君臣论对，其重要性不亚于"汉中对"①，刘邦听了他的这番分析，大喜过望，当即同意郦食其出行。郦食其马不停蹄地赶到临淄城下，求见齐王。郦食其告诉齐王，天下将来一定是刘邦的，因为刘邦率先攻下咸阳是天意所归，而项羽杀害义帝，天下人都对他痛恨不已。当各地诸侯都纷纷前来

①　"汉中对"是韩信在登坛拜将之后，为刘邦谋划的还定三秦，与项羽夺天下的方略。

归顺，齐王却还在观望，灾难马上就会降临。看到齐王有所心动，郦食其向齐王保证，会让韩信写一封同意退兵的信来，以表诚意。

韩信接到郦食其的书信，随即便写了回信，同意退兵。齐王马上传令守备的军队解除警戒，并设酒宴款待郦食其，昼夜饮酒庆贺。

韩信写好回信，便准备收兵与刘邦会合，攻打项羽，却遭到谋士蒯通劝阻。蒯通认为，韩信奉命攻打齐国，费了许多心机。如果郦食其只凭三寸不烂之舌就拿下齐国七十多座城池，而韩信率领数万精兵，用了一年多时间才攻下赵国五十多座城池，如此相比，韩信居然比不过一介儒生。听了这番话，韩信的态度立即发生改变。他即刻点齐人马，渡过平原，向齐国杀将过去。齐军本来已经解除警戒，毫无防备，故此，立刻被杀得人仰马翻，韩信大军很快便直逼临淄城下。

看到韩信大军杀到，齐王非常震惊，连忙吩咐把郦食其抓来问罪。齐王痛骂郦食其和韩信串通一气，欺骗自己。此时，郦食其无论如何辩解，也已经无济于事。

韩信画像

他命令手下把郦食其带到沸腾的油锅前，准备进行烹杀。郦食其毫不畏惧，笑着对齐王说："举大事不细谨，盛德不辞让。"①看到郦食其临死之前还这么啰唆，齐王立即下令将他丢进油锅活活烹死。就这样，郦食其在即将大功告成的时候，意外地被韩信逼成"死间"，殊为可惜。

几天后，韩信终于攻破临淄城门。齐王匆忙之中只得逃往高密，向项羽求救。

明代刘寅在《孙武子直解·用间篇》中，将郦食其归于"死间"的代表人物。他说："死间者，佯为虚诈之事于外，如郦生见烹于齐王是也。"其实，从郦食其的行间经历来看，他何尝不希望自己是一名"生间"，却最终被逼成为死间。当然，如果不是韩信的嫉妒和贪功，他尚且不至于暴露身份，更不会被齐王活烹惨死。

郦食其"借出使为名，行用间之实"的行间特点，受到战国时期纵横家的影响。郦食其显然曾认真学习过纵横学说，因此他才能在见到刘邦之后与其"言六国纵横时"②。能将敌情"往来相通报"③，是纵横家行间的重要特点，也是他们的强项。至于郦食其最后不幸惨死，成为"死间"，完全是出于己方人员求功心切和嫉

①　《史记·郦食其传》。《汉书·郦食其传》基本承袭《史记》，却已经没有这样的字句。

②　《史记·郦生陆贾列生》。

③　《孙子十一家注·用间》杜牧注。

妒心理，无疑让人慨叹。

　　大概也正是出于一种怜惜，刘邦在大封群臣的时候会忽然思念起郦食其。郦食其的儿子郦疥，虽然也带兵打仗，功却不至于封侯。但是刘邦在论功行赏的时候仍袭封他做了高粱侯。只此也能说明郦食其对汉代所建立的功勋，以及他在刘邦心目中的地位。

陈平反间

陈平（？—前178），陈留阳武（今河南原阳东南）人。幼年时父母早亡，他只得寄居在兄长家中。秦汉乱世，陈平从军投奔项羽，很快便发现项羽是个刚愎自用、喜怒无常之人，便转而投奔刘邦。在刘邦手下，足智多谋的陈平多次行间建功，辅佐刘邦夺得天下。

公元前209年，陈胜、吴广揭竿而起，率先在大泽乡起义，其部将周市平定魏地，立魏咎为魏王。陈平辞别了兄长，来到魏王手下谋得一份差使。在魏王手下，陈平曾经几次就政事上书，虽有真知灼见却从未被采纳，反而屡屡受到小人进献谗言。为了自保，陈平只好不辞而别。不久之后，他又投奔楚王项羽。没想到这项羽志大才疏，无道乏能，甚至听信谗言想要加害陈平。陈平看到项羽不足以共谋大事，只得再次出逃。他想起刘邦手下的魏无知是自己的老朋友，于是决定投奔汉营。

陈平画像

经故友魏无知引见，陈平得以拜见刘邦。刘邦设宴招待他一番之后，便请他回馆舍休息。没想到的是，陈平坚辞拒绝，坚持马上就开始谈话。刘邦只得留下陈平，继续纵论天下大事，没想到二人竟然谈得十分投机，于是刘邦立即任命他为都尉。寸功未立，居然受到如此重用，汉营众将当然非常不服气，立刻为之哗然，但刘邦力排众议，反倒对陈平更加信任，甚至让他做了"参乘"，主管护军事务。

公元前204年，楚汉相争进入关键时期。刘邦在去年年初攻占项羽的巢穴彭城后，一度轻敌落败，反被项羽困于荥阳长达一年之久，始终不能摆脱危险。刘邦请求项羽以荥阳为界，双方和解，遭到项羽断然拒绝。刘邦非常郁闷，他问陈平："天下纷纷，何时能定呢？"[1]面对情绪低落的刘邦，陈平客观分析两军短长，为刘邦出谋划策。陈平曾在项羽手下任过职，对楚军虚实非常了解。在陈平看来，项王为人缺少宽容之心，容易听信谗言，正是

---

① 《史记·陈丞相世家》。

运用反间计的时机。项羽的得力之臣，不过范增、钟离眜、龙且、周殷等数人。如果舍得投入，以数万金作为筹码，悄悄离间他们君臣，然后再举兵攻之，必定能够打败项羽。刘邦便拿出黄金四万斤交给陈平，让他作为行间的费用。

这时候，刘邦周围那些怀疑陈平不端的人，又纷纷跳出来说陈平的坏话，并且对刘邦一掷千金的行为感到非常不解。绛侯周勃、灌婴都以陈平"盗其嫂"①而诽谤陈平。没想到刘邦反倒是重重地赏赐陈平，并提升他为护军中尉，专门监督诸将。这让刘邦手下那些感到不服气的将领们顿时安静了下来，不敢再诋毁陈平。不仅如此，此后再有类似谗言，刘邦皆一笑置之，不予理睬，对陈平则是"恣所为，不问其出入"②。得到刘邦如此信任，陈平这才能够安心为其效命，放手展开他一整套行间之术。他首先是费尽心思在楚营收买奸细，让他们在楚军中散布流言说：钟离眜、范增等因为功高而未能裂地封王，因此而心生不满，很想与汉王联合起来，一起除掉项羽，瓜分楚王的土地。这些话传到项羽耳朵里，他果然对钟离眜和范增等人生了疑心，决定派遣使者到刘邦大营打探虚实。

陈平先是准备以非常高的规格接待楚使，在见到楚使一番攀谈之后又故作惊讶地说道：我以为你是亚父派来的使者，没想到

① 据《史记·陈丞相世家》记载，曾有人在刘邦面前告发陈平行为无端，有盗嫂行为，不知道是否事实，也不知道陈伯的这次逐妻是否与此事有关。

② 《史记·陈丞相世家》。

是项王派来的使者啊！于是，陈平立即将接待楚使的规格降了下来。这种做法让使者暗暗感到吃惊，更加相信范增和刘邦暗中勾结的传言。

楚使愤愤不平地回到军营，把陈平接待自己的前后经过向项羽做了详细汇报。项羽因为早闻听军中流言，再加上这一番鼓噪，终于产生疑心。钟离昧、范增自此被项羽日渐疏远。随后，钟离昧的军权被剥夺，汉军的压力顿时减小。范增知道项羽不再对他委以信任，大感失望，便告老还乡。不久之后，曾经被项羽尊为亚父的范增，在回老家的路上背部生出痈疽，暴病而亡。项羽自此失掉了一个得力谋士。忠诚如范增，都会遭到如此下场，项羽的手下都不免感到惶恐不安。

项羽担心日久生变，于是日夜急攻荥阳，这让刘邦非常焦急，苦思突围之计。这时候，陈平再献诈降计帮助刘邦成功突围。他让两千多妇女穿着武士的铠甲，乘着夜色从荥阳东门投降，再派汉将纪信扮作刘邦的模样，乘天子之辇，谎称城中粮草早已经断绝，不得不立刻出城投降。项羽信以为真，带领楚军大队人马都到城东接受刘邦投降。趁着这个间隙，刘邦则和陈平等人，率领着少数人马从西门出城，悄悄逃脱。

刘邦夺取天下之后，一直忙于经营中原地带，无暇顾及塞外，长城北面的匈奴乘机南下，大片占领汉人领土。公元前200年冬，刘邦率领大队人马御驾亲征，与匈奴进行决战。当时，刘邦所得到的情报是，匈奴兵力不强，可以轻松击败。刘邦很轻易地就相信这一情报，却不知这正是匈奴的诱敌之计。当时，匈奴得知汉军间谍正在四处打探情报，便故意摆出一副虚弱不堪的假象，引诱汉军上当。结果刘邦率领军队一直向北开进，在行进到平城（今山西大同东北）时，被匈奴单于冒顿率四十万精锐骑兵包围于白登山（今大同东面）。冒顿命令军队分别把守住各个重要路口，挡住汉军的救援队伍。

当时正值严寒天气，连日雨雪，刘邦和将士们都被冻得手脚僵硬。被围困数日之后，粮食也快要吃完，大队人马饥寒交迫，危在旦夕。这时候，又是陈平以出色的行间术帮助刘邦脱离险境。

陈平知道冒顿对新得阏氏非常宠爱，于是就想起从阏氏身上做文章。据裴骃《史记集解》，陈平亲自担任说客，下山求见阏氏。阏氏听说汉军派来使者求见，便命令左右退下，马上召见陈平。陈平立刻向阏氏献上大量金银珠宝，然后又另取出一幅图画，请阏氏转交给冒顿。

阏氏看到珠宝之后爱不释手，打开图画，只见画上绘着一个绝色美女，心生妒意之余，也不禁产生几分诧异。陈平解释道，美人是准备献给单于的，因为不在军中，所以只能先把她的画像呈上。

阏氏立刻明白了陈平的来意，等陈平走后，她急忙找到冒顿，劝他以和为贵，不要和刘邦为敌。冒顿看到刘邦大军多日不见动静，也怀疑他们有什么阴谋，怕遭受什么埋伏，便听从了阏氏的劝告，引兵而去。刘邦就此逃出匈奴的包围，仓皇撤退。

陈平运用美人计行间的这一破敌之法，可能让史官如司马迁都觉得鄙陋，有失汉朝君臣体面，故而只是闪烁其词地说"其计秘，世莫得闻"①。但只要我们考察陈平一贯的实用主义行事之道，便不会对其产生怀疑，同时也能进一步理解，为什么只有陈平才能想出这样的计策并付诸实施，为什么只有陈平每每在关键时刻能够解救刘邦。孟尝君曾以善于使用鸡鸣狗盗的实用之人成功自救，而刘邦手下，商贩、屠夫、车夫等，就远不只是行鸡鸣狗盗之实效了。他们或运筹帷幄，或拼杀疆场，均能建立赫赫战功。谋略出众如陈平，也能高举实用主义旗帜，能抓住稍纵即逝的制胜机会，甚至常常使出精彩的谍战计谋，那么刘邦赚得天下便不足为奇了。

　　就离间项羽与范增的行动而言，刘邦将四万金交付陈平之后，便任由其自由使用，不问金钱的去处，对陈平赋予了极大的信任。这一案例生动说明，在间谍活动中，上下级的互相信任非常重要，甚至能直接决定行间的成功与否。如果刘邦不能知人，或者知而不能用，用而不能信，那么陈平的那些行间计策即便再高明，也只能胎死腹中，满腹经纶都只能是桃花流水。孙子曾对用间过程中这种关系进行过探讨，他说："三军之事，莫亲于间，赏莫厚于

---

　　① 《史记·陈丞相世家》。事实上，汉与匈奴的和亲就在此时开始，而这可能才是陈平所献退兵之计。当然，汉天子这种卑微求情的经历，并不是什么光彩之事，更不便四处张扬，所以也可能因此而没有被汉代的史书忠实地记载下来。

间，事莫密于间。"①显然，刘邦很好地把握了这个秘诀。假如他在众议中失去主见，陈平的能否见用都是问题，更谈不上此后的离间范、项与挫败项羽了。

----

① 《孙子兵法·用间篇》。

张良用间

张良是替刘邦"运筹帷幄之中，决胜千里之外"①的功臣。由于他和项羽手下的项伯是故交，故此，张良曾几次利用项伯行间。其中最著名的，就是大家耳熟能详的"鸿门宴"。

刘邦与项羽本来约好各自与秦军作战，先占领咸阳的就可称王。但当刘邦于公元前206年先行攻破咸阳之后，项羽不仅拒绝兑现诺言，反而对刘邦形成大兵压境之势，随时准备发兵攻打。

在顺利占领咸阳之后，刘邦一度信心膨胀，不免得意。这时候，张良、樊哙等人及时劝说刘邦应当暂时收敛锋芒，封存咸阳府库，还军霸上。刘邦幡然醒悟，采纳了张良等人的建议，立即摆出一副"缓称王"的姿态，隐藏野心。对此，范增却洞若观火，他一针见血地指出，沛公在山东的时候，贪恋钱财货物，喜爱美

---

① 《史记·高帝纪》。

女。现在刘邦入关之后，不掠取财物，不迷恋女色，这说明他的志向不小。所以，范增劝说项羽乘着兵力优势赶快攻打，不要坐失良机。项羽潜伏在刘邦手下的间谍曹无伤，此时已经担任刘邦的左司马，他暗中派人对项羽说：刘邦想要在关中称王，让子婴做相，并且占据全部珍宝。项羽听到这些消息后勃然大怒，立即下令：明天天明时分埋锅造饭，一举击破刘邦军队！

当时，刘邦和项羽兵力相差非常悬殊：项羽军队有四十万之众，驻扎在新丰鸿门；刘邦军队则只有十万，驻扎在霸上，刘邦明显处于劣势。

楚国的左尹项伯是项羽的叔父，一直和张良关系密切。因为念及旧情，项伯连夜骑马赶到刘邦军营，将项羽准备发兵的消息告诉了张良，劝其尽快离开刘邦。张良非但没有逃走，反而立即转告了刘邦。刘邦大惊失色，急忙询问对策，张良于是邀请项伯来见刘邦。刘邦先是诚恳地捧上一杯酒祝愿项伯长寿，接着就和项伯约定结为儿女亲家。等一番拉拢套上近乎之后，刘邦委托项伯转告项羽，他对项羽其实一直都非常忠心。

第二天一早，刘邦领着一百多人来向项王谢罪。见面之后，刘邦把一切都归于误会，归咎于小人的谣言。意外的是，项羽得意之余，竟然当面就把曹无伤供了出来。他大大咧咧地说：这些其实都是曹无伤造谣的结果！随后，项羽和刘邦把酒言欢。酒席之间，范增多次向项羽暗使眼色，提醒项羽尽快对刘邦下手，但项羽一直都没有任何反应。无奈之下，范增起身出门叫来项庄，让他乘着舞剑的机会把刘邦杀死。没想到的是，看到项庄拔剑起舞，项伯也随之拔剑同舞，并一直用身体掩护着刘邦，使得项庄无法得逞。

眼见形势不妙，张良找来樊哙护驾。樊哙随即闯进大帐，瞪着眼睛看着项羽，头发直竖起来，眼角都裂开。项羽赏给樊哙美酒，樊哙毫不含糊地端起来痛饮，再赏一条半生不熟的猪腿，他也痛快地大口咀嚼起来。吃饱喝好，樊哙便和项羽大谈当初约定之事，说起刘邦劳苦功高，不仅没有得到赏赐，反而受到小人谗言，这非常不应该。面对樊哙的慷慨陈词，项羽无言以对。坐了一会儿之后，刘邦借口上厕所，和樊哙、夏侯婴、靳强、纪信等人徒步逃走。

张良估计刘邦已经回到军营，再进去向项羽道歉。范增生气地说道：竖子不足与谋啊。夺项王天下者，必然是沛公。我们迟早会成为他的俘虏！

刘邦回到军中之后，立刻杀掉为项羽通风报信的曹无伤。而项羽则在错过这次斩杀刘邦的机会之后，再没机会制服刘邦。他雄赳赳气昂昂地率领大军进占咸阳宫，在抢走宝物和美女之后，便大肆杀人放火，彻底失掉民心，也失去与刘邦一争天下的本钱。

在覆灭秦国之后，项羽以一种君临天下的姿态分封诸侯。按照原来的约定，刘邦本应被封为关中王，但项羽只封他为汉王，封地也仅为关中南面的一小片地域，并且诡辩说：巴、蜀也是关中之地啊。

对此，刘邦气愤难忍，恨不得马上与项羽决一雌雄，张良等人及时劝阻。刘邦感念张良救驾有功，赏赐张良"金百镒，珠二斗"，但张良全部转赠项伯。张良同时建议刘邦把所经过的栈道都烧毁，以表示自己安心于封地，没有返还之心。项伯在接到张良的厚赠之后，感念于故人之情，也向项羽求情，请求封刘邦汉中之地。项羽眼见刘邦烧毁栈道，也就此放松了警惕，遂同意将汉中分封给刘邦。刘邦得到秦岭以南富庶的三郡之地，经过一番苦心经营之后，逐渐有了和项羽决战的底气。

从鸿门宴前后经过可以看出，张良不仅仅能运筹帷幄、决胜千里，同时也是一位行间高手。张良利用和项伯的故人之情，对其进行巧妙拉拢，使之成为内间，并在关键时候帮助刘邦通风报信并掩护其成功脱险，其中无不反映出张良的巧思。为刘邦通风报信的是项伯，面对项庄舞剑相逼，果断挺剑护驾的，也是项伯。可以说，刘邦能够成功脱险，项伯的倒戈一击至关重要。

在这起谍战案例中，刘邦有意通过结为儿女亲家的手段来对项伯进行拉拢，也是非常高明的一招。刘邦的深谋远虑和知人识人，由此可见一斑。后面的日子，项伯甘愿为刘邦效命，这种情感拉拢起到了重要作用。谍报经营固然追求短期效应，但也要舍得进行长期投入和长期经营。情感拉拢，需要长期经营，需要耐心和胆识，同时也需要真正的情感投入。刘邦看似粗鄙，实则非常善于审时度势，并能明辨主次，他成功地君临天下并不奇怪。

凿空西域

汉朝的最大边患就是来自北方的匈奴。匈奴是游牧民族，长期逐水草而居，行踪不定，有时也会狡猾地设下陷阱，汉朝派出的侦察员，很难掌握他们的准确行踪。所以，为了对付匈奴，汉朝政府没少耗费脑筋。

张骞（？—前114），汉中郡城固（今陕西城固）人。西汉时期杰出的外交家，是古"丝绸之路"的开辟者，同时也是一位著名的战略间谍。他曾先后三次奉朝廷之命出使西域，在完成朝廷所赋予的重要战略任务的同时，还为当时的中西方文化交流和经贸往来做出了重要的贡献。

汉王朝自建立之日起，历经六七十年的休养生息，至汉武帝时期已经取得一定气象，于是汉武帝开始下决心根除边患。派遣张骞出使西域，任务和目标都非常明确，那就是联络大月氏和乌孙等西方国家，劝说他们与汉朝联合抗击匈奴。在达成共同夹击匈奴的战略目标之余，张骞还要注意沿途收集西域和匈奴的重要情报，为将来的反击战争做准备。

据史书记载："西域诸国，各有君长，兵众分弱，无所统一，虽属匈奴，不相亲附。"①西域国家表面上是匈奴属国，实际上一直不是非常安分，常有叛心。一次，汉武帝从匈奴投降者口中得知，处于更为西边的大月氏也同样困扰于匈奴的袭击，便想到了联合大月氏对匈奴形成包围之势，以实现东西夹击，彻底消灭匈奴，根除边患的目的。汉武帝于是开始着手招募合适人选出使西方，完成联络大月氏的任务。作为郎官的张骞在层层选拔之后，获得了这次机会。

建元三年（前138），张骞率众一百余人从长安出发，开始向西域进发，由于他们必须经过匈奴控制的地域，所以他们此行具有很高风险。果然，张骞的队伍刚出陇西，就被匈奴的巡逻兵发现，人马立即遭到扣押，被拘禁十年之久。这十年中，匈奴人强迫他娶妻生子穿胡服，牧羊放马做苦工，但张骞一直不忘朝廷的重托，不改气节。他始终牢记着自己西行联络的使命，精心保管着那根象征着汉王朝使节身份的节杖，随时寻找重新启程的机会。

在经过漫长的等待之后，张骞终于抓住了脱逃的机会，于是打马扬鞭，顶着风沙雨雪，一路向西急行。在经历千难万险和漫长等待之后，他终于找到了大月氏。然而，在抵达目的地之后，

---

① 《汉书·西域传》。

张骞才发现，大月氏已经长途迁徙，找到一处水草丰茂之地定居下来，避开了匈奴的长期袭扰和欺凌，不愿意再与匈奴交战。张骞感到非常失望，只好回国。

张骞一行在返回途中又遭劫难。在路过匈奴地界时，他们被匈奴再一次俘虏，又被强行拘禁一年多，后来借着匈奴一次内乱的机会，才侥幸逃出。元朔三年（前126），张骞在经过艰苦跋涉之后，终于回到了长安，能跟着张骞出使又随着张骞回国的，只剩下堂邑父一人。

张骞虽然没有完成联络大月氏夹击匈奴的任务，却在往返西域途中，对西域诸国的山川地理、风土民情等重要信息，有了非常细致全面的掌握，使汉王朝第一次得以细致了解到关于西域的一些真实情况。在张骞出使之前，汉朝没有别人到过西域，而西域也无使者到过长安，由此可知，张骞所获得的情报，对于汉王朝具有非常重要的价值。张骞所获得的信息，后来被汉朝史官整理成为《西域传》长久保存，自此成为朝廷研究西域军政社情的权威资料。

元朔六年（前123），汉朝组织了一次反击匈奴的军事行动，在这次战斗中，张骞以校尉之职，跟随卫青出击匈奴。由于张骞熟悉匈奴地形，更具有丰富的沙漠行军经验，所以他成功地引导汉军，在沙漠中找到了大片水草，解救了军队。汉军成功地解决了饮水困难，卫青这次对匈奴的用兵也得以顺利地取得了最后的胜利。所以这次作战，张骞功劳显著，战争结束之后他因功被加封为"博望侯"。

元狩元年（前122），张骞主动向汉武帝提出再次出使西域的请求，获得批准。原来，张骞上一次出使的时候，在大夏国意外地见到了产自蜀地的丝织品，于是他非常好奇地加以询问，从大夏商人口中得知，原来这些丝织品是通过身毒国购买所得。张骞这才知道，另外还有一条自蜀地前往西域的通道可供选择，于是迫切希望考察一下这条路线，看看能否绕到匈奴后方，实现对匈奴的包围夹击。

张骞所探得的这条路线，现代学者考证认为就是南丝绸之路，比张骞所开通的经由敦煌等地的北线丝绸之路开辟得更早。这条道路其实是通过我国的西南转道缅甸再到印度，然后才能辗转到达大夏等西域国家。只是这条道路，必须绕过茫茫戈壁和皑皑雪山，虽能躲过匈奴的阻击，却是山路崎岖，障碍重重，而且相比上次的路线，明显地绕了一个大圈子，格外遥远。通过这条道路运输兵力，或派遣使者联络大月氏等，也显得难以实现。

在拥有卫青、霍去病这些大将之后，汉武帝积极出击的战略方针，终于取得了初步成果。在接二连三的出击之后，霍去病等率军先后攻占祁连、敦煌等战略要塞，并与楼兰、车师等地更加接近。匈奴则节节败退，在失去敦煌至祁连一带之后，逐渐失去了对中原的袭扰能力。

元狩四年（前119），汉武帝想对匈奴发动总攻，进一步扩大战果，一举击败匈奴。张骞由于对西域情况非常熟悉，再次以庶人身份受到汉武帝的召见，虽然经过一些年岁，张骞对西域的人情掌故仍然记忆犹新。他对汉武帝说，西域有个叫乌孙（在今中国北部伊犁河流域）的国家，一直对匈奴心怀嫉恨，并不甘心顺从匈奴，如果我们用重金厚礼对其进行拉拢，说服他们一起袭击匈奴，无疑是斩断匈奴右臂，为汉军发动总攻创造更为有利的条件。汉武帝觉得他的这番分析很有道理，便派张骞再次出使西域，以联络乌孙，并希望乌孙能迁回至敦煌、祁连一带，与汉结盟而居，实现共同夹击匈奴的目的。于是，张骞被任命为中郎将，率将士三百人，牛羊近万头，币帛数千万，第三次出使西域。

张骞此次出使，随行还带有不少副使，以协助张骞做好有关联络和情报工作。张骞到达乌孙后，立即将汉朝天子希望他们东迁以联合攻击匈奴的意图，向乌孙国王进行了转达。可惜的是，这个乌孙国王已经非常年长，虽对匈奴心怀怨恨，却并不能对汉人投以信任。他没有立即答应张骞的请求，只是应允会派若干使者，跟随张骞访问长安，等看到汉王朝的实际情形之后再做决定。张骞感觉乌孙国王能有这样的态度已属不易，便一面张罗乌孙使者回访事宜，一面派副使分别前往大宛、康居、大月氏、大夏等国进行联络，以寻找更多西域国家合作抗敌。乌孙国王虽然没有立即答应汉武帝的请求，派使者出使长安也只是借机打探这个东方国家的虚实，但这也多少给两国此后的合作留下了一些机会。

元鼎二年（公元前 115 年），张骞偕同乌孙使者返抵长安。随后，被张骞派到大宛、康居、大夏、大月氏、安息等国的副使，也陆续偕同各国使者来到长安。在亲眼目睹汉朝这个东方国家的强大和富庶之后，这些西域国家纷纷决定背叛匈奴，转而与汉王朝合作，这对汉朝打击匈奴的总体战略目标的实现非常关键。

公元前114年，张骞因积劳成疾，终于病倒，不久便在长安去世。张骞虽然去世，但各国使节仍陆续地来到长安，西汉和西域的联系越来越紧密。

汉朝之所以能打通和西域的联系，功劳首先应归于张骞。司马迁在记述张骞的功劳时用了"凿空"①一词，这是非常形象而生动的比喻。据《史记索引》，所谓"凿空"是指"本无道路，今凿空而通之也"。张骞西行的艰苦和坚韧由此可见一斑。汉朝在与匈奴的交战中占据主动，包括后来多国联合对抗匈奴局面的形成，与张骞的出使也有很大关系。张骞在西行过程中，注意收集军政情报，他一路收集和整理的这些情报，不仅对当时的交战起了作用，而且被班固收录在《汉书·西域传》中，成为学习西域地理人情的珍贵文献，受到历代学者的重视。

作为一名担负特殊情报任务的使者，张骞不仅要对付来自大自然的挑战，尤其还要防止匈奴的袭击。在这种恶劣条件下执行任务，张骞必须具有多方面的才能，有时甚至是最基本的求生能力。饿死荒野、冻死寒川、严刑逼供、女色诱惑，以及寂寞惶恐

---

① 《史记·大宛列传》。

等等，种种磨难都曾经考验过张骞那颗坚强的心灵，又都一一被他征服。一个朝代的强盛固然需要很多理由，但毋庸置疑的是，对于汉王朝而言，张骞、苏武们持节的形象，同卫青、霍去病们挥戈的形象交织在一起，应当是那一段强盛最具说服力的一个注脚。

班超定远

班超（32—102），字仲升，扶风平陵（今陕西咸阳）人，东汉著名的军事家和外交家。班超出生于一个诗书世家，其父班彪、其兄班固及其妹班昭都是治史名家。著名的史书《汉书》就是出自其兄长班固之手。但是，相比父兄的埋头读书治史，身材魁梧、仪表堂堂的班超却别有志向，故此才有"投笔从戎"的故事在他身上发生。

公元 62 年，即汉明帝永平五年，班超的兄长班固被召入京任校书郎一职。班超只得和母亲一起跟随着迁居洛阳。由于家境贫寒，班超只能依靠替官府抄写文书维持生计。班超每日勤奋地伏案挥毫，但也经常辍业投笔而叹："大丈夫应当仿效傅介子[①]、张骞立功异域，以取封侯，怎么能整天埋头在笔墨纸砚之间？"这引

---

① 傅介子，据《后汉书》李贤等注，为北地人。在汉昭帝时出使西域，曾刺杀楼兰王。

得周围人一片哄笑。班超对他们说："小子安知壮士志哉！"①

公元 73 年，即永平十六年，奉车都尉窦固出兵攻打匈奴，班超作为随从一起北征，并在军中担任了假司马这一微职。班超一到军中，就显示出了杰出的军事才能。他率兵出击伊吾（今新疆哈密西四堡），转战于蒲类海（今新疆巴里昆湖），小试牛刀便斩俘很多敌人。窦固很欣赏他的军事才干，便派他和从事郭恂一起出使西域，完成敌后侦察和联络外交等任务。

在经过认真准备之后，班超和郭恂率领三十六名部下向西域进发。班超一行风尘仆仆地赶到鄯善（今新疆罗布泊西南），由于不久前，汉朝大破匈奴，所以鄯善王起先对班超等人嘘寒问暖，礼节周到，但没想到不久之后突然改变了态度，变得非常冷淡。班超估计其中必有原委，他猜测很可能是匈奴派使者来了，这才使得鄯善王变得不知所措，于是决心斩杀匈奴使者，力争使鄯善王改变态度。

在一天深夜，班超一行直扑匈奴使者驻地。当时正呼呼刮着大风，非常适宜火攻。班超命令十个士兵拿着战鼓藏在敌人驻地背后，要求他们一见前方火起便猛播战鼓，大声呐喊，同时命令其余士兵埋伏在营门两侧，袭击逃遁的敌兵。等一切安排妥当之后，班超便顺风纵火，点燃了匈奴使者的帐篷。只见前呼后应，一时间喊杀声震天，匈奴人在熟睡之中惊醒，顿时乱作一团。班

---

① 《后汉书·班梁列传》。

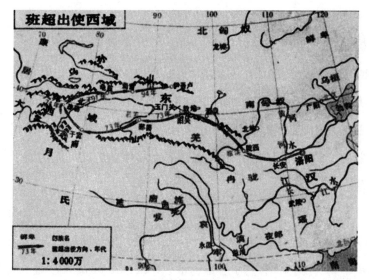

班超出使路线图

超亲手砍杀了三个匈奴人，他的部下也杀死了三十多敌人，其余的匈奴兵则全部葬身火海。

接着，班超请来鄯善王，把匈奴使者的首级献给他看。鄯善王大惊失色，一时间手足无措。班超好言抚慰，晓之以理，告诉他说，匈奴其实并不可怕，你们根本不用那么担心他们。鄯善王受到班超的鼓舞，终于表示愿意归附汉朝，并且把王子送到汉朝作为人质。

班超出色地完成了任务，窦固便委派班超继续担任出使的任务。他担心班超手下士卒太少，想给他增加一些，却被班超果断拒绝，他仍然带着原班人马，再次向西域进发。不久之后，他们到了于阗（今新疆和田）。当时，于阗王广德刚刚攻占了莎车（今新疆莎车），气势正盛。所以，匈奴也派有使者驻扎在于阗，名为监护，实为监控。匈奴使者在前，所以当班超一行到了于阗后，于阗王对他颇为冷淡，对此，班固没有感到灰心。他果断杀死了在于阗王身边造谣的巫师，并提着他的首级再次求见于阗王，于阗王感到无比震恐，当即下令杀死匈奴使者，从此归附汉朝。一年之后，即公元74年，班超率领部下向疏勒进发，成功地平定了疏勒。

公元75年，汉明帝去世。焉耆国（今新疆焉耆回族自治县）趁汉王朝大丧，围攻西域都护府，杀死了都护陈睦。这时，龟兹、姑墨（今新疆温宿、阿克苏一带）等国也屡屡发兵，进攻疏勒。班超同疏勒王互为犄角，拒守架橐城。虽然势单力孤，缺兵少将，但也坚守了一年之久。

公元76年，汉章帝即位。朝廷担心班超独处敌后难以支撑，便下诏令班超回国，消息传到疏勒之后，疏勒举国忧恐。都尉黎弇说："汉使弃我而去，我必定会被龟兹所灭。真不忍见汉使离去。"说罢便拔剑自刎。班超率部到达于阗后，于阗上至国王下至百姓都放声大哭，抱住班超的坐骑苦苦挽留。班超见状，毅然决定暂不回汉朝，而是重返疏勒，坚持在匈奴的后方建功立业。

班超返回疏勒后便发现疏勒已经有两座城归降了龟兹，并且与尉头国（今新疆阿合奇）联合起来，发起叛乱。班超得知情况后，立即抓捕反叛首领，杀敌六百余人，使得疏勒重新安定下来。公元78年，即汉章帝建初三年，班超率疏勒等国士兵一万多人进攻姑墨，并一举将其攻破，斩首七百，自此孤立了龟兹，并开通了一条新的战略通道。

班超在完成联络和出使任务的同时，一直非常注意收集西域诸国，尤其是有关匈奴的情报资料。他将自己在敌后侦察和收集到的有关资料，进行了系统的总结和整理，并于建初五年（80）上报给汉章帝。在这份报告中，他分析了西域各国政治、经济和军事形势，也详细汇报了自己的处境，并向汉章帝提出趁机平定西域各国的建议，并提供了一条进攻路线。

汉章帝看到这份报告之后非常高兴，他知道班超不仅活着，而且还在西域建立了一系列功业，便当即决定给班超增派兵力，以进一步扩大战果。这时候，平陵人徐干自告奋勇请求带兵前往西域辅佐班超，朝廷当即任命他为假司马，带领一千人增援班超。

就在汉军将要出发之际，没想到西域风云突变。原来，莎车以为汉朝不会增兵救助他们，便投降了龟兹，而疏勒都尉番辰也随之反叛。就在这个节骨眼上，徐干赶到了疏勒，班超与徐干合兵一处，立即杀死番辰，斩首千余级，平息了这次叛乱。

班超攻破番辰之后，想立即进军龟兹。当时，乌孙国兵力强盛，班超认为应该借助它的力量，于是上书汉章帝，希望他能派使者招抚乌孙国王。公元 83 年，即建初八年，汉章帝拜班超为将军长史，升徐干为军司马，另外派遣卫侯李邑护送乌孙使者，并带去了很多礼品。

李邑走到于阗时，正赶上龟兹进攻疏勒，吓得不敢前行。为了掩饰自己的怯懦，他上书给朝廷，说西域之事劳而无功，并诬陷班超"拥爱妻，抱爱子，安乐外国，无内顾心"。班超得知谗言之后，叹息不已，毅然让妻子离开自己。汉章帝深知班超的忠心，下诏责备李邑，并命李邑接受班超的管辖调度，班超不计前嫌，当即让李邑带着乌孙侍子回京。

第二年（84，元和元年），汉王朝又派和恭为假司马，率兵八百，增援班超。正当班超准备调集疏勒、于阗的兵马进攻莎车时，莎车派人跟疏勒王忠私下联系，用重礼贿赂他，使得忠背叛班超，发动叛乱。班超只好改立府丞成大为疏勒王，调集兵力攻忠。可由于康居国（今巴尔喀什湖和咸海之间）派精兵助忠，使得班超久攻不下。当时，月氏刚和康居通婚，班超派人给月氏王送了厚礼，让他对康居王晓以利害，劝说康居王退兵，这才使得局势平定下来。

过了两年，忠从康居王那里借到了一些兵马，住在损中，便斗胆与龟兹勾结密谋，派人向班超诈降。班超看出了他们的企图，便将计就计，在欢迎酒宴中，命人斩杀了忠。

公元87年（汉章和元年），班超调集于阗等国士兵两万多人，再次进攻莎车。龟兹王遣左将军发温宿、姑墨、尉头合兵五万救援莎车。敌强我弱，班超决定运用调虎离山之计，他召集将校和于阗国王共同商议军情，并故意装出胆怯的样子，偷偷嘱咐手下故意放松对龟兹俘虏的看管，让他们逃回去报信。龟兹王闻之大喜，自己率主力准备在西边一带截杀班超，并派温宿王率领八千人在东边阻击于阗。班超知道他们已经分兵，便迅速命令诸部齐发，在鸡鸣时分直扑莎车大本营，结果大获全胜。此役班超斩敌首五千余，迫使莎车国投降，再次威震西域。

公元87年，大月氏（今阿富汗境内）派使者来到班超驻地，提出要娶汉朝公主为妻。班超拒绝了这个无礼要求，大月氏王由此心生怨恨。几年后的一个夏天，大月氏副王谢率兵七万，攻打班超。班超只以少量兵马与之周旋，等到敌兵粮草将尽之时才大军出击。谢猝不及防，进退无据，只好向班超投降。班超释放了俘虏，大月氏由此与汉朝和好如初。看到这个情形，龟兹、姑墨、温宿等国都顺服了汉朝。班超随即调动龟兹、鄯善等八国部队七万人，大举进攻焉耆、危须、尉犁，一举平定了这些地方。至此，西域五十多个国家都先后归附汉王朝，班超终于实现了立功异域的理想。公元95年，即永元七年，汉和帝下诏赐封超为定远侯，后人由此而称班超为"班定远"。

公元100年，班超已在西域坚持奋战三十年之久，身体状况已经大不如前，必须寻找接替人选，于是他上书皇帝，请求回国。公元102年，即汉和帝永元十四年的八月，班超总算在残烛之年回到洛阳，但在回洛阳之后仅月余就因病辞世，终年七十一岁。

班超出使西域和张骞有着很多类似之处。他们都是汉朝派往西域的使者，都是借出使为名，行用间之实，大量地获取匈奴和

相关西域的经济、山川、道路等重要情报。班超率领小分队长期驻扎敌后，遇到敌情时，他往往能随机处置，果断出击，每每化险为夷，故此，班超的出使西域相比张骞，更加富有武功。班超以他的大智大勇，为汉朝开通西域道路，为密切汉民族和西北少数民族的关系，做出了巨大贡献，同时也为后世军事外交斗争中的间谍活动提供了借鉴。

汉末谍云

东汉末年是个军阀割据、宦官弄权的黑暗时代。汉灵帝死后，少帝年幼力弱，无力掌控政权，朝政再度陷入外戚之手，被何太后与大将军何进所把持。何进想利用这个机会捕杀宦官，进一步巩固地位，于是接受袁绍的建议，召并州牧董卓进京，希望利用他的力量对付宦官，没想到这一招是引狼入室。东汉末年的乱象，给了各路豪杰跃跃欲试的机会，战争接连不断，谍战此起彼伏。

公元 198 年，即建安三年，袁绍击败公孙瓒之后，占据青、幽、冀、并四州之地，势力越来越强大。而曹操成功挟持汉献帝，在政治上占据了"挟天子而令诸侯"的有利局面，此后他消灭袁术和吕布等豪强，控制了黄河以南，淮、汉以北的大部分地区，从而与袁绍形成南北对峙之局面。

由于袁绍在兵力上占据着绝对优势，所以并没有把曹操完全放在眼里。他挑选精兵十万，战马万匹，积极做好南下许都、剿灭曹操的准备。

消息传到许都，曹操阵营里一片慌乱，很多将士悲观地认为袁军强大不可战胜，只有曹操镇定自若。曹操对袁绍有着深入了解，在曹操看来，袁绍存在着诸如志大才疏、胆略不足、刻薄寡恩、刚愎自用等诸多缺点，所以，即使是战将如云，他也不能很好地使用，官兵上下并不团结。故此，曹操决心集中优势兵力，坚决阻击袁绍南下。

建安五年二月，袁绍派颜良带领先遣部队攻打曹操部将刘延所把守的白马。刘延手中兵将不多，很快就被颜良包围。曹操正欲率军解白马之围时，谋士荀攸建议他摆出攻击袁绍后方的架势，迫使袁绍从白马撤军。曹操依计而行，袁绍果然上当。曹操从派出的间谍口中探知袁绍已经分兵，便派出主力攻击颜良。颜良猝不及防，被时在曹军的关羽斩杀。曹操初战获胜，士气大振。

袁绍不甘心失败，马上命令主力渡河，南下延津，寻找曹军主力作战。虽有谋士沮授等苦苦相劝，刚愎自用的袁绍一概置之不理。曹军派出的斥候（侦察兵）不停地向曹操报告袁绍大军的动向，但曹操不敢有丝毫大意，亲自前往前线侦察袁军渡河情况。曹操看到袁军的骑兵越来越多，便下令沿途堆放财物，诱惑袁军下马抢掠。袁军不知是计，下马抢劫财物，顿时陷入混乱之中。曹操看到时机成熟，便命骑兵迅速出击，袁军阵脚大乱。就这样，曹操再次获得了延津之战的胜利，为官渡决战创造了条件。

连续失利之后，谋士沮授劝说袁绍应该坚守不出，以拖待变，改变目前急于求战的心态，但再次遭到狂妄自大的袁绍的拒绝。袁绍命令大军全速推进，一直抵近曹操驻扎的官渡安营扎寨。曹操出兵迎敌，却接连受挫，只得龟缩不出。袁军在曹营外修建一种叫做高橹的楼台。通过这种楼台，一方面可以侦察曹军的动向，准确掌握曹营情报，另一方面也可以居高临下地利用弓箭对曹军大营进行射击。见此情形，曹操命令军中士兵同样搭建起楼台，并且造出霹雳车，与袁军对抗。但是，曹军本来就在数量上处于劣势，故而经不起这种消耗战。曹军伤亡惨重，并且有一些投奔袁绍而去，这使得曹操心急如焚，甚至动了退兵许昌的念头。

　　远在许昌的谋士荀彧得知曹操有退兵之念后，立即写信给曹操，对其进行劝阻。另外一个谋士贾诩则根据自己所掌握的情报，及时帮助曹操分析两军形势。贾诩认为曹操在四个方面占据优势，有所谓"四胜"①之优势，所以一定能在这场决战中获得胜利。曹操听从了他们的意见，决定继续坚持下去，耐心寻找击败袁绍的机会。

　　袁绍劳师远征，眼看粮草供给不上，便命令从后方调集补充，结果被曹军间谍获悉。曹操随即命令徐晃率军半路拦截，将袁绍的运粮部队击溃。袁绍辛苦调集的粮草被曹军烧得一干二净，只得重新组织调集。

　　袁绍手下谋士众多，但是他并不能很好地使用，反而因为刚

---

　　①　据《三国志·魏书·荀彧荀攸贾诩传》，所谓"四胜"指："明胜绍，勇胜绍，用人胜绍，决机胜绍。"

愎自用使得这些谋臣三心二意、各怀鬼胎。恰在两军对峙的关键时刻，袁绍手下重要谋士许攸因为家人犯法而受到审配的排挤。许攸一怒之下，便转投了曹操。

许攸跟随袁绍多年，对袁军内部情况了如指掌，曹操听说许攸到来，高兴得连鞋子都顾不上穿就赶出来迎接，这令许攸深受感动。随后，许攸将袁绍军中布防情况，尤其是有关后勤补给的地点，悉数透露给曹操。曹操由此得知故市（今河南延津）、乌巢（今河南延津东南）是袁绍储备粮草的地方，而且戒备不严，具备偷袭之机。

曹操留下曹洪、荀攸把守大营，自己亲率步骑五千，冒用袁军旗号，各带柴草一束，利用黑夜做掩护，从小路偷袭乌巢。袁绍守军果然防守松懈，曹军用火攻将袁军的粮草储备烧毁。袁绍得知乌巢遭到偷袭，以为曹操大营一定兵力空虚，所以只派少数轻骑赶去救援，留下大部主力猛攻曹军大营。可是曹军的主力都在守城，而且营垒坚固，袁军根本攻打不下。

袁军前线部队攻城不力，还听说乌巢遭到偷袭，军心动摇，无法再战，曹军则乘势对袁军发起总攻，将袁军杀得大败。袁绍手下重要将领张郃和高览都在战前倒戈，投降了曹操。袁绍最终只是带着八百轻骑兵侥幸逃脱，仓皇逃回河北。官渡之战，曹军斩杀袁军七万人，大获全胜。

建安七年（202），袁绍因兵败忧郁而死，曹操则乘机彻底剿灭袁氏残部。建安十二年（207），曹操又出兵征服乌桓，基本统一了北方。

公元 208 年，即建安十三年，曹操利用自己权倾朝野的政治地位，迫使东汉朝廷任命自己为当朝丞相，同时废掉三公的虚职。这之后，曹操便更加志得意满，开始了统一天下的规划，积极准备南征。

消息传到荆州之后，原本有病在身的荆州牧刘表在惊恐之中病情加重，竟然就此一命呜呼，不治身亡。刘表次子刘琮匆匆继位荆州牧。

荆州自古以来就是兵家必争之地，东吴的孙权对这块土地一直也是垂涎欲滴。鲁肃听说刘表已死，便对孙权说：荆州地理形势险要，土地肥沃，人口众多，是开创帝王之业的基础。现在刘表刚死，他的两个儿子并不和睦，刘备寄居在刘表那里不受重用，我想在这时候打着慰问的旗号去荆州打探虚实。如果刘备能和刘表的那些部下们同心协力，我们就应当与他们结盟，共同对付曹操；如果他们离心离德，也好赶紧另作打算。

孙权立即刻派鲁肃前往荆州。鲁肃到达夏口时，便收到情报说曹操已经率领大军向荆州浩浩荡荡地进发了。鲁肃日夜兼程，到南郡时已经得到消息——刘琮已投降曹操。这时候，刘备率军一路向南撤退，鲁肃便赶往当阳长坂坡与刘备会面。

鲁肃一面和刘备讨论天下大势，一面探听刘备的动向。刘备则采纳了鲁肃的计策，率兵进驻樊口，并派诸葛亮前往东吴，和周瑜、鲁肃共同商讨联合抗曹之事。

曹操给孙权写信，号称所率大军有八十万之众，这让孙权非常惊恐，立即和群臣商讨对策。一帮文臣几乎都失去往日常态，进而受长史张昭鼓噪，都力主投降，只有鲁肃给孙权打气，劝他不要采纳那些文臣的意见而投降曹操。

这时候，周瑜奉命赶回，和孙权共同商讨敌情。周瑜为孙权认真分析了敌情，指出曹操八十万大军完全是虚诈，不必畏惧。孙权立刻任命周瑜、程普为正、副统帅，率兵与刘备一起，同力迎战曹操；任命鲁肃为赞军校尉，协助制定作战计划。就这样，孙刘联军与曹操军队在赤壁相遇，一场大战一触即发。

曹操大军南下，军中士兵有很多水土不服的，而且一种怪病慢慢地在军营里流行开来，这让曹操非常着急。两军第一次交战，曹军就遭到失利，不得不匆忙率军退到江北。

面对如此困局，曹操试图用间谍战来打开局面。他听说蒋干是江淮一带著名的善辩之士，而且和周瑜是同乡，便派人从扬州把蒋干请来，让他到江南游说周瑜，替自己做一回间谍。蒋干很爽快地答应了。

蒋干换了一身平民装束，悄悄地赶到周瑜军营，声称有私事求见周瑜。周瑜何等聪明，战云密布之时，怎么会突然冒出来一个同乡千里迢迢赶来说私事，很清楚这是曹操派出的探子。于是，他干脆开门见山地挡住蒋干，蒋干精心准备的大套说辞，因此无法派上用场。

周瑜每天用好酒好菜招待蒋干，并且请他到军营中观看自己的治军之术，并对蒋干表示，即便苏秦、张仪和郦食其这样的能说会道之辈，都无法说动自己。蒋干只能尴尬地笑笑。蒋干一无所获地回到曹军大营，只能向曹操称赞周瑜"雅量高致"，并不是靠游说就能策反的。曹操虽是用间高手，面对这种情势，也只能表示无奈。

为了打败强敌，周瑜日夜冥思苦想、寻找对策。一天，周瑜的部下黄盖秘密求见，建议使用火攻。得到周瑜首肯之后，黄盖写信给曹操，假称要投降，在双方约定的受降时间，周瑜派出了装满干苇和枯柴的艨艟，并浇灌了油料和火药，借助风势，迅速地冲向曹军战船。曹军上下都翘首以待，等着黄盖前来投降，没想到猛然冲过来一些火船，把曹操的战船全部点燃，并顺势蔓延到大江北岸的军营。顷刻之间，火势四处弥漫，烧死和淹死的人马不计其数，周瑜率领精兵随后掩杀，曹军迅速溃不成军。刘备、周瑜水陆并进，一直追击到南郡，曹操军队死伤过半，曹操本人也只是侥幸得以脱逃。这之后，曹操命令曹仁、徐晃把守江陵，乐进把守襄阳，自己则率领残部狼狈退回北方。

曹操用兵"仿佛孙吴"，其实非常重视用间，重视收集情报。官渡之战的胜利，与曹操准确及时地收集到大量情报有着直接关系。尤其是袁绍手下重要谋士许攸的倒戈，为曹操提供了关于袁绍的第一手情报。曹操因此知道袁军布防情况和各处虚实，因而组织了极具针对性的攻击计划。可以说，情报是曹操官渡之战获胜的重要基础。

没想到的是，到了赤壁之战时，曹操布置的游说行间计划完全落空。周瑜不仅识破了曹操的计策，反而巧妙地利用担任说客的蒋干为自己传递假情报。据说曹操正是因为蒋干所带回的假情报，从此对蔡瑁等水军将领失去信任，由此直接导致赤壁之战的失利。这也证明了唐代军事家李靖的观点：用间有时候也是会带来危害的，作为将帅，一定要辩证地看待用间得失。①

---

① 《李卫公问对》卷中："或用间以成功，或凭间以倾败。"

曹操诈术

曹操打败袁绍之后，基本平定了北方。只有关西地区的马超和韩遂是曹操尚未征服的割据势力，因此被曹操视为心腹大患。

马超和韩遂有着叔侄情谊。马超的父亲马腾当年曾和韩遂一同被朝廷封为镇西将军，后来马腾奉命到朝廷做官，马超被封为偏将军，留守关西。之后，马腾被曹操作杀，马超因此和曹操成为世仇，而韩遂也一直驻扎在金城一带，与马超共同割据占领关西，拒绝接受曹操管辖。

公元 211 年，曹操败走赤壁后三年，无力南下，遂开始考虑西征之事，对马超和韩遂发起军事行动。曹操派遣曹仁率领大军直逼潼关，马超闻讯后不敢怠慢，立刻亲自率军赶往潼关布置防卫。

临行前，曹操命令各路将领做好准备，并且吩咐他们一定要坚守营垒，不要轻易出兵交战。曹操在布置好正面防御之后，暗

曹操画像

地派遣徐晃等人趁着黑夜渡过蒲阪津，在黄河西岸安营扎寨。

曹操从潼关北渡黄河，没想到大军正在渡河之时，马超突然率军前来攻打，曹军猝不及防，招致大败。曹操本人也身陷危境，只是因为张郃及时救援，才侥幸得以逃脱。经此一战，曹操对马超军队的战斗力有了更加清醒的认识，不得不更加认真思考对策。

曹操决定沿着黄河构筑通道稳步向南推进，迫使马超撤退至渭口。曹军在多处设置疑兵，暗地里则用船只运载兵力渡过渭水，在渭水南岸抢占有利地形。马超曾想趁着黑夜攻打曹军大营，没想到中了埋伏，败下阵来。随后，以割让河西之地为条件求和，曹操未予理睬。此后，马超多次来曹军阵前挑战，曹军一直拒绝应战。对此，马超无奈只得再次提出求和，并愿意送出儿子作为人质。这一次，为了麻痹马超，曹操采纳了谋士贾诩的计策，假装答应。

一天，两军阵前对垒，韩遂请求和曹操会面，曹操立即想到用离间计瓦解敌军。曹操和韩遂在阵前攀谈良久。曹操与韩遂的父亲曾在同一年被推举为孝廉，又和韩遂年龄相当、辈分相同，所以曹操抓住这个切入点和韩遂攀谈起来。只见两个人拍手欢笑，马头相并交谈了很长时间，说起当年在京城的故友和旧事，但丝毫不曾涉及军国大事。马超远远地观看他们在阵前攀谈，不免心生疑惑，非常不解韩遂为什么和曹操攀谈这么久。

等韩遂回到大营中，马超便急不可耐地问韩遂和曹操说了些什么。韩遂回答："没和他说什么话啊。"但是这种毫不在意、漫不经心的回答，反倒使得马超对韩遂更生疑心。曹操的离间计取得了初步成效。

为了进一步巩固成果，曹操精心设计，写了一封书信，在书信上有多处涂抹改动的痕迹，好像是韩遂为了掩人耳目自己改动的，这让马超更加怀疑韩遂。从此之后，马超和韩遂之间逐渐产生隔阂，而且这种隔阂越来越深，直至无法调和。马超怀疑韩遂私下里与曹操有秘密交易，而韩遂则感觉马超狂妄自大，不把自己放在眼里，二人之间渐行渐远。

曹操深知这是用兵的绝好时机，于是和马超等人约定时间会战，韩遂明明知道马超会面临一番苦战，却不肯出兵相助。曹操先是与马超长期对峙，忽然之间出动精锐骑兵对马超实施两面夹攻，将马超杀得大败。此战之后，韩遂、马超各自奔逃，曹操则占据长安，平定了关西地区。

在这场战争中，曹操及时捕捉敌军动态，巧妙行使离间之计，技巧尤其高超。一次谈话、一封书信，便使得马超和韩遂之间互相心生猜忌，失去了共存和互信的基础，曹操可谓深谙离间计的精髓。在成功实施离间计之后，曹操有了实施各个击破的机会，由此打开局面，而且省心省力，这都是曹操高明的用间术使然。

死间张松

张松（？—212），字永年，东汉末年崇宁县丰乐乡（今四川成都唐昌镇）人。在刘璋身边多年，张松深深体会到刘璋的无能和平庸，也叹息自己生不逢时，因此一直在努力地寻找明主。

公元208年，曹操攻下了战略要地荆州。汉中的张鲁见势不妙，就立刻依附了曹操。在感觉有了靠山，后顾无忧之后，张鲁想借势占领益州，以进一步扩充势力，刘璋听到这个消息后，深感恐惧，连忙找到张松商讨对策。张松建议派人去游说曹操，以此解脱困境。之后，他毛遂自荐，亲自充当使者，前往曹操大营。

张松到达曹营之后，等了数日才得到曹操的接见。曹操虽然是雄霸之主，长相却是其貌不扬。虽则《三国志》对曹操长相只字不提，但一般都公认他是"姿貌短小"[①]之人。没想到的是，当

---

① 杭世骏《三国志补注》卷一。

曹操看到一个比自己长得更加难看的张松之后，心中却顿时产生极度鄙薄的心态。面对长得又丑又矮、说话粗声粗气的张松，曹操的态度极其恶劣，甚至开始加以挖苦讥笑。

受到这场冷遇，张松感到极度灰心，就此改道拜访刘备。刘备听说了这个消息，立即感觉到自己对巴蜀的进兵计划有了着落，喜出望外，亲自前来迎接，并且大摆筵席，厚礼相待，终于打动张松使之自己效命。

据说刘备是用"三迎三宴"来感动张松的。当张松走到郢州界口时，赵云早已等候多时，并命令军士跪奉酒食，此乃一迎一宴；当张松行至荆州界首时，守候在那里的关羽立刻马前施礼，邀请其入馆舍，然后再排上酒筵款待，此乃二迎二宴；第二天，当张松出发不到三五里之时，刘备又亲自带人迎接，再次隆重设宴款待张松，这就是三迎三宴。刘备热情隆重的接待和曹操的傲慢无礼形成了鲜明对比，完全出乎张松意料，也令张松深受感动。张松立刻相信了此前他听到的关于刘备如何贤达的传闻，也确信刘备才是他所要寻找和投靠的贤能之主。于是，他下定决心离开刘璋，投奔刘备。

酒席之间，二人相谈甚惬。张松滔滔不绝地把益州的地理、人情、山川、物产等重要情报，一一透露给了刘备，也把早已画好的地图献上，恳请刘备早日出兵入川。从此之后，张松就开始了他的间谍生涯。

张松回到益州之后，便开始向刘璋诉说曹操的种种恶行，劝说他趁早和刘备发展联盟关系，接着便举荐好友法正充当使者，负责联络刘备。

法正和张松私交甚密，也同样认为刘璋不是一个有为之主，所以经常和张松一起暗自叹息不得志。张松自刘备处返蜀之后，便立刻向法正称颂刘备的贤能，法正听到好友的举荐之后，也下定决心离开刘璋，转投刘备。

刘璋不知其中底细，爽快地听从了张松的建议，正式派遣法正出使荆州。法正见到刘备之后，也受到了热情接待，于是他更加相信好友张松的劝告，并暗下决心，和张松一起悄悄接应，作为内间，帮助刘备占领益州，一举推翻刘璋。法正这次来访虽是借出使为名，同时也受张松之托向刘备传递情报。他向刘备提供了大量关于刘璋和益州的重要情报资料，使得刘备能够及时掌握蜀中动态以及兵力部署情况，采取有针对性的部署。

公元211年，曹操攻打张鲁，拟夺取汉中一带富庶的土地。汉中与益州比邻而居，所以，得知曹操攻打汉中的消息后，刘璋深感震恐。因为他知道曹操一直志在统一，在拿下汉中之后，一定会进一步进兵巴蜀，对益州构成直接威胁，张松很好地把握住了刘璋的心理，乘机恐吓刘璋，并推荐刘备帮助守备益州。

张松所设计的救援益州的计策，正是饮鸩止渴，但是刘璋昏愦而不能明察，故此一步步迈向深渊。在听到张松的建议后，刘璋立即派法正带领四千兵马和大量的金银财宝，去迎接刘备入蜀。

就这样，法正带着张松的意图和刘璋的厚礼，再次来到刘备

军营。刘备先是虚情假意地再三推辞，但诸葛亮一直赞同法正和张松的建议，坚决主张乘机进兵益州。在他们的劝说之下，刘备终于决定即刻发兵，由法正带领，往益州一带进军。

刘备带领数万军马进入益州，刘璋亲自出城迎接，场面非常隆重。这时候，刘璋手下黄权等人，都极力劝说刘璋要谨慎行事，千万不要引狼入室，但刘璋根本听不进去，将黄权等人的好言相劝斥为谗言，一概置之不理。显然，张松和刘备的表演正好相互呼应，彻底蒙蔽了刘璋。

急于颠覆刘璋的张松，看到刘备按照既定计划如愿进驻益州，甚感欣慰。他希望刘备加快夺取益州的步伐，于是悄悄制定了一个暗杀刘璋的计划，并委派法正当面向刘备做了详细汇报。原来，张松打算趁刘备和刘璋会晤的时机，对刘璋突施杀手，从而一举掌控益州。但刘备认为时机尚未成熟，在尚未站稳脚跟之时，为广泛获取蜀地民心，他决定将暗杀计划暂缓执行。刘备让法正转告张松：这是一件大事，一定不可仓促行事，张松得到刘备指示，只好将暗杀计划放弃。

公元212年前后，刘备和刘璋之间的矛盾终于爆发。刘璋对刘备在自己的领地内大肆收买民心的做法渐渐有所察觉，故此产生了戒备之心。而刘备则以为自己在益州已经站稳脚跟，也将占据益州的计划正式提到议事日程上来，故而也在行事上暴露了蛛丝马迹。

这一年年底，曹操发兵攻打孙权，情急之下，孙权急忙向刘备求救，刘备便以施救为名，向刘璋讨要军队和大批的军用物资。刘璋很不高兴，但是又不好拒绝，最终只答应拨给刘备四千士兵和少量的军需物资。刘备看出刘璋对自己已经失去信任，便乘机四处散布舆论，把自己打扮成为刘璋卖命守城的英雄，把刘璋说成是吝啬而不仁之辈。刘璋对于这些当然会渐渐有所耳闻，于是对刘备更加心存戒备。

可能就在这个时候，张松和刘备之间的情报联络出现了问题。张松不知道刘备讨要兵马只是一个幌子，而是对刘备撤兵救吴之举信以为真。张松感到多年的辛苦努力竟然要付之东流，很不甘心，急忙给刘备写信。在信中，他诚恳地劝告刘备，经过多年的经营，益州已经唾手可得，为何在这个关键时候轻易放弃？他同时去信法正，要求他迅速向刘备转达这层意思。

不料，张松的这封信并没有能够顺利传递出去。他的兄长张肃意外地截获了这封信，也因此察觉了张松的间谍身份。张肃是广汉太守，一直深受刘璋恩惠，作为兄长，他没有顾及兄弟之情，反而害怕张松的间谍行为连累到自己和家人，于是决定立刻向刘璋检举揭发。

刘璋没想到自己如此信任之人竟然是个间谍，气急败坏之下，他下令将张松立即抓捕归案，并即刻处死。可叹张松虽然一直巧妙行间，行事隐秘，却意外地被自己的亲哥哥逼成死间。

张松间谍案的暴露，导致刘备和刘璋之间的矛盾全面爆发。既然撕破脸皮，刘备便对刘璋大打出手，很快就攻占了益州，并

进一步占据了全部蜀地，刘璋被迫向刘备投降。

张松目睹刘璋的暗弱无能，一直积极寻找明主。当他判断认为刘备是一个值得信赖的仁义之君后，便果断选择为其效命，数年之内心甘情愿地充当刘备的内间，大量为其提供情报，从而为刘备顺利夺取益州立下了汗马功劳，也在一定程度上促成了三国鼎立局面的最后形成。

从某种程度可以说，张松是以生命为代价，报答了刘备的知遇之恩。为了做好内间，他巧妙地找到好友法正作为自己的情报联络员，从而把自己隐藏得很深。在刘备入蜀的前后，刘璋非但不能察觉张松的用间计谋和行间活动，反而对张松加倍委以信任，这可从一个侧面说明张松行间的成功。张松间谍身份的暴露，是由于其兄长在一次偶然之中截获了他的信件。这次身份暴露可能和刘璋加强了对刘备的戒备，有着直接关系，正是由于戒备升级，才导致刘备和张松之间联络不畅，致使张松出现判断失误。间谍活动往往就是这样一招不慎满盘皆输，而且没有办法悔棋，甚至是以谍报人员付出生命为代价。

肆

谍云密布
魏晋南北朝时期谍战

魏晋南北朝时期，分裂和割据使得天下动荡不安，战争也相应地成为一种常态，故此这个时期的间谍战此起彼伏，谍战谋略得到了进一步发展。这其中尤以石勒、韦孝宽、宇文泰等人所展示的谍战谋略最值得称道。比如韦孝宽利用伪造书信行间，通过制造谣言来瓦解对手，这些谍战手法都非常新颖，属于古代谍战的经典案例。

羊祜识人

魏在灭蜀之后，曹氏集团已经无法把持政权，司马氏集团在经过多年积累之后，越发强大。公元265年，司马炎正式称帝，改国号为晋，是为晋武帝。

司马炎即帝位之后不久，便将灭吴之事摆上议事日程。当时的东吴政权已经日渐腐朽。孙权之孙孙皓并不会治理朝政，在继承祖业之后，一直醉生梦死，只知贪图享乐。这无疑给了晋武帝更大的信心和决心。司马炎一直积极练兵备战，希望尽快完成统一大业。

当时，西晋政权内部对于灭吴之事的意见并不能取得完全一致。贾充等重臣担心吴军的水军实力强大，难以战胜，因而一直反对向东吴发兵，但尚书左仆射羊祜等人则是积极支持南下灭吴，也努力为晋武帝出谋划策。

羊祜（221—278），字叔子，青州泰山人，出身于名门士族

羊祜画像

之家，西晋著名战略家、军事家和政治家。司马炎称帝时，羊祜因为有扶助之功，被封为中军将军，晋爵为郡公，食邑三千户，但羊祜担心由此而引发权臣的妒忌，只接受侯爵，对于其他封赏则坚决推辞。在得知晋武帝下定平吴之志后，羊祜便积极帮助筹划，尽心尽力，献计献策。正是他及时地向晋武帝进献了著名的《平吴疏》，从而帮助晋武帝更加坚定了决心。

泰始五年（269），司马炎命令大将军卫瓘、司马伷分别坐镇临淄、下邳，同时又任命羊祜为荆州诸军都督，对东吴虎视眈眈，准备随时摧城拔寨，大举兴兵南下。

晋和吴的边界线以荆州一线为最长，所以羊祜所负责的地带是灭吴战争最为关键的地区。羊祜到任之后，发现荆州的形势并不非常稳固，军粮也并不充足，于是花了很多精力开发土地，兴办农业。羊祜深知情报先行的重要性，在积蓄力量的同时，他派出大量间谍，悄悄潜伏到对岸，积极收集有关东吴的军政情报，为出兵东吴做着积极的准备工作。每当与吴国发生纠纷之时，羊祜都会对吴人坦诚相待。对那些前来投降的吴人，羊祜一般都是让他们自己决定去留，此举很好地聚集了人气，收买了民心。从他们的口中，羊祜也获得了很多富有价值的情报。

羊祜在平时总会把军队分为两个部分，一部分执行巡逻和守备，另一部分则用来开荒垦田，发展农业。经过一段时间的努力之后，晋军的粮食储备非常充足，已经能够很好地保证后勤补给，在稳定了社会秩序的同时，也极大增强了军队的战斗力。在看到羊祜这些出色的政绩之后，晋武帝授予他南中郎将一职，并将江夏地区的全部军队都交由他负责指挥。

泰始六年（270），吴国任命陆抗为荆州都督，与晋军形成隔江对峙的局面。陆抗也是一位善于用兵的著名将领。在抵达荆州前线之后，陆抗同样非常注意观察晋的动向，陆续派出大量间谍，打探和了解羊祜及晋军的备战情况。不久之后，他上疏给吴主孙皓。在奏疏中，陆抗对荆州的形势表示出极大的忧虑之情，提醒孙皓不要盲目迷信于长江天堑的防守作用，而应该认真备战，以防不测。

羊祜很快也得知了吴军更换主帅的消息，陆抗的到来，引起了他的警惕和不安。他一面加紧军事防务；一面向晋武帝密呈奏表，建议大力发展水军，做好发动水战的各种准备工作。司马炎听从了他的建议，布置手下一一落实。

羊祜还非常注意对东吴军民采取攻心战。有一次，部下在边界地区抓到吴军两位将领的孩子。羊祜知道之后，马上命令手下将孩子送回去。后来，吴将连同那两位孩子的父亲一起受到感召，前来归降。后来在两军交战的过程中，吴将被斩杀，羊祜因为他们有死节而厚礼殡殓，令吴将的子弟很受感动。还有的吴将是在战斗中被活捉，羊祜也是不计前嫌，一一放回，吴将在感恩戴德之余，便率领部下前来归降。西晋的部队行军路过吴国边境，因为补给之需，需要收割田里的稻谷补充军粮，羊祜每次都要根据收割数量用相同价值的布绢进行偿还。羊祜的这些做法，让很多吴人都心悦诚服。为了表示对羊祜的尊重，吴国的百姓大多不再称呼他的名字，只称"羊公"。

对于羊祜的这些做法，陆抗心中非常清楚，所以告诫手下将士说："他们多行德义，我们却专门做残暴的事，没有打仗就已经分出胜负了。所以，我们要专心守着边境才行。"陆抗暗中也称赞羊祜的德行度量："即使是乐毅、诸葛孔明，也比不上他啊。"有一次，陆抗生病，羊祜得到消息之后，马上派人把药送过来。吴将害怕其中有诈，都劝陆抗不要服用，但陆抗认为羊祜不是这样的小人，立刻服下。由此可见羊祜当时的威望，即便是即将展开生死对决的作战对手，都不会对其人品产生怀疑。羊祜的这些怀柔政策，招揽了民心，安插了耳目，为日后南下平吴打下了很好的基础。

当时，晋、吴之间经常互通使者，并在私下里向对方派遣间谍。羊祜对于这些使者一直都能优礼相待，并力争对其进行拉拢和收买。有一些间谍被成功策反。通过这些间谍之口，羊祜成功地挖出了那些深深潜伏的吴国间谍，对吴国的情况有了更为充足的了解。由于羊祜一直非常用心地收集吴国的情报，为他日后撰写《平吴疏》打下了很好的基础。

羊祜还非常善于识人。当时，王濬是个存有很多争议的人物。由于朝廷上下对王濬有不少非议，所以司马炎不免会心存疑虑，不敢对其委以重任。这时候，羊祜对王濬表示了极大的支持，充分肯定其军事才能，主张予以重用。事实证明，羊祜可谓是慧眼独具。王濬后来果然成为摧城拔寨的优秀将领，为平吴立下了赫赫战功。

当时吴国流传有一首童谣："阿童复阿童，衔刀浮渡江，不畏岸上兽，但畏水中龙。"羊祜听到之后后，揣度说："这可能是说依靠水军建功。"羊祜发现王濬的才能可当重任，而且王濬的小字又是"阿童"，正好印证了童谣之言。羊祜于是上表晋武帝，请求封王濬为龙骧将军，命令他在巴蜀大量建造战船，训练水军，为伐吴做准备。

公元 280 年，即太康元年，王濬率领水陆大军自成都沿江而下，过瞿塘峡、巫峡，再由秭归附近一路进兵，在进入西陵峡时，遇到了吴军设置的拦江铁锁和暗置江中的铁锥。由于此前羊祜曾经擒获了吴国的间谍，故此对吴国的这些江防设施以及相关部署情况都十分了解。平吴战争爆发之后，羊祜将这些重要情报及时通告王濬，所以王濬对此早有准备。

为了破解吴国的这些江防设施，王濬制造了几十张巨大的竹筏，并连接成百步见方的超大竹筏，竹筏上绑着一排排的草人，这些草人都身着铠甲，手执棍棒。船队行进时，先让善于游泳的士兵推着竹筏行进在前面，当竹筏遇到水下的铁锥，铁锥就会自

动扎在竹筏上而被拔掉。与此同时，王濬又制作了大量的巨型火炬，长十余丈，并灌以麻油置于船首，一旦遇有拦阻的铁链，立即用火炬焚烧。铁链被烧化之后，晋军舰船因此通行无阻，一路顺流直下。吴军本以为这些障碍物足以阻挡晋军前进，所以并没有派兵把守，这让晋军的推进变得异常顺利。

当王濬率水陆大军于三月十四日到达牛渚之时，吴主孙皓派遣张象率舟师万人进行阻击。但此时，吴军早已经是军心涣散，没有了任何战斗力，孙皓君臣看到王濬大军声势浩大，无不感到胆战心惊。不久之后，孙皓被迫接受部下的建议，向王濬请降。

唐代诗人刘禹锡曾为这段往事留下怀古诗一首："王濬楼船下益州，金陵王气黯然收。千寻铁锁沉江底，一片降幡出石头……"可以说，王濬用长期的辛苦和努力，回报了羊祜对他的信任，也为平吴立下了不朽的战功。

灭吴战争发起之前，羊祜非常重视情报先行，其收集情报的手法也非常多样，而且富有成效。这其中，对敌方所派间谍优礼相待，是非常高明的一招，借用情感来对敌实施拉拢和收买，反映出羊祜的用心深远和匠心独运。在成功策反个别间谍之后，就可以顺藤摸瓜再挖出其他深潜的间谍。孙子曾说："反间，可得而用也。"①在灭吴之战中，羊祜正是很好地运用了孙子所说的"反间"手法。

---

① 《孙子兵法·用间篇》。

石勒善间

石勒（274－333），即后赵明帝，字世龙，上党武乡（今山西榆社北）人，羯族，十六国时期后赵的开国皇帝。虽说是胡人，但石勒非常通晓谍战之术，这成为他崛起的一个关键因素。

西晋末期，北方少数民族纷纷反叛，很快便形成了群雄割据的局面。而差一点就成为奴隶的石勒，竟然在这乱世之中渐渐出人头地，成为地位显赫、独霸一时的人物。

石勒的祖先是匈奴的一个小头目，在一次饥荒中，石勒不幸沦为流民，经历了很多磨难，饱尝艰辛。北泽都尉刘监打算将石勒当做奴隶卖掉，幸好得人相助，把他藏匿了起来，石勒由此侥幸逃过一劫。

永嘉元年（307），汲桑自号大将军，石勒被任命为前驱。在战斗中，石勒屡立战功，随后被任命为扫虏将军、忠明亭侯，渐渐崭露头角。后来，刘渊起兵反晋，石勒率领手下前去投靠，就此受到重用，在攻打晋军的战斗中也是屡建战功，更受到刘渊的器重。

永嘉二年（308），石勒进军常山郡，西晋安北将军王浚命手下大将祁弘带领鲜卑段务勿尘等十余万骑兵前来攻打石勒。这一仗，石勒寡不敌众，大败而归，只得退据黎阳（今河南浚县东）。但石勒并不甘心就此失败。他随即率军转而进攻信都（今河北冀州），杀死冀州刺史王斌，并带领手下接连打败晋军。刘渊因此加封石勒为镇东大将军和安东大将军。就这样，在反晋的战争中，石勒的实力越来越强大，渐渐有了与豪强争雄的野心和统一北方的计划。

石勒因为屡立战功而不断获得刘渊的提拔。在接连不断的兼并战争之后，他成功占据襄国（今河北邯郸），成为北方一带和刘琨、王浚鼎足而三的一股重要势力。当时，王浚占据了幽州（今北京西南），刘琨则占据晋阳（今山西太原）。由于刘琨和石勒之间有太行山阻隔，所以，王浚对于石勒所构成的威胁显得更为急迫。

石勒和王浚经过一番拉锯战之后，双方难分胜负。这个时候，石勒手下的重要谋士张宾正好生病，石勒亲自前去探望，令张宾大受感动，借此机会献上他思考良久的计策。他希望石勒能主动示弱，巧施间谍战，寻找击败王浚的机会。

石勒对张宾的计策非常赞赏，立即给王浚写了一封措辞非常谦卑的信。在信中，石勒自称是"出于戎裔"的"小胡"，只是一个在乱世中苟全性命、居无定所的无名之辈，一直听说王浚的威名，也一直想前去投靠，而且在投靠之后一定会奉戴明公如天地父母。在写好这封信之后，石勒派遣其舍人王子春、董肇等，携带大量珍宝，前往王浚大营行间。

王子春非常机敏，而且善于言辞。在见到王浚之后，王子春立即将石勒写的亲笔信呈上，并一起献上此前精心准备的珍宝。王浚看到这些之后，心头大喜，对石勒不再严加防范。看到王子春和董肇都非常善于逢迎，王浚心生喜爱之情，干脆加封他们二人为列侯，留在自己的帐前听令，还准备了一份厚礼作为回赠，送给了石勒。

石勒同时也给王浚的女婿枣嵩写信，并赠送大量珍宝，对其进行收买拉拢，希望枣嵩能在关键时候替自己效命。

除了这些之外，石勒还非常注意做好瓦解王浚的工作。经过一番努力，王浚所辖范阳（今河北定兴西南）守将游统被石勒成功收买，为了表示和石勒交好的诚意，游统私下派遣使者来到石勒大营。这次游统派遣使者前来，虽说是一件利好之事，但石勒为了使得王浚更加信任自己，当即杀掉了游统的使者，并将首级送给王浚，以表示自己对于王浚的"忠心"。

当然，王浚也希望能进一步摸清石勒在襄国的兵力配置情况。所以，在公元314年正月，他派使者和王子春一起来到襄国探听虚实。石勒非常清楚王浚此举的真实目的。为了麻痹王浚，他将手下的精锐士卒全部都隐藏起来，故意将襄国装扮成一座守备空

虚的空城，只留着一些老弱残兵把守大营。石勒恭敬地接过王浚通过使者带来的信件和赠送的礼物，极力装出一副诚恳和拜服的模样，此举完全瞒过了王浚派出的使者。

而后石勒找到一个合适的时机，秘密会见王子春，向他仔细询问有关幽州的情况。王子春说：幽州去年发大水，导致粮食颗粒无收，因此老百姓的生活非常艰苦，王浚虽然有很多粮食囤积，却不肯赈灾施救，反而对老百姓课以各种苛捐杂税，因此导致民怨沸腾，人心叛离。石勒听到这些情况，忍不住抚几而笑："王浚看来真是可以擒拿了！"

于是，石勒假装给王浚上书，说希望能亲自前往幽州当面接受王浚所赏赐的封号。为了掩人耳目，石勒还给枣嵩写信，希望他能在王浚面前替自己多说些好话，好让自己早日加官晋爵。当使者将在襄国探听到的情况汇报给王浚之后，王浚对石勒的戒备之心彻底解除，他飘飘然地认为石勒已经完全在自己的掌控之下，用不着再像以前那样担心了。

石勒看到进攻王浚的时机已经成熟，便开始紧锣密鼓地制定偷袭幽州的方案。由于刘琨就在石勒的西面，与石勒大军隔山而居。如果刘琨乘着石勒出兵攻打王浚的时机乘虚而入，那么石勒的处境将会非常危险。这时，张宾建议石勒主动与刘琨求和，利用王浚和刘琨之间的矛盾巧做文章，力争使得刘琨不会伸手援助王浚。

石勒觉得这是个好主意，便赶紧派出使者携带重金，前往刘琨大营进行游说。使者在刘琨面前诉说王浚的种种无道行径，极力夸大王、刘之间的矛盾，挑拨他们之间的关系，终于让刘琨下定决心与王浚决裂，同时也与石勒达成和解。在得到刘琨同意与自己和解的消息之后，石勒终于放下心来，马不停蹄地继续做着奇袭幽州的各种准备工作。

这年三月，石勒精心挑选出一支精锐的轻骑，昼夜不停，经过一番急行军之后，很快便到达了柏人（今河北临城东南）。就在这时，石勒想起来自己军中主簿游纶曾经为王浚效力，害怕游纶会泄露军机，便下令杀了他，之后，石勒率领部队继续悄悄前进。在石勒大军到达易水（今河北定兴境内）之后，王浚总算得到了消息。王浚的手下建议出动大军进行拦阻，没想到被自以为是的王浚严词拒绝，他甚至下令，有谁胆敢再说阻击之类的话，就马上杀头。

石勒率军顺利地来到幽州城下。在得到王浚的同意之后，继续挥军向幽州城内开进。为了确保万无一失，石勒以献礼为名，驱赶数千牛羊在前面开路，同时也正好阻塞住重要的交通要道。等王浚醒悟过来，为时已晚。石勒所驱赶的牛羊都在幽州城内横冲直撞，轻骑兵则在后面乘机掩杀，王浚的护卫部队毫无招架之功，被踩踏和砍杀的不计其数。王浚本人也被活捉，后来被押送至襄国斩首。就这样，石勒顺利地拿下了幽州，消灭了一个重要的竞争对手，并一举奠定了称霸北方的基础。

一山不容二虎。石勒在消灭王浚之后，与刘琨之间的矛盾变得日益突出。眼看石勒的实力越发强大，刘琨也不能等闲坐视。为了抑制石勒，刘琨派遣将军姬澹率众十余万前去征讨石勒，石勒则巧妙用兵，诱敌深入，将姬澹杀得大败。刘琨见状，只得改变策略，联合段匹磾等北方豪强，共同对付石勒。段匹磾等人被刘琨成功收买，当即歃血为盟，共同推举刘琨为大都督。

为了掌握刘琨的动向，石勒派出大量间谍，刺探有关刘琨行动的情报，并随时以最快的速度报告本部。在得知刘琨与段匹磾等人联手之后，石勒也感到担忧。但是石勒很快冷静下来，而且再次想到用间谍战的方法来瓦解对方的联盟。石勒之所以想到反间计，是因为他对于对手的情况有着清醒的预判，这个同盟军刚刚成立，基础并不牢靠，一定能找到可以瓦解对方的对策。

石勒通过间谍之口得知同盟军中的段末柸是个贪财好利之徒，便选定其作为突破口，进行拉拢收买。很快，胆大心细、能说会道的参军王续，携带着大量的金银财宝悄悄地拜见段末柸。段末柸见到石勒送来的重礼，不禁喜笑颜开，当即同意充当石勒的内间，并且答应游说涉复辰、疾六眷等人也不再与刘琨结盟。不久之后，涉复辰、疾六眷等人果然引军返回，刘琨与段匹磾只得率军退到蓟城一带。

段末柸行间初步获得成功，石勒继续施以重礼作为酬谢。段末柸因此而对石勒言听计从，继续在刘琨的战略后方掀起波浪。他先是杀掉鲜卑单于截附真，后又立忽跋邻为单于。段匹磾见状，只得率领大军从幽州出发攻打段末柸，没想到却被段末柸一举击败。段匹磾逃回幽州后，迁怒于太尉刘琨，将刘琨杀害，此举导致刘琨手下将佐纷纷投降石勒。段末柸派遣他的弟弟段骑督攻打幽州，段匹磾眼看无望，只得率领部众数千匆匆出逃，石勒则巧妙地中途设伏，将段匹磾的残部杀得大败。

正当石勒在前线拼死奋战的时候，汉都发生了一些变故。原来，公元318年七月，汉主刘聪死后，其子刘粲即位。但没想到的是，外戚靳准却利用手中的权力，杀死了刘粲，之后便自封为汉王。

在这种混乱局面之下，刘渊的养子刘曜也不由得做起皇帝梦。于是，他迫不及待地在赤壁称帝，封石勒为大将军、大司马。石勒对刘曜的这种篡权行为非常不满，一直暗中寻找机会取而代之。当然，石勒顾忌到刘曜所拥有的军事实力，起初并不敢把这种矛盾表面化，而是极力装出一副顺从的模样。当刘曜对石勒实行收买和拉拢的策略时，石勒装作一副满心欢喜的模样。刘曜派心腹郭汜作为使者，封石勒为太宰，领大将军衔，晋爵赵王，石勒都一一接受，并且极力表现出一副感恩戴德的样子。

石勒在佯装接受封赏之后，为了表示谢意，特地派出王修等人作为大使前往刘曜处拜谢。

刘曜手下有个叫曹平乐的谋士，原本是石勒的舍人，但没想到的是，就是这个曹平乐在关键时刻出卖了石勒。曹平乐告诫刘曜，石勒派王修等人前来，外表上是作答谢，实际上是要观察各郡的实力，打探虚实，以便伺机发起进攻。刘曜听到这些话之后，

马上恼羞成怒，等郭汜回来之后，立即将王修斩首，并下令撤销了刚刚授予石勒的诸多封赏。只有王修的副使侥幸逃回，向石勒报告了情况。石勒怒不可遏，立即下令诛灭曹平乐的三族，随后召集大臣，宣布与刘汉政权分道扬镳。

石勒的实力越发强大之后，渐渐也有了自立为帝的想法。公元330年，石勒改称大赵天王，不久之后改称皇帝。

石勒虽是胡人，但他的行间谋略丝毫不比汉人逊色。不仅如此，对于汉人所献计策，他也能择善采纳。使用王子春打探情报，反映出石勒善于抓住行间时机的一面，拉拢和收买段末柸，则可以看出石勒行间同样善于寻找行间对象。通过认真考察，石勒得知段末柸贪财，便果断使用大量宝物对其进行收买，事实证明他的判断和选择都非常正确。

祖逖北伐

祖逖（266—321），东晋著名将领。他出生在一个官宦家庭，自幼便性格旷达，不拘小节。曾游历京师，由于为人慷慨，才华出众，因而受到很多人赞许。后来，他与司空刘琨一起出任司州（今河南洛阳）主簿，两人关系十分融洽。

一天半夜，祖逖被野外鸡鸣声吵醒，便叫醒刘琨："这不是什么恶声。"于是，两人一起来到户外，拔剑起舞。两人约定，此后每当听到鸡鸣之声便起床习武，这就是成语"闻鸡起舞"的由来。

晋元康元年（291），一场空前动乱终于爆发，而且长达十六年之久，这就是著名的"八王之乱"。动乱中，晋王室内部各豪族相互争斗，烽火连天，北方的大片领土因此被异族乘机占领。祖逖目睹这些现状，忧心如焚。他先是率领家族成员，随着流民一起来到江南避难，在完成安顿之后便一心想着北伐。不久，他成为司马睿的军事幕僚，但在看到司马睿偏安江南、不思进取之后，感到非常失望。常怀"振复之志"①的祖逖多次上书，劝说司马睿率军北伐，不料却被长期束之高阁，一概置之不理。

晋建兴元年（313）4月，晋愍帝即位，任命司马睿为左丞相，让他率兵二十万攻取洛阳。但是，司马睿一心致力于开拓江南地区，根本顾不上北伐，祖逖义正词严地向他提出收复故都的请求，但这无异于是给司马睿出了一个难题。司马睿为了敷衍天下耳目，任命祖逖为奋威将军、豫州刺史、前锋都督，率军出师北伐，但实际只拨给祖逖一千人的粮饷和三千匹布，而且不给任何铠甲兵器，只让他自募士卒，自制刀枪。

司马睿的冷漠并没有动摇祖逖北伐的决心。他率领当初跟随自己南下的流民，组建起一支队伍，毅然从京口渡江北上。船到中流，祖逖眼望江水滚滚东去，不禁感慨万千。他敲着船楫朗声发誓：若不能平定中原，收复失地，就决不重回江东！听到这样的豪言壮语，跟随祖逖同行的部下都群情振奋。

祖逖一行渡江之后，在淮阴一带自己铸造兵器，同时又成功招募到两千多士兵。不久之后，晋愍帝被刘聪俘虏，西晋就此灭亡。而当时已另立东晋的司马睿被迫移檄四方，组织北伐行动，祖逖欣然应命。

公元317年，祖逖进驻芦洲（今安徽亳县），遭到流民坞主张平、樊雅的阻击。张平、樊雅是豫州一带最具实力的豪强，乘乱

---

① 《晋书·祖逖列传》。

起兵，割据一方。

祖逖先是派遣参军殷乂前去游说张、樊二人，争取不费力气不动刀枪。没想到殷乂狂妄自大，完全忘记了祖逖的使命，并在言语之中对张平有所冒犯，张平看到这种傲慢态度，不禁大怒，当场杀死殷乂。

无奈之下，祖逖只得率军攻打，但数次强攻均遭失败。经过间谍的一番侦察之后，祖逖发现谯城守军虽然势力强大，内部却并不十分团结，完全可以采用离间之计来分散和瓦解他们。

这一次，祖逖精心挑选出一名非常得力的间谍派往敌营。这名间谍携带重礼去游说张平的部下谢浮，对他阐明大义，晓以利害，结果成功说服谢浮临阵倒戈，支持北伐军的行动。不久之后，谢浮借着与张平商讨军情的机会，果断出手将其杀死，随后率领部下归降祖逖。祖逖这次成功用间，使得坞堡主们受到了极大震撼，加速了他们之间的分化。坞堡主们不再像以前那样伙同樊雅对抗祖逖北伐军。

在张平死后，樊雅仍继续据守谯城，祖逖则驻扎太丘（今河南永城），与成功策反的坞堡主陈川遥相呼应，对谯城形成两面夹攻之势。虽然在军事态势上占据有利位置，但祖逖军队的粮食供给是个大问题，处境非常艰难。两军交战互有胜负，形成拉锯局面。

这时候，祖逖再次运用间谍战。为了尽快攻下谯城，祖逖向坞堡主求援，他们派来桓宣进行援助。桓宣有着从事间谍活动的

实战经验，于是领命潜入谯城进行游说活动。

在见到樊雅之后，桓宣为其分析了形势：如果达成和解，则功勋可立，富贵可保；如果固执己见，会受到夹攻。桓宣所说的这番话，软中带硬，威逼利诱，果然引起了樊雅的重视。樊雅便拉着桓宣一起喝酒，开始计划投降之事。这时候，部下中有人站出来劝说樊雅放弃投降的念头，令其态度产生摇摆。得知这一情况后，祖逖一边命桓宣继续进行游说活动，一边暗中加紧派兵，计划发兵攻打。在祖逖谍战和兵战相结合的攻势面前，樊雅终于下定决心归顺。不久，樊雅统一了部下意见，出城投降，祖逖终于占领谯城，在豫州站住了脚跟，打通了北伐的通道。

此后，在极端困难的条件下，祖逖领导北伐军同占据绝对优势的敌人苦战四年多，收复了黄河以南大片土地。在这个过程中北伐军由小到大，越战越强，成为一支让石勒不敢窥兵河南的劲旅。

为间所败

　　"弱冠有美名"①的殷浩多少也算是一代名士，但说到底还只是一介书生。不少书生擅长纸上谈兵，真正到了实战的时候，往往就会暴露出百无一用的本质，败得一塌糊涂。殷浩的北伐再次说明了这个道理。

　　殷浩因为善于玄谈，所以一直在士族中享有巨大的影响力，故此，尽管他多次谢绝朝廷的加官晋爵，但最终还是被任命为扬州刺史，并逐渐拥有了军权。殷浩一直看不起当时的权臣桓温，但是势力远比桓温为弱，并不能与其真正形成对抗。所以，当殷浩掌管了一定的军权之后，就以为到自己大展宏图的时候了，很有点志得意满的感觉。王羲之劝他注意处理和桓温的关系，要巧妙与之周旋，也被殷浩坚辞拒绝。

---

　　① 《晋书·殷浩列传》。

殷浩本算不上简文帝的亲信，但为了牵制桓温，简文帝依然决定重用殷浩。所以，当殷浩想举兵北伐之时，简文帝也给予了积极支持，没想到的是，殷浩的北伐最终只是成为一场闹剧。

殷浩的北伐军刚刚到达许昌，正好遇到时任安西将军的谢尚兵败，于是只好撤回寿春。起初，羌人姚襄在冉魏政权覆灭后遵从父命降晋，送母弟为质，晋朝封他为平北将军、并州刺史，率部帮助守备北部边境。但姚襄对殷浩并不买账，不仅杀死了殷浩的部将魏憬，还吞并了他的全部兵马。殷浩看到这些之后，非常生气，便把姚襄的兄弟囚禁起来，并派出间谍刺杀姚襄。不料，刺杀行动失败，姚襄因此与殷浩仇恨越来越深。殷浩的北伐原本依仗姚襄，但没想到二人交恶，北伐也由此而演变成为一场内讧。

殷浩的北伐，也曾精心设计了一些计谋，比如派出间谍对敌将进行游说，但这被证明只是一厢情愿。间谍战不仅没有起到作用，反而成了一个缚住殷浩的圈套。

殷浩派出的间谍曾以关中的治权作为筹码，试图对敌将进行收买。他们选定的行间对象是前秦重要将领梁安、雷弱儿。在对他们进行一番游说和拉拢之后，梁安、雷弱儿都假装答应投降，但同时要求殷浩出兵进行救援。正在这个时候，前秦内部发生了一场内乱，苻健之侄苻黄眉被迫西奔。殷浩误以为是间谍行动获得了成功，梁安、雷弱儿已经开始展开行动，便立即挥军北上进行支援，企图对前秦队实施内外夹击。但没想到的是，姚襄在山桑（今安徽蒙城北）设下了埋伏，半路拦截了殷浩，并一举打败了殷浩的北伐军。所以，殷浩的北伐军没有败在敌人手中，却败在同盟军手中，无疑是件非常窝火的事情。

殷浩北伐失败之后，桓温趁机独揽军权，并先后三次发动北伐。但是，这三次声势浩大的北伐，仅仅第二次有收复洛阳的战功，其余两次都被击败，不见成效。

永和十年（354）二月，桓温自江陵率四万步骑出发。在与前秦军队抗衡一阵之后，便接连吃到败仗，损失惨重。当时虽然是麦子成熟季节，但前秦抢先一步收割麦子，同时采取坚壁清野政策，令桓温大军补给问题凸显。桓温见势不妙，只得退兵。

永和十二年（356），桓温再次从江陵起兵。这次北伐行动，桓温吸取上次失败的教训，获得了一些胜利，并且收复了洛阳。

太和四年（369），桓温第三次北伐。这次北伐声势浩大，规模空前，目标是慕容氏集团的前燕。但这次北伐却也败得非常彻底，损失惨重。

桓温北伐至兖州时，参军郗超顾虑汴水因战乱久未浚治，认为会影响漕运，但桓温不听。果然，北伐的水军行至金乡时就因为天气干旱、河道不通而无法继续前进。桓温下令部队强行疏通河道，这虽然让水军能够得以继续前进，但耗时耗力。而且，桓温水军只能逆水而进，行进困难，仍然不能解决晋军的粮道断绝的困境。这时，郗超建议桓温要么率军直扑前燕国都邺城，要么控制漕运，储蓄粮食，直至来年再战，但这些建议都被桓温拒绝。

桓温大军前期取得了一些胜果，逼迫前燕向前秦求救。对此，秦主苻坚采取坐山观虎斗的策略，坐等晋军疲惫之后再伺机出击。

桓温伐燕，一度非常注意情报工作。他派出间谍对燕人孙元进行策反和游说，孙元果然率部起兵响应桓温，同时，桓温任用燕人段思作为乡间，引导北伐军前行。这些行之有效的间谍战，为北伐军的取胜创造了有利条件。前燕皇帝慕容暐和太傅慕容评都对战事的发展感到十分恐惧，甚至已经做好了逃往辽东的准备。

知道有段思作为引导，燕人便在两军交战之时设计擒获了段思，使得晋军就此失去这个重要的向导。随后，晋军在几次与燕军的交战中都处于下风，这让桓温焦急万分。这时候，狡猾的苻坚在得知晋军吃紧的消息之后，派出大军前来救援前燕，北伐军面临着被前后夹攻的危险。九月，晋军的粮草供应变得更加困难，燕军开始组织强有力的反攻，晋军损失惨重。桓温见状，只得焚毁船只，丢弃辎重，打算由陆路退军。燕军则不动声色地一路尾随晋军，终于在襄邑追上了晋军，并发起袭击。桓温没想到燕军能尾随这么长距离，所以毫无防备。晋军遭受突然袭击，立刻溃不成军，损兵折将。起兵响应东晋的孙元在武阳据守顽抗，但很快也被前燕所擒，桓温的第三次北伐也以失败告终。

在常人看来，如果想充分掌握敌情就必须用间，但是，正如《李卫公问对》中所说的那样，"或用间以成功，或凭间以倾败"①，

---

① 《李卫公问对》卷中。

用间有时也要承担一定的风险。这个道理正像是"水能载舟，亦能覆舟"一样。殷浩北伐的失败，桓温伐燕的失败，都是因为没有看到用间的负面作用，反倒因为拙劣的间计而给了对手以可乘之机，所谓北伐也就此演变成为一场闹剧。这其中教训深刻，至今仍不乏警示意义。

朱序诈降

　　淝水之战是历史上著名的以少胜多的经典战例，也是东晋抵抗前秦的一场关键之战。谢玄如果不能在这场决战中获胜，衣冠南渡的东晋王朝必将面临更加危险的境地。在战争中，被迫临时投降苻坚的朱序巧妙地为谢玄传递情报，并在关键时刻搅乱了秦军的阵线，从而改变了战争的结局，令晋军得以大获全胜。

　　公元 378 年的襄阳之战应该算是淝水之战的前奏。这一年二月，苻坚选择襄阳作为突破口，对东晋发起进攻。襄阳守将朱序以为秦军缺少渡江船只而守备松懈，没想到先锋石越率领大军悄悄地浮水渡江，偷袭得手，一举占据襄阳外城。朱序只得丢下渡船百余艘，仓促地退守内城。而秦军正好利用朱序所丢弃的船只，迅速地将主力渡过大江，一举将内城包围。情急之中，朱序的母亲也率领妇女们参加到保卫襄阳的战斗之中。她们的行为极大地鼓舞了襄阳守军，秦军先后增兵多达十万，却一直攻打不下襄阳。

秦军眼看强攻不成，便干脆将襄阳团团围困，切断了其与外界的联系，使得襄阳成为一座孤城。朱序率领军民继续顽强奋战，坚守襄阳九个月之久。久攻不下，苻坚异常恼怒。他命令负责指挥攻城的苻丕必须在来年开春之前拿下襄阳，否则就不用来复命。苻丕诚惶诚恐，只得继续全力进攻。在秦军的强大攻势面前，襄阳守将李伯护暗中投降秦军，作为内应，协助秦军攻破城池，占领襄阳，朱序被俘，惨烈的襄阳之战以秦军获胜而告终。

朱序被俘之后，受到苻坚很高的礼遇。苻坚希望顽强的朱序能够转而为自己效命，而朱序为了等待机会报效东晋，假装投降。苻坚虽然是氐族，却有着很高的汉文化修养，特别重视起用汉族政治家。但是，他对朱序的这种重视和礼遇，不仅没有收到预期的效益，还意外地给自己埋下了一颗定时炸弹。朱序留在秦军大营，恰恰成为一名深深潜伏的间谍。在随后的淝水之战中，正是朱序在关键时刻帮助谢玄取得了一场大胜。

苻坚在攻打襄阳的同时，命令彭超同时全力进攻彭城。公元379年二月，彭超率领大军攻克彭城，并占据淮阴，继续南攻盱眙。

面对大军压境的严峻形势，东晋都城建康早已陷入一片惶恐之中。这时候，谢石、谢玄兄弟挺身而出，担负起抵御强敌的重任。谢玄率大军反攻盱眙，迫使彭超等退守淮阴。随后，谢玄率军先用调虎离山之计解救了彭城，再大败秦军于三河，极大地提

升了晋军士气，鼓舞了斗志。

和东晋之间长达数年之久的拉锯战，不但没有提醒苻坚注意东晋军队战斗力的提升，反而令苻坚变得更加心浮气躁。一心想着"混六合以一家"①的苻坚，决定亲自率领大军与东晋展开决战。公元383年四月，苻坚不顾群臣反对，命苻融为先锋，带领大军，号称百万，自长安出发，水陆并进，声势浩荡地向东晋开进。

这年十月，苻融率军攻占寿阳。东晋赶来救援的将领胡彬救应不及，只得眼睁睁地看着寿阳易手，自己率军退守硖石一带布防。苻融大军一路追击过来，将胡彬所部包围。胡彬眼看粮草告急，只得秘密派遣使者向谢石求援。没想到使者在半路上被秦军俘虏。苻融得知胡彬吃紧的消息之后，立即将情况告知苻坚。苻坚再次错误地估计了形势，认为大破晋军在此一举。为了尽量降低损失，他命令曾守备襄阳的晋军降将朱序前去谢石处游说行间，试图对谢石进行劝降。这本是苻坚看来志在必得的一招棋，却成了自己的绊脚石，而且让自己结结实实地摔了一个大跟头。

另有异志的朱序非常爽快地接受了游说的任务，立刻启程赶往谢石大营。在见到谢石、谢玄兄弟后，朱序不但不进行游说劝降，反而将自己在敌营数年内所收集到的相关前秦军队的重要情报，详细地向谢石进行介绍。朱序告诉谢石，如果等到苻坚果真集中起百万大军，那么晋军将很难抵挡，所以应该趁着他们尚未

---

① 《晋书·苻坚载记》。

完全集中就果断采取军事行动，集中精锐力量消灭苻融，如果挫败其前锋，则可挫伤其锐气，打败敌军。

谢石、谢玄得到朱序提供的情报之后，也觉得应该果断进兵，抓紧时机立即对秦军前哨人马展开攻击。这年十一月，谢玄命令广陵相刘牢之率领精兵五千，进攻洛涧西岸的梁成。刘牢之深谙用兵之术，攻其无备，出其不意，迅速击败梁成军，并斩杀梁成，成功地将梁成五万兵马压迫在淮水之滨。秦军被逼入绝境，顿时大乱，众将士纷纷抢渡淮水，人马自相残杀，死者多达一万五千之众。

初战告捷，谢石立即派遣各路大军向前推进。苻坚、苻融在寿阳城头看到晋军布阵严整，一时间对晋军的战斗力有了新的认识。这时候，风吹得八公山头草木摇动，苻坚不禁大惊："这么多兵马，谁说他们兵少？"由此可见，洛涧一战，苻坚损失的不只是五万兵马，更是南下的锐气。这直接影响到随后的淝水决战。

朱序不仅为洛涧之战及时提供了准确的情报，导致秦军先锋部队受挫，还在淝水决战的关键时刻再次建立奇功。

洛涧之战取胜之后，晋军水陆并进，试图与秦军接战。但是秦军依靠淝水扎营，使得晋军无法渡河。然而谢玄并不希望两军一直隔水对峙，使得战事久拖不决。为了打破僵局，谢玄派出使者前往苻融大营进行游说，希望秦军后退，让晋军能渡过淝水。使者对苻融说："你们大军深入，置阵逼水，这是持久作战之计。如果真想决战，你们可以把军队稍稍往后退一些，让双方将士交战周旋，您可以与众将远远观赏，不也是一件美事吗？"

面对这样的游说之词，苻融显得有些犹豫不决。苻坚则觉得这是战胜晋军的良机，如果在晋军半渡之际，用铁骑数十万迎头痛击，就一定可以彻底击溃晋军。

苻融听了这番话之后，觉得很有道理，于是下令让大军部分后撤。然而，秦军阵营前后相距甚远，战线拉得过长，许多将士并不明白指挥后撤的真正意图，所以，当前军撤退之时，后方的将士误以为是前方部队打了败仗，所以立即乱了阵脚。晋军先头部队乘机冲到对岸，趁着秦军阵脚大乱之际即刻对秦军发动猛烈进攻。眼看时机成熟，潜伏在秦军阵中的朱序大声叫道："秦军已经败了！"那些慌乱撤退的秦军不知真假，以为秦军的前方部队果真战败，于是更加忙乱，人马自相践踏，死伤无数。苻融试图阻止大军溃败，没想到也被乱兵冲倒，最后被晋兵所杀，苻坚也被乱箭射伤。谢玄则指挥大军乘胜追击，一举收复寿阳。就这样，淝水之战以晋军的大获全胜而告终。

影响这场大决战结局的因素很多，但毫无疑问，朱序应当是改变这场战争结局的一个重要人物。在淝水之战前，朱序实则是扮演了一次假投降。他以投降为名，行间谍之实，成为扭转乾坤的关键。很明显，东晋因为有了朱序及时提供的重要情报，战争准备有条不紊，战场指挥机动灵活。朱序看到秦军驻扎地点空间狭小、人马混杂，便巧妙地借用秦军转换阵形的时机，佯称"秦军已败"，由此导致秦军上下一片混乱，人马自相践踏，最终兵败如山倒。朱序的这一声呐喊，至今仍在历史的时空中回荡。

巧设间计

公元 535 年，宇文泰杀死北魏孝武帝，另立文帝，建立西魏；高欢则另立魏孝静帝，迁都邺城，建立东魏。宇文泰和高欢之间的对抗，使得北魏就此解体。

公元 537 年，东魏和西魏爆发了沙苑之战。这次战斗，东魏的高欢在军队的数量上占据着优势，但最终还是吃了败仗。战争中，高欢虽然经验老到，但他的队伍暴露出纲纪不整、法治废弛等致命缺陷，由此招致战争失利。期间，宇文泰派出的间谍居然能在高欢大营自由自在地溜达，充分说明高欢的部队纪律松弛已经到了非常严重的地步。

为了掌握高欢大营的虚实，宇文泰派出达奚武潜入高欢大营，秘密刺探军情。达奚武精心挑选了三个精干的部下，换上敌军的衣服，悄悄地潜入敌营。在日暮时分，他们一直抵近到距离高欢大营仅数百步，然后下马窃听到了高欢大营的军号和口令。这之后，达奚武便大摇大摆地乘马来到高欢军营之中，自称是巡查夜哨的军官，在高欢军营中四处巡查。在"巡查"过程中，达奚武遇到偷懒懈怠的岗哨，会对其大声斥责，甚至进行鞭打。这令岗哨感到非常恐惧，顾不上分辨真假，只是一再请求达奚武宽恕。就这样，达奚武神不知鬼不觉地仔细察看了高欢大营的军情，又安全地返回大营，将结果禀告宇文泰。达奚武行动的成功，固然有其胆大精明、设计巧妙的因素，但也与高欢治军不力、军纪松弛有着直接的关系。

根据达奚武所提供的情报，宇文泰决定佯装示弱，诱敌深入。果然，东魏的将士看到西魏的军力很差，士卒也少，都认为立功的机会来了，于是开始不听指挥，争相冒进。高欢事先布置的阵形根本无法得以保持，大军陷入一片混乱之中。眼看时机成熟，西魏将领李弼率领铁骑将高欢的军队从中间硬生生地冲开，分割成两半，与此同时，宇文泰事先埋伏的各路兵马也一起出动，令高欢的军队首尾不能兼顾。高欢纵是英明神武，也已对部队完全失去控制，因而就此溃败。此战过后，高欢的精锐部队损失过半，元气大伤，再难渡河入关，对西魏构成威胁。

在东魏西魏的长期对抗中，高欢也有击败宇文泰的记录。公元543年的邙山会战，高欢因为出色的随机应变能力成功击败了宇文泰。

邙山会战，宇文泰虽然战败，可并不想放弃虎牢关这个战略要地，于是他派遣间谍悄悄潜入虎牢，并且写了一封信给守城将领，让间谍随身携带。在信中，宇文泰命令守城将领魏光坚守不出，等待援兵。没想到的是，间谍尚未到达虎牢关下就被当时投降了东魏的侯景抓住。经过搜查，很快发现了宇文泰写给魏光的信件。侯景看到书信之后，灵机一动，立即模仿宇文泰的笔迹和口气，重新写了一封书信，并将书信的内容改成："宜速去。"①接着，侯景不动声色地还是派这名间谍携带着伪造的信件进到城里。魏光本来就没打算坚守城池，在看到书信之后，更是顾不上辨别真伪，连夜撤出虎牢。就这样，北豫和洛这两个州又重新被东魏所占据。侯景则因为巧妙收复虎牢之功，被高欢封为司空。

　　侯景利用书信行间充满了巧思，是谍战史上的经典案例。侯景充分利用了敌军将领被围困时的恐惧和焦躁心理，判断他们一定会急于撤退，至于伪造的书信也是利用敌军间谍传递，几个方面因素巧妙地结合在一起，故而才能达成奇效，兵不血刃地夺取了虎牢关。

---

　　① 《资治通鉴》卷158。

孝宽传谣

　　韦孝宽（509—580），名叔裕，字孝宽，京兆杜陵（今陕西西安南）人，杰出的军事家。西魏文帝年间，韦孝宽率军在边境与东魏作战，戍边有功。周武帝即位之后，韦孝宽也是其手下重要的戍边将领。韦孝宽非常善于行间，他所设计的几起间谍活动，几乎都是间谍史上的经典案例。

　　公元538年，东魏和西魏因为边境争端爆发战争，一时间烽烟四起，战祸连连。当时担任南兖州刺史的韦孝宽受命奔赴边境，参加边境作战。此前，东魏大将段琛、尧杰已经占据宜阳（今河南西部、洛河中游地区），并且派扬州刺史牛道恒在西魏边境进行煽动策反活动。这一招果然非常奏效，立即引发当地一些百姓闹事，直至边境骚乱。这让西魏文帝和韦孝宽都大伤脑筋。韦孝宽一直苦思对策，但又一直找不到任何头绪。

　　这一天，韦孝宽此前秘密派往东魏的间谍，忽然送来了他们费尽周折所搜集到的牛道恒亲笔书写的公文。看到这些公文，韦孝宽灵机一动，想到了用伪造书信实施离间的办法。

韦孝宽吩咐手下找到军营里最擅长模仿他人字迹的先生，命他立即模仿牛道恒的笔迹写一封假信。书信的大意是说，牛道恒心甘情愿归降韦孝宽。就在这封信刚刚写完，墨迹未干之际，韦孝宽突然取过信来，放在火上烧了一下，信纸的一角立即烧焦了。这让模仿笔迹写信的先生感到大惑不解。韦孝宽却笑了："这么做，是为了让书信更有真实感。段琛会怀疑牛道恒写完信后害怕走漏风声，曾经想把书信烧毁。这样子他才会相信书信的内容。"

书信写好之后，韦孝宽再让间谍把这封残信送到段琛军营，然后故意丢失在段琛大营一个不起眼的角落里。士兵偶然间发现这封书信，连忙呈送段琛。昏黄的灯光下，段琛展读信件，不禁双眉紧锁，大吃一惊："没想到这牛道恒竟敢变节投敌！"他不敢相信自己的眼睛，连忙找来牛道恒的笔迹进行对照，发现果然是牛道恒的笔迹，便对书信内容不再产生丝毫怀疑，也对牛道恒完全失去了信任。此后，牛道恒所提出的一切作战建议，不管合理不合理，段琛都以冷笑置之，一概不予理睬。起初，这让牛道恒非常纳闷。时间一久，牛道恒不免对段琛心生怨恨，双方的裂痕变得越来越深。

东魏两位戍边将军闹出矛盾，正是韦孝宽设计离间计所希望达到的效果。韦孝宽抓住时机，采取各个击破的办法，分别袭击段琛和牛道恒大营。面对韦孝宽的进攻，各自心怀异志的东魏将军互不援救，结果都先后被韦孝宽击败，段琛、牛道恒也都被活捉，韦孝宽所防守的边境终于获得安定。

公元554年，即西魏恭帝元年九月，韦孝宽作为大将军与柱国大将军燕国公于谨等领兵五万进攻梁朝，由于战争获胜，因军功再被封为穰县公，拜尚书右仆射，赐姓宇文氏。公元557年，宇文觉取代西魏称帝，是为孝闵帝，定国号为周，史称北周，韦孝宽官拜小司徒。公元561年，周武帝宇文邕即位，任命韦孝宽为勋州刺史，镇守玉璧。

北周的劲敌是北齐，两国之间多年交战，结下深仇大恨。在和北齐多年对峙期间，韦孝宽多次使用间谍战获得奇功。他趁着和北齐关系改善之机，秘密遣送间谍潜伏进去，多方打探北齐情况。由于韦孝宽善于抚慰部下，深得人心，他派出的间谍都心甘情愿为其效命。与此同时，他也通过收买的方式，拉拢了不少齐人作为内间，所以，北齐的一举一动都为韦孝宽所掌握。

由于北周和北齐两国接壤且互为仇敌，所以便互相往对方派遣间谍，以致"敌中有我，我中有敌"成为常态。当时，韦孝宽手下有一位名叫许盆的将领，非常骁勇善战，一直被韦孝宽视为心腹，却不幸被北齐间谍所收买。这一天，许盆奉韦孝宽之命前去镇守一座城池，没想到他在领命之后却迅速投降北齐。韦孝宽深知许盆此后必将会成为北周的心腹大患，如果不能为己所用，就必须及早除掉。韦孝宽委派手下一名得力的间谍悄悄地潜伏到许盆身边，寻找机会刺杀许盆。不久之后，这名间谍便成功斩获许盆的首级回到大营。

韦孝宽经历战阵无数，经常获胜，但在与北齐名将斛律光的交战中，不幸落于下风。公元571年，他在汾北被斛律光挫败，就此再次想到了使用间谍活动挽救局面。

斛律光，字明月，能征善战，而且还是一位能弯弓射雕的神射手。在与北周的对抗中，他曾立下赫赫战功，先后击败了宇文宪、宇文杰，给北周造成很大威胁。可以说，正是靠着斛律光的努力，北齐政权才得以和北周对抗。

自从在汾北被斛律光击败之后，韦孝宽一直想除掉这个对手，他委派间谍不停地打探斛律光的情报，通过间谍收集到的情报得知，斛律光虽然立有赫赫战功，但在北齐的朝廷中有不少人一直嫉恨于他。尤其是北齐重臣祖珽，他在听到斛律光用"盲人用权，国必破矣"的话痛骂自己之后，更是无比憎恶斛律光，一直寻找机会加害斛律光。

韦孝宽知道这些情况之后，便想出来一出离间计，希望借助于祖珽的力量来除掉斛律光。他反复琢磨，终于编造出一首歌谣："百升飞上天，明月照长安……高山不推自溃，槲树不扶自竖。"这里的升，原是容量单位，十升等于一斗，十斗即一百升，等于一斛。歌谣中的百升，即影射斛律光的斛字。北齐王姓高，歌谣中的"高山"，即影射北齐王；"槲树"影射斛律光。这两句歌谣的意思是说，斛律光将要当皇帝，北齐王就要垮台了。

歌谣写好之后，韦孝宽命令间谍们把写有这些歌谣的传单，

散发到北齐的京城邺（今河北临漳）。祖珽见到这些传单之后，
又进行了添枝加叶，刻意加以渲染。他在韦孝宽编造的歌谣上又
加上一句"盲老公背上下大斧，饶舌老母不得语"，并让孩童在大
街小巷传唱，弄得满城风雨，然后再将这歌谣向北齐后主的乳母
陆令萱做了汇报。祖珽提示陆令萱，歌谣中"盲老公"就是骂他
祖珽的，而"饶舌老母"一句就是辱骂她陆令萱的，希望陆令萱
立刻向北齐后主高纬汇报。陆令萱听了这些话之后，当然非常恼
火。她立即找机会对后主说："斛律一家世代都是大将，而且声
震关西，斛律氏在朝中的地位确实很高，歌谣中的话实在是很可
怕啊。"北齐后主只是个十五岁的小孩，不谙世事，便询问身边
大臣韩长鸾。韩长鸾认为歌谣中所说的不必当真，后主就相信了，
这样一来，事情似乎也可就此暂告一个段落。

　　但是，祖珽并不甘心这事就此不了了之，在他看来，这正
是除掉斛律光的良机，一定要抓住这个难得的时机。于是他也找
了个借口晋见后主，向后主提起这歌谣的事情。后主听了之后就
说："这只是歌谣而已，不会是真的吧？韩长鸾告诉我不要相信这
些。"祖珽不肯罢休，还是继续提醒后主必须要当心自己的皇位，
如果歌谣所说的是事实，到时候后悔就迟了，就在这个时候，朝
廷中另外一位对斛律光心怀嫉恨的大臣也上书进献谗言，说斛律
光西征回来后不仅不解散军队，而且一直率军直逼京城，这实际
上就是一个图谋不轨的信号。后主听到这些话之后，开始相信斛
律光谋反的歌谣，担心起自己的皇位。他慨然叹道："我以前就怀

疑其想谋反，果然不假。"于是匆忙和祖珽商量计策，计划除掉斛律光。

斛律光正在前线督战，忽然受到后主召见，并且说有宝马相赠，不禁感到一丝诧异。但是他不敢怠慢，来不及多想，连忙收拾行装回到京城，赶到皇宫拜见后主。看到斛律光入宫，后主安排埋伏在宫殿里的刀斧手一拥而上，立即将其抓捕，并随即处死。一代名将斛律光就这样被韦孝宽用反间计除掉。

公元 577 年，北周武帝接受韦孝宽的建议，一举成功地打败北齐，最终实现了统一北方的大业。

韦孝宽使用伪造信件的方法行使反间计，堪称巧妙。其中至少有几个值得称道之处：第一，不是直接去敌营散布假消息，而是借助伪造书信这种间接手段；第二，在找人模仿笔迹写好信之后，故意用火烧毁其中一角，使得书信成为残信；第三，伪造的书信不是直接传递到段琛手里，而是让间谍放置在敌营，依靠对方士兵完成关键的传递任务。韦孝宽使用这些手段，无疑都是为了使得书信更具真实性，让对手更容易中计。事实证明，他完全达到了这个目的。

韦孝宽通过编造歌谣的方式，再借用祖珽之手杀掉斛律光，手段也非常独特。歌谣有便于传唱、朗朗上口的特点，更加有利于传播。歌谣在民间反复传唱，更容易动摇军心和民心，也更容易使人相信。古代社会，人们曾借用民间歌谣上演过不少惊天动地的故事，韦孝宽行间则是其中格外精彩的一个实例。

伍

以间博弈

隋唐时期谍战

公元581年，隋文帝杨坚建立隋朝，南北朝纷争的乱世宣告结束，只是这个朝代非常短命，和随之而来的唐朝恰好形成鲜明对比。隋朝和唐朝，史学家常并称为"隋唐"，是中国历史上一段统一的强盛期。尤其是唐朝，更是一直给人留下盛大气象。但是，这盛大的背后仍不乏暗影存在。隋唐时期，间谍战并未就此停止，恰恰相反，它仍然经常被当做政治和军事博弈的一个重要手段。

公主被废

公元 581 年二月，杨坚逼迫北周静帝以禅让的方式让出帝位，改国号为隋，自己当上了皇帝。杨坚即位之后，励精图治，南征北战，成功地征服各个蛮夷部落和地方割据势力，一举结束了中原大地长期混战的局面，实现了中国的再次统一。

当时隋朝的大敌是突厥。突厥在中国北方逐水草而居，在北魏末年逐渐兴起，进而对中原地区构成威胁。突厥可汗在强盛时期甚至放肆地说道："我在南面有两个孝顺的儿子，哪里用得着担心受穷受困。"这等于是把北齐、北周视为儿辈，由此可见其嚣张程度。杨坚建立隋朝之后，决心改变这种局面。他一度停止向突厥输纳金币，引发突厥的不满，突厥开始不断侵扰隋朝北部边境，向杨坚施加压力。

这种局面的出现，与千金公主也有很大关系。由于杨坚取代北周政权，外嫁突厥的北周千金公主非常痛恨杨坚。她不停地请

求突厥可汗出兵为父兄报仇，由此使得隋朝边患问题更加严重。

千金公主，字文芳，是北周宣帝的弟弟赵王宇文招的女儿。北周虽是由鲜卑族所建立，但在习俗和文化上都受到汉族影响，汉化程度较深。千金公主的母亲就是汉族出身，这在很大程度上影响了全家的生活习惯。此故，千金公主从小就精通诗书、擅长绘画，并熟读经史，是宫廷内外一致公认的才女。但是，由于边疆纷争，千金公主不得不在年幼之时就早早地离开王宫。

当时，塞外的突厥乘着中原动荡之机，取得了很大发展，势力逐渐强盛，甚至拥有骑兵百万，对北周构成严重威胁。在北周灭掉北齐之后，突厥有意对北齐残余势力进行扶持，不仅收留北齐的流亡政权，还乘机对北周边境不时进行袭扰。宣政元年（578）冬天，突厥大肆侵扰北周边境，大量掠夺财物，这让北周皇帝坐卧不宁，只得效仿汉代的和亲政策，将相貌出众的千金公主许配给突厥佗钵可汗，以改善与突厥的关系，缓和边境的紧张局势。年少的千金公主远走大漠，出嫁突厥，做了佗钵可汗的"可贺敦"①。没想到，佗钵可汗在位仅10年便因病而死。按照突厥风俗，千金公主又做了沙钵略的可贺敦。

就在千金公主出嫁突厥的这些年，北周政权也发生了一系列动荡。皇帝宇文赟厌倦了日理万机的生活，匆忙将帝位传给了年幼的儿子宇文衍，是为静帝。宇文赟沉湎淫逸、声色犬马，同时

---

① 亦可省称为"可敦"，是突厥、蒙古等民族对可汗妻的称呼。《旧唐书·突厥传上》："可汗者，犹古之单于，妻号可贺敦，犹古之阏氏也。"

拥有五位皇后，而杨氏最为先立。杨皇后的父亲是北周上柱国杨坚。杨坚是北周朝廷中颇具根基、富有权势的重臣。年幼无能的静帝继位之后，杨坚当仁不让地以国丈的身份辅政，把军政大权全部揽入手中。公元581年二月，国丈杨坚以"禅让"的方式夺取政权，建立隋朝，史称隋文帝。北周的宗亲贵族都被杨坚悉数斩杀。千金公主的父亲宇文招奋起抵抗，被杨坚打败，随即被诛灭九族。

远在大漠的千金公主听到这个消息后，悲痛不已，在心中默默埋下报仇复国的种子。据史书记载："千金公主自伤宗祀绝灭，每怀覆隋之志，日夜言之于沙钵略，由是悉众为寇，控弦之士四十万。"[①]千金公主泪水婆娑地向沙钵略可汗诉说自己的冤仇，长跪不起，恳请可汗与隋朝绝交，然后派兵为自己复仇。看到千金公主这般模样，沙钵略可汗终于同意了她的请求，立即宣布和隋朝绝交，进而发兵进攻隋朝边关。

千金公主聪明睿智，多才多艺。她利用一切机会，向突厥的贵族子弟传授汉族文化，逐步改进突厥人较为原始和落后的生活习俗，不仅教会他们修建房屋，还教会他们制作陶器，并凭借这些逐步赢得了突厥人的敬仰和爱戴。所以，当她决定攻打隋朝的时候，获得了众多突厥人的响应。

为了实现复国梦想，报得家仇国恨，千金公主亲自跨上战马

---

① 《隋书·突厥列传》。

随军出征，并谱写曲调高昂的战歌以鼓舞士气。突厥军队被她的激情所感染，一鼓作气攻下了隋朝的边境重镇王城。这场胜利极大地鼓舞了千金公主，她再次组织大军自木硖、石门两道进犯，武威、天水一带，或遭沦陷，或受威胁。千金公主的存在，对隋朝已经构成了极大的祸患。

面对千金公主咄咄逼人的攻势，隋朝曾设想以安抚之策暂时稳住他们，但是收效不大。隋文帝曾下诏赐千金公主姓杨氏，改封大义公主。公元589年，即隋文帝开皇九年，隋朝平定了南方的陈朝，便将陈叔宝的屏风赏赐千金公主，以示优宠。但是，无论他们如何安抚，也无法消弭千金公主的灭国之痛和家族仇恨。所以，千金公主不仅不为之所动，还暗地里与西突厥泥利可汗联系，图谋共同出兵，大举进攻隋朝。

正当千金公主的复国计划在逐步推进之际，一直积极支持她的沙钵略可汗病死了，千金公主只得依照突厥习俗再次转嫁给继位的叶护可汗。没想到不久之后，业护可汗也因病去世，千金公主只得继续转嫁都蓝可汗。虽然连续丧夫，千金公主报仇复国的梦想却始终如一。她利用一己之力，巧妙周旋，努力争取各任可汗的支持，继续她的复仇大业。

这种情形之下，裴矩和隋朝重臣长孙晟想出一出反间计除掉千金公主。他们在进行一番密谋之后，决定由裴矩亲为使臣，前往突厥劝说都蓝可汗，设法挑拨都蓝可汗与千金公主的关系。

这时候，隋朝已经结束了征服南陈的战争，实力获得了极大提升。统治突厥北方的小可汗突利为争取隋朝的支持，偷偷向隋朝求婚。杨坚正想借此机会除掉千金公主，便给突利可汗开出杀死千金公主的条件。突利可汗想方设法买通了千金公主的亲近，却意外得到一个足以置公主死罪的重大发现。原来，千金公主被迫按照突厥的落后习俗先后转嫁，却不能得到真正属于自己的幸福和爱情，最终与一名突厥官员越走越近，关系暧昧。

突利可汗派人四处散布千金公主与人私通的消息。与此同时，隋朝则继续加大对千金公主进行赏赐，以暗中配合裴矩等人的间谍活动。隋朝对千金公主的重利拉拢，加上裴矩的挑拨和游说以及突利可汗四处散布的流言，最终使得都蓝可汗失去了对千金公主的信任。都蓝可汗随即遣使向隋朝求婚，隋文帝便顺势答应再将一位公主嫁给他，但与此同时也提出了一个条件：必须先除掉千金公主。几经沧桑的千金公主在都蓝可汗眼中已失去了昔日的魅力，再加上身背通奸的罪名，都蓝可汗终于下决心除掉了千金公主。

在除掉千金公主的间谍活动中，裴矩不仅是主要设计者之一，还两次亲为使臣，冒险奔赴敌营，保证了行间计策的推行。在离间都蓝可汗与千金公主的关系时，隋朝在利用贪财之人收集情报之外，还同时实施了美人计。裴矩和长孙晟成功抓住了千金公主人老色衰、都蓝可汗急于求婚的时机，同时在敌营巧妙散布千金公主和属下私通的流言，终于成功除掉了千金公主。

裴矩经商

裴矩（？—627），原名世矩，因避唐太宗讳而去掉世字，字弘大，隋河东闻喜（今山西闻喜）人，隋唐之际著名政治家和外交家。

裴矩幼年丧父，一直为其伯父所收养。长大成人后，他果然没有辜负伯父的期望，成为一名很有才干的政治家。博学多才的裴矩能积极留心世事，有着很强烈的济世情怀。他曾先后在多个朝代做官，均能获得很好的口碑，一生政治业绩颇丰。他在担任隋朝边疆官员的时候，在处理隋政权和周边少数民族政权的关系方面，也很有独到之处。这时候的裴矩，既是外交家，同时也是情报官。他千方百计收集到的情报，对于隋朝稳定边疆局势起到了重要作用。

裴矩在经略突厥方面所建的第一件奇功，就是和长孙晟、牛弘一起，成功除掉了反隋的北周公主——千金公主，从而消除了隋朝的一大隐患。这在前面已经进行了介绍，此处不赘。

隋炀帝时期，西域问题再次成为隋朝政府所要关注的头等问题，于是裴矩以其丰富的外交经历，再次被任命为使者，去完成隋炀帝所赋予的"通西域"的任务。公元607年，裴矩奉命负责西域、张掖与中原地区的边关贸易。裴矩懂得，要想完成通西域的任务，实现隋炀帝"方勤远略"和"啖以厚利，导之使入朝"①的战略目标，必须首先充分了解西域的现状，掌握当地的风土人情和西域诸国的历史风貌等情况。而且，隋炀帝的通西域，并不是诉诸武力，而是尽可能地依靠外交手段。做好这些工作，可靠的情报保障是必不可少的。为此，他经常穿梭于武威、张掖及敦煌一带，利用通商和出使等机会，大量收集西域诸国的情报资料，并迅速向隋炀帝报告。

自西汉以来，西域地区变化非常大，中原人士对于这些少数民族政权的了解非常不足，依靠张骞等前人收集的情报显然已经不能满足当下需要。如果想重新恢复与西域的联系，必须要费尽心思，重起炉灶。

裴矩一面多次前往张掖、敦煌一带，积极与高昌、伊吾等国进行接洽，一面积极利用现有资源广泛展开间谍活动。在监管边关贸易期间，裴矩知道西域诸国的富商巨贾经常出入张掖一带，同中原富商进行了大量的贸易活动。这些富商四处走动，周游西

①　《北史》卷38。

域诸国。每到一地，他们便仔细窥探商机，寻找生财之道，因此他们对当地的风土人情、政治面貌等，都非常熟悉。就这样，裴矩很快就想到了通过这些富商来收集情报的办法。

这之后，裴矩利用管理关市的职务之便，积极同各类富商进行密切交往，大量收集情报。在和这些商人的交谈中，裴矩或装作若无其事，或巧妙变更话题，想方设法诱导这些商人说出相关国家的重要信息。显然，通过这种方法获得的"国俗山川险易"等情报资料，毕竟不是第一手情报，而且有时裴矩还会遇到众口不一的情况，这就需要他再进行一番仔细核对，将商人所提供的每一条信息都仔细查证清楚。为此，裴矩付出了大量的心血和汗水。

裴矩通过大量的侦察和长期的收集，手中所获得的情报资料越来越多，于是他决定将这些情报进行系统的汇总和整理，然后撰成《西域图记》三卷。该书涉及西域共四十余国的各类情报，对西域情况有了一个非常详细的描述。此外，他还把重要国家的山川险要等要害部位都绘制成地图，一并呈报隋炀帝。

隋炀帝收到裴矩的报告非常高兴。一段时间之内，他几乎每天都召见裴矩，向他仔细询问西域的情况，与裴矩详细探讨经略西域的方案。裴矩告诉隋炀帝，中原与西域的隔绝主要是突厥和吐谷浑使然。而西域国家中，有一些其实一直希望与隋朝结盟，甚至愿意做隋朝的臣子，以期共同对付蛮横的突厥。如果派人联络这些国家，让他们一同出兵，夹击突厥，那么不仅突厥和吐谷浑可以消灭，西域的稳定也不难实现。裴矩进一步报告隋炀帝，通往西域的道路主要有北、中、南三条，而这些道路中，伊吾、高昌、鄯善是通往西域的门户，敦煌则是最重要的"咽喉之地"。隋炀帝听了他的这些汇报之后，立即将经略西域的重任全权委托于裴矩。裴矩也因此获得了进一步施展才能的机会。

裴矩所提出的战略方针其实与汉代对付匈奴的策略相差无几，都是要取得与西域诸国的联络，以期实现夹击对手的目的。这既是裴矩长期酝酿思考的结果，也部分得自于过往的历史经验。不管如何，裴矩通过长期努力所获得的情报足以令隋朝拓地数千里，立即在经略西域方面显出巨大的成效。

公元 609 年，即隋炀帝大业五年，根据裴矩所报告的情报，隋炀帝派柳武率领大军大举进攻吐谷浑。吐谷浑国王仓促之间来不及应战，只得举国投降。这很好地证明了裴矩所获情报对于经略西域的重要性。此役过后，裴矩进一步受到重用。隋炀帝认为裴矩很有雄才大略，立即提升他为银青光禄大夫。为了巩固前期成果，隋炀帝再对西域增兵，帮助裴矩巩固守备，终于实现了和西域诸藩的往来相继。

据《隋书》记载，就在大业五年，隋炀帝西巡时，众多西域小国夹道迎接。经过裴矩的努力，大业年间，西域的高昌、党项、康国、安国、石国、焉耆、龟兹、疏勒、于阗等二十余国，先后派遣使者携带物资进贡，与隋建立了朝贡关系。

当然，这种朝贡关系也有依靠和亲手段实现的，比如隋与高昌就是在大业八年（612）建立了和亲关系，当然这之中也避免不了一些波折。

公元610年，西突厥可汗处罗就自恃兵强马壮，拒绝朝见隋炀帝。愤怒的隋炀帝立即召见裴矩商量对策。裴矩在帮助隋炀帝仔细分析了西突厥的形势之后，决定通过西突厥另外一位部落首领射匮，牵制和瓦解处罗。裴矩得到的情报显示，自从处罗取得可汗的地位后，射匮一直很不服气，与处罗的关系也非常紧张，所以射匮正是裴矩可以借用的力量。就在这个时候，射匮正好派来使者向隋朝求婚。裴矩建议隋炀帝抓住这个合作的机会，答应射匮的请求，并通过射匮的使者行使离间之术，隋炀帝同意了裴矩的计划。他对射匮的使者说，保持和亲可以，而且也可以考虑重新立射匮为可汗，但射匮必须派兵诛杀处罗。使者回去之后立即向射匮进行了汇报，射匮看到重新获得可汗的机会，当然不愿意错过，他立即兴兵袭击处罗，处罗大败。就这样，裴矩很好地利用了西突厥的内部矛盾，巧妙行间，一举降服处罗。

其时，另外一位突厥首领始毕可汗势力越来越大，对隋朝构成一定威胁。对此，裴矩仍然通过用间成功实现瓦解对手的目的。裴矩得知始毕身边有一位重要谋士叫胡悉，是帮助始毕出谋划策的重要人物，必须先机除掉，便设下诱杀计策。他派间谍告诉胡悉，马邑新到许多稀世珍宝，其中不少都为隋帝所喜爱。胡悉贪财，立即冒险前往寻宝，结果很快就被裴矩伏兵捕获。这时，裴矩派使者告诉始毕说，胡悉率部前来投奔，我考虑到两国关系，立即诛杀，既然胡悉背叛您，我只能帮助您清除叛徒。始毕有苦难言，只得忍气吞声。

　　裴矩非常重视用间，也深谙用间之道，堪称行间高手。在军事斗争中，他屡屡通过行间建立事功，很好地帮助隋朝实现经略西域的战略目标。裴矩利用监管边境贸易的机会，大量接触富商借机收集情报资料的做法，也被证明是一条行之有效的办法，至今仍然具有现实意义。因此，也有人将裴矩视为我国历史上第一位广泛收集公开情报资料的间谍。裴矩曾耗费大量心血著作《西域图记》，对隋朝经略西域起到了重要的作用。可惜此书已经失传，如今只有一篇序言还保存在《隋书·裴矩传》中。虽然只是一篇序言，我们仍能据此遥想裴矩当年在情报战线的风采。

乡间建功

公元 618 年五月，李渊在群雄争霸的格局中占得先机，逼迫隋朝的末代皇帝隋恭帝以"禅让"的方式让出帝位，自此建立了唐朝，号唐高祖。面对此举，其他各路诸侯并不甘心，他们纷纷举起反唐大旗对抗李渊，令新生政权处境异常险恶。

公元 617 年，即大业十三年，李轨于武威起兵，自称大凉王，雄霸一方，成为一支非常重要的割据势力，与西秦的薛举一起，共同在西北方向对李唐构成威胁。次年八月，李渊遣使联络李轨，下诏对其进行册封，并称他为"从弟"，说

李渊画像

服他和自己结盟，共同对付薛举。可是，二李之间的合作非常短暂。当年冬天，就在薛举父子覆灭之后，李轨就不再听从招呼。他趁着李渊东西难以兼顾之际公然称帝，并迅速出兵攻陷张掖、敦煌等地，占据全部河西之地，对李渊构成了极大的威胁。

面对李轨的步步紧逼，李渊听取部下的建议，先采取册封的手段对其进行招抚，再伺机采取下一步行动。李渊下诏任命李轨为凉州总管，封凉王。接到李渊的任命后，李轨集团内部在是否接受李唐朝廷册封的问题上产生了分歧。李轨本人一度准备接受册封，但遭到部下曹珍等人的极力反对，最后，李轨听从曹珍等人意见，拒绝了李渊的册封。李轨虽不肯屈居李渊之下，但还是不想激怒李渊，故此他对李渊自称"大凉皇帝臣轨"。

李轨虽然很聪明地用了个"臣"字自称，但李渊却并不领情，因为他绝不允许在他之外还有另外一个皇帝存在。李渊非常愤怒，但是如何解决困境，如何对付李轨，倒真的成了难题。他虽然很想以武力方式平定西凉，可是面对众多劲敌，李渊根本无法腾出手来。何况李轨兵多将广，并不容易战胜。正当李渊陷入一筹莫展之际，一个叫安兴贵的凉州富豪前来求见。

安兴贵，生卒年不详。唐朝初年凉州（今甘肃武威）人，出生于西凉的一个大家族。这个大家族中有很多人半官半商，在当地很有声望，家境也颇为殷实。安兴贵本人就是一位富甲一方的大商人，在当地颇有号召力。他的弟弟安修仁正在李轨手下担任户部尚书，一直很受李轨器重，手中也握有重权。所以他希望利用这层关系，只身前往西凉游说李轨，对他晓以利害，争取劝他早日归降唐朝。李渊大喜，立即派安兴贵前往凉州，执行特殊的行间任务。

安兴贵回到家乡之后，李轨本以为他是叛唐前来投靠自己的，一时间大喜过望，当即任命他为"左右卫大将军"。安兴贵取得李轨的信任后，找了个左右无人的机会对他进行了试探。趁着李轨向他咨询自保之术的时候，安兴贵为他分析了凉国面积狭小、土地贫瘠、百姓穷困的现状，守住这么一块弹丸之地没有前途，不如将河西之地献给李渊，既可以实现自保，也可以做成汉代的窦融①，自此有着享用不尽的荣华富贵。

李轨勃然大怒，认为安兴贵是为了报答李唐的知遇之恩，替他们当起劝降的说客。这种盛怒并未出乎安兴贵意料，但他马上做出惶恐之状，慌忙地跪地谢罪，向李轨说明自己同样是个胸无大志之人，不可能对李轨心怀异心。李轨一时之间还真的相信了他。

安兴贵虽然机智地躲过了这一次杀身大祸，但他意识到劝降李轨已经是一项不可能完成的任务，只能另寻其他办法。

当天晚上，安兴贵找到弟弟安修仁。二人在一番密谋之后，就悄悄地溜出武威城，寻找援兵去了。安兴贵兄弟在西凉一带果然很有影响力，很快就找到一众帮手。他们说服了当地胡人出兵

---

① 窦融，东汉名将，曾拥众割据，后来改为汉廷效力。

协助捉拿李轨。安兴贵之所以找到他们，是因为他知道胡人中有不少人对李轨并不服气。李轨曾经对这些胡人有过许诺但未能兑现，答应给予刺史的待遇却始终不肯授予，所以胡人深怀怨恨。当他们听说要一起去诛杀李轨这个不守信用的家伙时，立即欢呼雀跃，纷纷响应。

这一天夜晚，李轨还在睡梦之中，胡人的兵马突然杀到武威城下。李轨猝不及防，只得率领少数兵马出城迎战，结果被安兴贵打得大败，只好狼狈退回城中，就此坚守不出。

安兴贵明白，必须趁对手虚弱之际尽快将李轨擒获，一定不能久拖不决。于是，他一边指挥军队将武威城团团围困，一边亲自绕城大声喊叫：如果有胆敢帮助李轨的，一定要会将其屠灭三族！

安兴贵的猛烈攻势加上成功的心理战，很快就摧毁了西凉军队的斗志。加上安氏兄弟在西凉一带口碑一直不错，颇有人缘，故此，在听到安兴贵的宣传鼓动之后，城中的军民纷纷弃李轨而去，争相逃出城外。

西凉人心离散和李轨的不得人心是有原因的。原因之一便是李轨无故诛杀功臣。李轨手下有个名叫梁硕的，本是李轨的主要谋士之一，时任西凉的吏部尚书，因颇有智略，深受李轨重用，没想到因此遭到了嫉妒和排挤。最终李轨相信谗言，将梁硕鸩杀于家中。自此之后，李轨的亲信旧部个个惶惶不安，唯恐李轨兔死狗烹，恐怖气氛弥漫在整个西凉朝廷内外。原因之二就是李轨不知体恤民情，劳民伤财地修建了中看不中用的"玉女台"。曾经有个巫师告诉李轨，如果能够修建一座华丽的玉女台迎来玉女，就必定能得到上天的赐福。愚昧的李轨信以为真，随即调动大队兵马，耗尽国库资财修建了富丽堂皇的玉女台，一直虔诚地期待玉女的降临。结果玉女不见踪影，西凉却是一片民怨沸腾。这时候，西凉出现了严重的灾荒，但其时国库已空，救济也就无从谈起，这必然导致士卒萌生背叛之心。

所以，李轨的这些手下，只是表面上保持服从和恭顺，实际一直是暗流涌动、人心思变，故而会在关键时候纷纷倒戈。对于这些情况，李轨不但不能明察，反而一意孤行，他的失败便在所难免了。

令李轨做梦也没想到的是，就在受困被围的危急时刻，他的军队竟然如此不堪一击，顷刻之间走的走、散的散，迅速地土崩瓦解。眼见大势已去，灰心丧气的李轨只好带着妻儿登上美轮美奂的玉女台置酒对饮，以示诀别。安兴贵则指挥军队乘机杀进城中，一举捕获李轨父子。

李渊得知凉州自此宣告平定，大喜过望，立即对安兴贵、安修仁兄弟论功行赏。他下令授安兴贵为右武侯大将军、上柱国，封凉国公，并赏赐彩帛万段，同时授安修仁为左武侯大将军，封申国公，并赏给大量的田宅。

安兴贵能够单枪匹马，通过用间的方式，如此轻而易举地除掉李轨，与他个人的胆识有着直接的关系。与此同时，安兴贵对于西凉所发生的一切，一直都非常清楚——这些是他行间的基础。这固然与他一家在西凉有着显赫的政治地位不无关系，也与安兴贵细致的情报收集和精准的判断才能有着直接的联系。《李卫公兵法》曾指出"行间之道有五"，安兴贵行间当属于"因其邑人，使潜伺察而致词"一类，并和孙子所谓"乡间"有相通之处。

侦察先锋

　　唐太宗李世民少年从军，勇敢多谋，辅佐其父李渊建立唐朝之后，又成功取得帝位。在统一战争中，李世民经常身先士卒，冲锋在前，亲自与强敌作战。在战斗中，他非常注重战前侦察，甚至亲自担任侦察员，尽可能做到"知彼知己"。他还非常善于运用间术，用巧妙的间术来创造战机。李世民卓越的军事才能对唐王朝的建立和发展，起到了非常重要的作用。

　　公元 620 年，李世民率领大军讨伐王世充。为了掌握敌情，在战争开始之前，李世民亲自率领轻骑前往敌阵进行侦察，没想到忽然被敌军发现。在万分危急的情况下，李世民显示出英雄本色，他临危不乱，勇敢地指挥手下为数不多的士兵与敌军作战，最终成功地突破了敌军包围，当李世民尘土满身地回到军营时，连守营门的士兵都无法辨认。在充分侦察好敌情之后，李世民指挥大军对王世充实施包围，双方一度呈现胶着状态，甚至李世民的坐骑也被射杀，但李世民还是指挥唐军赢得了最终的胜利，王世充节节败退，困守洛阳，等待窦建德的援兵。

窦建德收到王世充的求援信，匆匆率军前往救援。李世民立刻分兵阻击，在虎牢关一带拦住了窦建德的援兵。为了摸清楚窦建德援兵的虚实情况，李世民再次亲自出营侦察敌情。由于侦察行动不宜多带兵马，李世民此次行动在遇到敌军先头部队之后又一次面临险境。看到身边带着的随从吓得面无血色，李世民命令他们先行撤退，只留下尉迟敬德和自己一起负责断后，等看到追兵接近，他们分别放箭射击，箭无虚发，令追兵畏惧不前。等敌人大队追兵赶到，他且战且退，一直引诱追兵进入己方阵地。窦建德的军队不知是计，努力追赶，没想到忽然之间唐兵四起，很快就被杀得四散而逃，两名领队的将领被活捉。

王世充急于突围，悄悄派出使者联络援兵。其中有一位叫长孙安世的使者被唐军抓到，在经过策反之后，长孙安世投靠了李世民，成为唐军间谍，李世民命令他继续以使者身份，前往窦建德处进行间谍活动。

长孙安世到了窦建德处，便悄悄地拿出很多珍宝，对窦建德手下的一些得力将领进行收买。这些将领对窦建德重用凌敬一直心怀不满，所以纷纷在窦建德面前诋毁他："凌敬只是一个书生，哪里可以和他讨论战争之事？"众口铄金，三人成虎，窦建德失去了判断能力，凌敬的合理建议都遭到他的断然否决。这时候，众将纷纷请命出战，窦建德大受鼓舞："现在我们的军力强盛，士气旺盛，如果出兵与唐军进行决战，一定会取得大捷。"不料凌敬在听了他这番自信满满、铿锵有力的话之后，反倒显得忧心如焚，他极力对其进行劝阻，结果还是被窦建德断然否决。

结果，窦建德率领大军尽数向虎牢关进发，意欲发起偷袭。唐军间谍将这一重要情报及时报告给李世民。李世民立即调整兵力部署，部署大军迅速在虎牢关一带集结，准备与敌接战。李世民下令部署千余马匹在河边放牧，借此诱惑敌军。窦建德果然上当，倾巢出动，抢夺马匹，而且列阵二十余里，声势震天。对此，李世民下令全军以静制动，等待时机。窦建德大军列阵很久，且叫战不停，李世民始终避而不战。一直等到中午时分，眼看窦建德军队气势渐衰、兵马疲乏，李世民下令发起攻击。战斗中，李世民亲自率队直冲敌阵，窦建德的军队很快就溃不成军，窦建德本人也因伤被俘。

击败窦建德之后，李世民立即挥师攻打王世充。王世充本来坐等窦建德的援救，没想到窦建德先被唐军剿灭，只得出城请降。

在李渊父子崛起之时，突厥的势力也正处于强盛时期。很显然，李渊父子所建立的唐王朝成了突厥南下劫掠中原的直接障碍。突厥当然不甘心坐失渔利，开始屡屡侵犯唐朝边境，构成了唐朝最大的边患。抗击突厥入侵、保卫边疆安宁已显得刻不容缓。

公元624年八月，突厥首领颉利可汗和突利可汗共同率领十万之众袭扰原州、忻州一带，直接对长安城构成了巨大威胁。当时形势万分危急，突厥几乎举倾国之兵，用意非常明显，就是要对新生的唐王朝进行釜底抽薪式的一击，进一步控制中原。李渊不敢怠慢，立即命李世民和李元吉兄弟带兵前往豳州（今陕西彬县附近）一带组织防御。

当时唐王朝兵力分散各地，京都附近能够赶往救援的兵力不多，加上当时阴雨连绵，道路桥梁多处被冲毁，运送粮草也非常困难，前线补给成了严重问题。面对困顿局面，唐军上下士气低落，对战胜强敌缺少信心。

李世民此前曾经有过与突厥打交道的经验，知道颉利有着性格高傲、贪得无厌的特点，而且颉利和突利之间并不和睦，互相之间多有猜忌，正是可以利用的机会。于是，他设计了一出离间计，只等时机成熟便付诸实施。

李世民和李元吉商量一番之后，准备摆出一副出阵迎敌的架势，没想到李元吉忽然心存胆怯，不敢上阵。李世民只得独自前往，只身带领少数兵马来到颉利阵前。他先是对颉利大声呵斥，斥责他们突然撕毁盟约，并且宣称自己就是秦王，愿意与可汗单独决斗。颉利可汗一时被镇住，没想到李世民竟敢带领百余轻骑前来挑战，以为其中必有计谋，所以面对李世民的挑战，只能是笑而不应。

这时候，李世民进一步摆出渡过沟水与之决战的架势。颉利看到李世民这种阵势，更加怀疑唐军藏有什么阴谋，加上他听到了唐军对突利所说的"盟约"和"香火之类"的话，不免怀疑突利与李世民暗中勾结。于是，他派人前往阻止李世民渡河，告诉

李世民此次前来并没有恶意，只是想与大王重寻旧盟而已，随即便下令大军退后。

　　李世民看到颉利引军撤退，便派出间谍说服突利。李世民派出去的说客对突利晓以利害，动之以情，终于使得突利产生归心，不愿再战。此前突利和颉利就已经互相心存猜忌，看到突利这种架势，颉利虽然想举兵再战，也已经力不从心，干脆也派出心腹到唐军大营请和。而突利则进一步请求与李世民结为兄弟，李世民都一一准许。突厥这次声势浩大的进攻，因为李世民出色的反间计而得以最终化解。

　　李世民领兵作战，一贯都高度重视侦察敌情。为了准确获取敌情，他甚至身先士卒，亲自充当侦察先锋，由此可见他对情报的重视。李世民的反间计也非常高明，但高明的反间计是建立在他对敌情有充分了解的基础之上，同时也依靠他过人的胆略。孙子曾说："明君贤将，能以上智为间者，必成大功。"[1]李世民既是善于运筹帷幄和善于用间的"明君"，同时也堪称极具勇敢精神的"贤将"，因此才能成就大功。

---

　　①《孙子兵法·用间篇》。

李靖间计

李靖（571—649），字药师，京兆三原（今陕西三原东北）人，唐初著名军事家。他是一个深藏韬略的唐朝开国勋将，为人处世都很有潇洒的侠士风范。[1]据说他自小便具有文武才略。其舅韩擒虎为隋朝名将，常与他讨论兵法，曾称赞说："可与论孙、吴之术者，唯斯人矣。"[2]

李靖起初尚且效忠隋朝，当他发现上司李渊心怀异志时，便打算向当时正巡游江都的隋炀帝报告，没想到事情败露，行至半途就被李渊捉回。但李渊非常欣赏李靖的才华，加上李世民竭力求情，李靖的性命得以保全，从此成为李世民的得力干将。

在进攻梁王萧铣的过程中，李靖的军事才华得以尽情施展。

---

① 也许正是这个原因，在一些野史和小说中，他被塑造成风尘三侠之一，成为来无影去无踪、仙风鹤骨的江湖大侠。

② 《旧唐书·李靖传》。

当时，秋水暴涨，浊浪滔天，众将认为此时进兵必败无疑。而李靖却认为，兵贵神速，如果顺水行舟，一日千里，必能出奇制胜。次日李靖率战船两千余艘，一昼夜便抵达夷陵。萧铣的守城将领果然毫无防备，被一举击溃。接着，李靖率大军顺江而下，直扑江陵。进军途中，李靖下令将所获敌船全部击破，弃于江中，任其顺流而下。众将对此大为疑惑：所获敌船，正可用于充实军力，为何毁弃？李靖笑着解释道：萧铣地广兵众，主力未损。倘若江陵一时攻不下，敌方援军四集，那我们就危险了。现在我将所获舟舰舍弃，使之塞江而下，下游梁军看见了就会怀疑江陵已破，从而迟疑不动，等他们搞清楚真实情况，也要十天半月，这样就争取到了时间，定可攻下江陵，活捉萧铣。

萧铣的援军见到江中漂流梁军船只的残片，果然以为江陵已经失陷，吓得不敢继续前进。而梁王被困城中，内无粮草，外无援兵，走投无路之际，只好出城投降。李靖凭此一战，把梁的属地全部纳入大唐版图。

唐朝初年，突厥成为最大的边害，多次入寇，掳掠人口和财物，严重时甚至迫近长安。李世民决心对突厥大举用兵，以根除边患。公元629年底，李世民任命李靖为总指挥，率领十万大军，兵分六路进攻突厥。

630年正月，李靖率领大军冒雪抵达朔州。前方斥候探知突厥刚刚遭受雪灾，正处于饥寒交迫之中，军心很不稳定。李靖在得知这一情报之后，决定抓住时机，火速用兵。于是，他亲率三千精锐骑兵，星夜急驰，突袭突厥颉利可汗驻地定襄。唐军如同从天而降出现在颉利面前，颉利大惊失色，惊恐地对部下说："唐兵如果不是举倾国之兵而来，李靖岂敢孤军而至？"于是坐卧不宁，惶恐不安。

李靖画像

李靖抓住机会，立即派间谍前往游说颉利大将康苏密，离间他和颉利的关系，最终使得康苏密投降。颉利眼看大势已去，只得下令弃城逃跑。李靖则乘胜发起追击，一路斩杀敌军。颉利一路往阴山逃窜，在经过白道时，又遭唐军拦截，再折一阵，只剩下数万残兵，仓皇退守铁山。

稍得安息之后，颉利一面遣使到长安请降，以作为缓兵之计，一面整兵备战，准备卷土重来。见此情形，唐太宗派遣鸿胪卿唐俭和将军安修仁，前往颉利大营进行游说和抚慰。李靖深知颉利请求投降只是一个阴谋，于是趁着唐俭等抚慰颉利的时候悄悄进兵，率领精锐骑兵一万，准备出敌不意，一举掩杀过去。李靖的手下张公谨劝说李靖不要在此时出兵攻击，李靖不予理睬，他说："这个时候真是出兵的好时机。机不可失，我们要学习韩信破

齐的方法。如唐俭等辈，何足可惜。"

韩信破齐实则是把郦食其当成死间，对齐王发起突然袭击，一举击破齐国。李靖认为，唐俭出使并不能实现游说吉利投降的目的，不如效仿韩信，将唐俭等使者当成死间，对突厥发起偷袭。

突厥见唐俭等唐朝使节来到，果然很是洋洋自得，以为自己的缓兵之计已经得逞，于是放心饮酒作乐，疏于防备。李靖突然挥师发起进攻，令突厥军队根本来不及做出反应，只得四处逃窜。颉利的妻子和孩子均被活捉，侥幸只身逃脱，但在不久之后也被唐军俘获。至此，为害北疆数十年的突厥被彻底击垮，北部边境此后几十年之内再无战事。

乱战之中，使者唐俭幸运地保住性命，受到唐太宗封赏。尽管唐军获胜，朝廷上下还是对于李靖不顾唐俭的安危议论纷纷。唐太宗李世民对此也持有异议，认为李靖是故意将唐俭充当死间。对此，李靖辩解说，为了"去大恶"，就不能"顾小义"，获得了唐太宗的谅解。

李靖之所以能够被李靖谅解，毕竟还是因为他取得了战争的胜利，确保了边境安全。李靖不拘一格，果断决策，置唐俭等人性命于不顾突然发起攻击，一方面是因为他善于捕捉战机，另一方面更是因为他对"小义"有着自己的认识。很显然，逼唐俭为死间的做法，需要相当的胆气，也可以启示人们深入思考间谍运用时的一些原则性问题。

胡人叛变

安禄山本是胡人，长得人高马大，身形魁梧，外表给人以憨厚耿直的感觉，内心却是非常狡猾凶顽。他和史思明是儿时的玩伴，没想到后来他们居然联手在政坛掀起风浪，制造了著名的"安史之乱"。

开元二十八年（740），安禄山遇到当时担任河北采访使的御史中丞张利贞，立即百般献媚，多方贿赂。张利贞后来果然极力在朝廷替他美言，安禄山在政坛上坐上顺风船，官越做越大。由于在张利贞这里尝到巴结权贵的好处，安禄山更加着意逢迎结交，对过往的朝廷使者，安禄山都不惜重金，暗中进行贿赂。这些使者回朝之后，都众口一词地称赞安禄山的贤达，就这样，安禄山终于受到唐玄宗的青睐。天宝元年（742），安禄山被任命为平卢节度使。

安禄山很快就得知杨贵妃和李林甫最受唐玄宗恩宠，便竭尽所能地进行讨好。安禄山每次入朝，都是先拜杨贵妃，后拜唐玄宗，这让唐玄宗感到非常奇怪，便询问其中缘由，安禄山回答说："臣是蕃人，蕃人先母而后父。"看到安禄山肥胖如牛，唐玄宗便问他肚子里有什么，安禄山回答说，只有忠于大唐的一颗赤心。就这样，安禄山逐渐受到唐玄宗的重视。而李林甫看到唐玄宗对安禄山宠爱有加，就更加着意加以提携，希望将其发展为自己所倚重的力量，安禄山也正好急需在朝廷寻找靠山，二人就这样一拍即合。

安禄山显然并不满足已经取得的地位和利益，他高度关注朝廷的动向，希望及时得到对自己有利的情报。为此他更加注重在朝廷中培养自己的眼线，不惜重金贿赂和收买那些信使和情报官员，好让他们为自己服务。为了及时收集有关朝廷的重要情报，安禄山甚至让自己的心腹爱将刘骆谷长期驻守在京城，并且串通李林甫，及时收集有关唐玄宗和唐王朝的重要情报。一旦有不利于自己的事情发生，他都能及时获悉，从容应对。安禄山很快与杨国忠手下一名唯利是图的小人吉温沆瀣一气。吉温回到长安之时，安禄山亲自为其牵马相送。吉温答应安禄山，只要得到任何有价值的重要情报，都会立即报告给他。

为了壮大实力，安禄山开始觊觎河东之地。他每年都向朝廷进贡大量珍宝，以此博取杨贵妃的恩宠。有时候，他甚至不惜制造边境冲突，然后又将契丹等少数民族酋长的首级献于朝廷，以此博得唐玄宗的信任。唐玄宗对安禄山倍加宠待，于是下令把河东节度使韩休珉改任左羽林大将军，命安禄山取而代之。至此，安禄山已经兼任三郡节度使，地位日隆，渐渐地就自恃权重而萌生反叛之心，意欲与唐玄宗平起平坐。

安禄山不停地向朝廷要求加官晋爵，唐玄宗起初尚能应允，渐渐地感觉出苗头不对。这时候，杨国忠屡奏禄山必反，唐玄宗为了进行查证，派辅璆琳前去打探情况。安禄山提前得到间谍密报的消息，立即重金贿赂辅璆琳，让他在玄宗面前极力称赞自己的忠心。杨国忠对唐玄宗说，安禄山这个时候做贼心虚，如果召他入宫的话，他一定不敢来见。没想到这些消息很快就被安禄山安插的间谍得到，并迅速告知安禄山。安禄山察觉出杨国忠与自己作对，便在得到召见之后，立刻前往京城殷勤拜见唐玄宗，极力消除皇帝的疑心，至少是不再听信杨国忠的提醒。在华清宫，安禄山向唐玄宗哭诉，认为是因为自己不断加官晋爵，而受到杨国忠嫉妒和陷害。唐玄宗看到杨国忠所说没能兑现，不再听从他的劝告，反倒对安禄山更加信任。从此以后，凡是再有提醒安禄山谋反的人，唐玄宗都一概置之不理，甚至捆绑起来交给安禄山处置，如此一来，再没有谁敢在唐玄宗面前说安禄山的坏话了。

安禄山心怀反叛之心后，对朝廷采取了非常严格的保密措施，朝廷但凡派来使者，他一般都称病不出，即便是迫不得已需要会见的，也是戒备森严，刀枪林立。这个时候，杨国忠让京兆尹包围安禄山在长安的住宅，搜查其谋反证据，并逮捕了其门客李超等。安禄山闻讯后，心存恐惧，加紧做好叛乱的准备工作。公元

755 年十一月，安禄山伪造诏书，以"清君侧"为名，联合史思明，公然举起反叛旗帜。

安禄山虽是胡人，但远比一般汉人更为狡猾。他长期注意有针对性地收集情报，并且找准一个非常有利的时机起兵叛变，从而给了危机四伏的唐王朝以沉重的打击。在收集情报的过程中，安禄山非常善于抓住关键人物，尤其显出他深远的心机。事实上，抓住了这些关键人物，他不只是获得相关朝廷的重要情报，同时也为自己铺平了升迁之路，可谓是一箭双雕。

戍边谍战

郭子仪（697—781），唐朝华州郑县（今陕西华县）人。安史之乱爆发时，他担任朔方军节度使。唐肃宗时，兼任武部尚书、天下兵马副元帅，为平定安史之乱立下了显赫战功，也为抵御吐蕃入侵做出了重要贡献。

公元 757 年，由于叛军内部发生内讧，安禄山被李猪儿杀死。随后，李猪儿矫称安禄山传位给安庆绪。安庆绪昏庸无能，所以当他继位之后，叛军立即人心浮动、众叛亲离，离土崩瓦解之日已经为时不远。

得知安禄山已死，唐肃宗希望抓住这个机会大举反攻，收复失地。郭子仪受命收复长安和洛阳。但是，当时的叛军主力都聚集在长安和洛阳二都附近，郭子仪所指挥的唐军并不占据什么优势，只有找到合适的突破口，然后再实施各个击破，才有可能以最快的速度夺回二都。当然，此举也具有一定风险。如果稍有不

慎，就很可能会遭到叛军东西夹击，唐军就会腹背受敌，立刻陷入苦战。

为了确保万无一失，郭子仪派出间谍，联系原来被迫投降的原唐朝官员河东郡司户韩瑗等人，希望他们能戴罪立功，作为内应，帮助唐军尽早顺利地收复失地。韩瑗原本就是在被迫无奈的情况下投靠了叛军，与叛军并不是一条心。看到郭子仪派来间谍与自己联络，便立刻与其密谋倒戈计划，并自愿充当唐军的内应，在郭子仪进兵时予以配合。

做好这些准备工作之后，郭子仪率领大军，逼近河东之地。按照约定，韩瑗在城内做好接应工作，他率领部下杀死守城叛军，打开城门，唐军迅速进入城内。叛军被杀死近千人，守将崔乾祐仓皇出逃。

郭子仪收复河东之后，又指挥大军乘胜追击，在安邑附近斩杀叛军主力万余。这之后，郭子仪再率军渡河南下，占领潼关。八月，唐军占领长安，十月收复洛阳。

郭子仪连续率军收复两京，为彻底平定叛乱立下了汗马功劳，因此被唐肃宗提拔任命为天下兵马副元帅。没想到的是，公元762年四月，唐肃宗去世，太子李豫即位，是为唐代宗。这时候，朝廷内部并没有因为平息了安史之乱而获得新生。相反，腐败问题日益突出，大唐王朝已经显露出一派败亡的迹象。郭子仪由于平叛有功，竟然受到许多奸佞小人的猜忌和排斥。宦官李辅国伙同程元振，巧行离间之计，奏准罢免了郭子仪副元帅之职。

　　叛军首领史思明听说郭子仪被夺去兵权后，便趁机发兵攻占洛阳。危急情况下，唐代宗李豫不得不重新启用郭子仪。郭子仪率军联合回纥军借兵重新夺回洛阳。叛军首领史朝义败走莫州（今河北任丘北）。其部下田承嗣、李怀仙等率部向官军投降。史朝义看到众叛亲离，走投无路，遂上吊自杀。至此，延续八年之久的安史之乱才算完全平定。

　　安史之乱虽然平息，但它已经使得唐朝由盛转衰，国力从此虚弱不堪。公元763年，吐蕃乘虚而入，举兵大举深入内地，并占领了陕西凤翔以西、邠州以北的十几个州郡，并进一步逼近长安城下，吓得代宗只得逃往陕州避难。吐蕃兵占领长安，纵兵焚掠，将长安城洗劫一空。

　　危急之际，郭子仪再度奉诏迎敌。郭子仪接到诏书时，只有骑兵二十人。在洛阳到武关的路上，他收拾散兵游勇四千余人。到达陕西蓝田时，各路勤王之师才相继到达。

　　郭子仪深知敌强我弱的形势，决定采取声东击西、虚张声势之计，与吐蕃军周旋。他派长孙全绪带领二百轻骑，到蓝田城北面，白天擂鼓呐喊，夜晚燃起火把，虚张声势，以牵制吐蕃主力，自己则暗中亲率主力杀向蓝田城西。与此同时，他又秘密派遣禁军将领王甫悄悄地潜入长安城内行间。入城之后，王甫暗中发动了一些京城中的少年豪侠作为内应。郭子仪在城外集中兵力，奋勇攻城，而城中内应及时接应，吐蕃兵一时间不知唐军到底多少兵马，立刻陷入慌乱之中，慌忙撤离长安。就这样，长安城在陷

落十五天之后，被郭子仪成功收复。

公元 764 年，手握重兵的河北副元帅、朔方节度使仆固怀恩因遭宦官陷害而举兵反叛，他联合吐蕃、回纥、党项军共同向唐朝发难，令京城陷入一片惶恐之中。唐代宗紧急召见郭子仪，询问对策。郭子仪认为，仆固怀恩虽然号称骁勇，但他平素不得人心，可以坚守不出，等他们发生内讧之时再出兵。于是唐军加固城墙，坚壁待之，不久之后，叛军果然不战而退。

唐代宗永泰元年（765）八月，仆固怀恩不甘心失败，又勾结吐蕃、回纥、吐谷浑以及山贼等三十万大军，卷土重来，直扑长安。唐代宗只得再次急召郭子仪回京商讨退敌之策。

当时，郭子仪手下仅一万多将士，被敌军重重包围在泾阳。他命令部队坚守不出，自己则亲率骑兵出城认真侦察敌情。郭子仪探知仆固怀恩在行军途中暴病而毙，叛军正处于群龙无首，各自为战的境地，便想到了用反间计退敌的办法。经过一番研究，他决定派自己的得力牙将李光瓒充当间谍，前去回纥大营进行游说。回纥王药罗葛听说李光瓒是郭子仪派来的，非常疑惑，因为他此前听说郭子仪已经去世，所以希望能亲眼见到郭子仪。得知这一情况，郭子仪决定亲自到回纥军营对回纥王进行游说。

郭子仪将要出去会见回纥将领，诸将都极力劝谏。郭子仪不为所动，只带着几名随从出发。这时候，郭子仪的儿子急忙赶来，拦住马头大哭劝阻，郭子仪只得扬起马鞭，照着儿子的手臂抽去，大声喝令其闪开，随后纵马出城。

回纥首领药罗葛害怕唐军用计，赶紧叫部下摆开阵势，并搭弓上箭，准备射击。郭子仪看到这个场面，干脆脱下盔甲，把枪也扔了。回纥首领看到这种情形后，便赶忙上前迎接郭子仪。

郭子仪一向在回纥人心目中有着很高的威信，回纥人一向称他为郭令公，以表示对他的尊敬。看到郭子仪果真来

郭子仪画像

到自己的大营后，他们立刻一齐向他跪拜。药罗葛表示，他们只是受到了仆固怀恩谎话蒙骗，既然郭令公尚在人世，便不再和他们联合，郭子仪则令其反戈一击，将功赎罪。药罗葛终于被说服，他答应与唐军一起，共同对付吐蕃军队。郭子仪于是赠送药罗葛锦彩结欢，并且和好如初，约定共同袭击吐蕃。

郭子仪回到大营之后，便派遣朔方兵马使白之光率军与回纥会师一处，商讨共同攻打吐蕃的计划。吐蕃得知这一消息之后，吓得当天夜里就慌忙逃跑。回纥与白之光一路穷追不舍。郭子仪也亲率大军随后掩杀，终于在灵武台西原大破吐蕃军，斩首五万，俘虏上万。经此一役，吐蕃元气大伤，此后再无力对唐朝进行袭扰。

孙子曾说："非仁义不能使间。"郭子仪用间，部分依靠的就是仁义，依靠的是自己长期在回纥所建立的威信。此外，他能成功游说和瓦解敌人，既与其出众的个人胆识有着密切联系，也与他善于分析和把握敌情密不可分。各个方面因素叠加在一起，是郭子仪成功制敌的基础。

藩镇谍云

　　历时将近八年的安史之乱，将唐王朝由盛世带进衰世。此后，虽然内乱得到平息，藩镇割据的局面却并没有得到有效遏制，反而一直成为中央政权的心腹大患。唐代宗、唐德宗都曾下令削平藩镇，但先后均遭失败，只是到了唐宪宗李纯执政时，削平藩镇的斗争才取得一些实质性的进展。

　　当时，唐宪宗为了与藩镇割据的局面做斗争，先后起用力主削平藩镇的武元衡、裴度为相，并于元和九年（814）冬，果断下令出兵讨伐淮西吴元济。此举立刻引起了各地藩镇的恐慌。为了对抗朝廷，他们先后组织多起间谍活动，企图阻止朝廷的削藩行动。

　　元和十年（815）六月，王承宗、李师道都先后派遣间谍刺杀宰相武元衡，同时派人刺杀裴度。结果，武元衡在早朝的路上惨遭刺客杀死，首级被斩。与此同时，裴度也遭到刺客的袭击。袭击中，裴度身中数剑，只是因为防护得力，才只是受到轻伤没有丢掉性命。当然，裴度能够侥幸逃脱，还因为从人王义的拼死相救。当时，刺客挥剑拼命追赶裴度，从人王义拼死拽住刺客，并且大声疾呼救命，刺客看到裴度中剑之后坠入小河，以为他已经毙命，便就此罢手，裴度侥幸保全性命。

接二连三的刺杀案件，让朝廷上下都人心惶惶。唐宪宗也感到非常震恐，下令悬赏追捕凶手，没想到这反倒令刺客变得更加嚣张，他们大量投书于道旁说："如果把我们逼急了，我就先杀你们。"朝廷的吏卒看到这种情形，也不敢再对刺客进行穷追猛打，而是暗中采取纵容的政策，睁一只眼闭一只眼。看到这种局面，兵部侍郎许孟容对唐宪宗说："国相横尸路隅而盗贼逍遥法外，这是朝廷的大辱。"唐宪宗于是下诏："能得贼者，赏钱千万，授五品官。如果与贼合谋之后能够弃暗投明的，也可获赏。如果知情不报，和盗贼串通，则满门抄斩。"这时候，有人劝唐宪宗罢免裴度，安抚藩镇之心。听到这些话之后，唐宪宗大怒："我用裴度一人，就足以破此二贼。"在这之后，裴度被唐宪宗任命为宰相，同时被授予对淮西用兵的大权，主持削平藩镇的工作。

裴度上任之后，立即撤去监军太监，亲自赶往前线督师。裴度极富谋略，他在前线认真观察了敌情之后，认为只要用人得当，就一定可以击败吴元济，进而取得平定淮西的胜利。

公元816年，唐宪宗任命李愬为隋唐邓节度使，负责讨伐淮西的吴元济。李愬是名将李晟之子，一向富有韬略，同时深谙用间之术。当时，负责指挥淮西战事的袁滋因为督军不力而导致前线战事不利，故此，经过朝廷大臣举荐，唐宪宗和裴度果断选定李愬，作为平定淮西吴元济的人选，担负起剿灭吴元济的重任。

元和十二年（817），讨伐淮西的战事进入了最为关键的一年。五月，唐宪宗下令停止对成德用兵，集中力量先平定淮西。李愬在关键时候走马上任，但是形势却对他极为不利。由于此前唐军接连受挫，前线将士对于战胜吴元济并没有信心，士气显得极为低落。不少将士本来就不愿意卖命卖力，再看到朝廷派来一位年轻指挥官，唯恐李愬急于求功，使得自己早早丧命。

有人建议李愬应当赶紧去整顿军队，李愬并没有听从。他认为叛贼刚刚获胜，正处于麻痹大意状态之中，自己不应当立刻加紧备战使得他们提高戒备。于是，李愬欺骗三军说，自己性格软弱，能承受战败之耻，所以才被派抚慰大家，而且也不会马上与敌作战。士兵们都相信了他的话，因此都很高兴。对于受伤的士兵，李愬亲自进行安抚，对于军纪却一直是不闻不问。

当时，藩镇割据政权为了及时打探朝廷动向，派出大量间谍刺探唐军的重要情报，以至于到了兵谍掺杂往来，连吏卒都不敢辨认的程度。李愬觉得这正是可以借用的机会，针对朝廷严密搜查间谍的做法，李愬决定反其道而用之。他不但不严令搜查间谍，反倒对敌军间谍采取宽容的政策，此举可以有两个好处：一方面力争使其为我所用，通过他们获取有关藩镇的重要情报，另一方面则可借这些间谍之口，为自己传递假情报，麻痹敌军。因为李

215

愬能厚待这些间谍，间谍反而愿意把情报报告给李愬，李愬因此对敌人虚实更加了解。

吴元济此前曾经连续打败前来讨伐的唐军，此刻又通过间谍得知朝廷派来毫无名望的李愬，并不是他所畏惧的对手，而且还得知这李愬并不懂如何治军，于是立刻放松了警惕。李愬见安定军心和麻痹敌军的目的已经达到，便开始悄悄地加强训练，做好作战准备。

李愬非常注意利用抓捕到的敌军将士，让他们为自己提供有关藩镇的重要情报。唐军先前曾俘获了叛贼将领丁士良，便召他来进行审问。在审问的过程中，他发现丁士良言辞出众，而且很有气节不肯屈服，忍不住赞叹他为大丈夫，然后亲自解开了捆绑在他身上的绳索。丁士良很受感动，终于对李愬透露了关于藩镇的重要情报。他告诉李愬，可以诱使吴秀琳前来投降。李愬听从了他的建议，派他前往抓捕吴秀琳帐下的重要谋士陈光洽。由于丁士良非常熟悉陈光洽的活动规律，很快便利用陈光洽出城兜风的机会抓到了他。看到陈光洽被唐军抓捕，吴秀琳果然很快就率领三千兵士前来投降。

吴秀琳投降时，李愬单人独骑与他谈话，并亲自解开捆绑他的绳索，任命他为秀衙将，出于感激之情，吴秀琳告诉李愬，必须得到李佑，才能击败叛贼。李佑是叛贼的骑兵将军，既有胆识也有谋略，守卫兴桥栅期间，常常侮辱和蔑视官兵，来去无定，无法防备。李愬召来他的部下——将军史用诚，让他利用李佑率军队收割麦子的机会，设下埋伏。史用诚等按照李愬的布置，果然顺利擒获李佑。看到李佑被俘，李愬又亲自为其松绑，并待之以宾客之礼。这时候，有人向朝廷告密，说李佑是敌军间谍，潜伏在唐军大营作为吴元济内应，一旦有机会就会构成危害，李愬担心这些言辞会妨碍自己的破敌计划，干脆将李佑押送京师，同时密奏唐宪宗说，希望能将李佑释放，唐宪宗听从了这一建议。李愬立即任命他为散兵马使，允许他佩刀巡视警戒，可以自由出入中军帐中，对他一点也没有猜忌防范，李佑由此而对李愬心悦诚服，死心塌地辅助李愬。李愬在空闲时经常召见李佑，并且让左右都回避，一直聊天到深夜时分，借此更清楚地了解叛军的内部虚实情况，为攻取蔡州做好了周密准备。

李佑向李愬献计，吴元济的精兵都驻扎在洄曲（今河南商水西南）和四面边境，把守蔡州的不过是一些老弱残兵，不如抓住其空隙，直接攻打蔡州，活捉吴元济。李愬和李佑进一步制定了秘密偷袭蔡州的计划，并把这个计划派人秘密报告裴度，得到了裴度的支持。随后，李愬命令李佑、李忠义带领精兵三千充当先锋，自己率中军、后卫陆续出发。除了李愬、李佑等少数几个人，谁也不知道大军将会开赴何处。就这样，李愬大军一路顶风冒雪，直扑蔡州，直至兵临城下之时，敌军尚且没有一人知晓。李佑率先登上城墙，将守城军士杀死。李愬大军攻入内城之时，吴元济尚且在睡梦中。等他再想组织反抗，一切都为时已晚。看到大势已去，吴元济只得投降请罪。

李愬奇袭蔡州取得成功，并非出于偶然。除了治军有方、策略得当之外，善用间谍也是一个非常关键的因素。为了搞好敌情侦察工作，李愬甚至连对方降将都敢于重用，这固然带有一定风险，却也可以更加准确地探知敌情，进而用较小的代价换得最大的胜利。

死间马景

朱温是一个善变之人。正是因为善变，他才能在唐末的乱世之中成为一时豪强。朱温曾在唐代末年加入到推翻李唐的黄巢起义军之中，但看到黄巢军形势不利后，便受李唐招安而叛变。降唐之后，唐僖宗赐名全忠，希望朱温能自此对李唐忠诚不贰，不再起反叛之心。没想到在剿灭黄巢之后，朱温的势力越发强大，最终推翻李唐，自称为帝，改名晃，是为后梁太祖。

善变和狡诈的朱温之所以能取得帝业，与他善于审时度势和见风使舵有着直接关系，另一方面也与他出身清苦，善于掌握部下的心态，善于笼络人心密不可分。善变的朱温也非常善于运用谍战挫败对手。马景就曾受到朱温的感召，甘愿充当其死间，帮助朱温打败劲敌李茂贞。

李茂贞同样是一位在乱世之中成长起来的豪杰。因为平叛和护驾有功，他受到唐僖宗的特别提拔，直至受封歧王，由此开始独霸一方。这样，同处于上升期的李茂贞和朱温两大集团形成对峙局面，并进而发生冲突，便是在所难免的事情。这次争斗，李茂贞并非没有胜利的机会，甚至一度还占据上风。

公元902年夏，朱温率兵在虢县（今陕西宝鸡）一带与歧王李茂贞相遇。战争之始，朱温占得先机，杀死其士卒万余，擒其将校数百人。李茂贞被逼退守城中，龟缩不出，两军处于相持状态。不久之后，李茂贞缓过劲来，立即反守为攻，与朱温再次大战一场，将朱温击败。

此后，李茂贞适时撤退，一直坚守不出，他令部队死守山寨，不战也不和，试图拖垮劳师远征的朱温。这时候，正好遇到了阴雨天气，朱温军中伤病也多，显然经不起李茂贞的拖延战术。朱温决定亲自察看敌情，发现李茂贞占据了有利地形，而且防线布置得井然有序，难以施展强攻。朱温一筹莫展，甚至起了撤兵之念，他召集将领商议对策，高季昌坚决反对撤兵，主张派间谍前往李茂贞大营，诱其决战，朱温对此表示赞同。

得知朱温招募之事后，一位名叫马景的下级骑士主动找到朱温和高季昌，甘愿冒险完成这个任务。朱温立即接见了马景，高季昌向马景介绍了他所需要完成的任务，马景立即明白这次行间必无生还之理，只求朱温能帮自己照料好妻儿，朱温听了这些话，不免感觉"凄然"①，就此劝说马景放弃此次任务。可能是朱温的虚

---

① 《旧五代史·梁书·太祖纪二》。

情假意深深打动了马景，他一再坚持，坚决要求冒死执行这次行间任务，于是，朱温和高季昌，马景一起商定行间之策。

第二天清晨，马景带着一队巡逻兵出去巡逻。在巡逻至岐军大营附近时，马景突然甩开其他士兵，跃马扬鞭，直向敌军大营飞奔而去，其他巡逻兵立即纵马追击，大声呼喊着"捉拿逃兵"，配合马景的出逃。在佯装追击未果之后，这些巡逻兵也适时撤回，任由马景顺利地逃到敌营。

马景到达李茂贞大营后，谎称自己在朱温那里受到了不公平待遇，所以一直想弃暗投明前来投靠岐军。李茂贞在两军对峙许久之后，正迫切地想知道朱温大营的军情，立刻把马景带到帐中加以审问。面对李茂贞，马景从容不迫，他谎称朱温看到无法取胜，正计划撤军，而且军中伤病日益增多，粮草供应吃紧。李茂贞仔细打量眼前这个逃兵，极力掩饰内心的喜悦，天真地以为自己所设计的拖延战术已经奏效，所以不由自主地开始得意起来。

这时候，部下提醒李茂贞慎重对待这个降敌，李茂贞再次厉声呵斥马景，希望探明朱温军营的实情。马景则从容地谎称，朱温的主力已经全部撤走，目前只剩下一万左右的伤病号和一些老弱残兵还在守备着大营，而且这些人马也计划着在今夜撤退。

李茂贞紧紧盯着马景，希望从他的脸色上找出些其他信息，但是他找不到，从神情和面色上丝毫看不出有任何的破绽。李茂贞根据自己与朱温打交道的历史，感觉打不赢就跑确实是朱温的一贯作风，也符合目前两军态势，所以相信了马景，转而要求马

景在袭击朱温时为其带路。马景欣然应允。

就在李茂贞加紧准备袭击的时候，朱温这边也在紧锣密鼓地做着伏击准备。朱温命令手下偃旗息鼓，将大营布置成寂静无人的模样，并且把战马喂饱，把兵器磨锋利，悄悄地埋伏起来，坐等李茂贞来偷袭。

这时候，李茂贞派出的探马也回来报告说，朱温的大营内人马不再喧哗，已经不复以往那种盛大模样。这让李茂贞更加相信马景所报告的情况是千真万确，也不再对马景产生丝毫怀疑。他命令部队在黄昏时分做好一切准备工作，计划乘着夜黑对朱温大营发动总攻。

这是虢县的一个非常平常的夜晚，除了马蹄声之外，李茂贞再听不到别的声音，他命令马景为他带路，大队人马急匆匆地直扑朱温大营。一路上未遇任何抵抗，到达敌营后发现除了零星的灯火之外也是死寂一片，李茂贞心中大喜，看来朱温主力果然已经撤退了。于是，他一马当先冲入敌营，可就在这时，朱温大营一片呐喊，杀声震天，等李茂贞再想撤退已经来不及了。李茂贞的军队立即被冲得七零八落，死伤无数。眼看伏击得手，朱温再命轻骑兵迅速出击，堵住通往李茂贞大营的道路，可怜李茂贞所带出来的人马，无法顺利撤回大营，遭到朱温伏兵的痛击，杀戮踩践不计其数。

经过这次失败，李茂贞元气大伤，损失惨重，他所管辖的领地也被朱温夺去很多。这时候，在蜀地的王建也来趁火打劫，乘机占去他不少土地。从此之后，李茂贞兵力消耗殆尽，骄横的翅膀再也无法挥动。后来他只得请求将自己的尚书令的职衔免掉，上表称臣，投降了事。

这次作战中冒死前去敌营行间的关键人物马景，按照欧阳修的记载，是被杀死了。仅以常理推断，马景也会被气急败坏的李茂贞处死，生还的可能性极小。

在重创李茂贞之后，朱温的士气和军力得到进一步提升，后来终于获得自立的机会。公元 907 年，朱温称帝，改国号大梁，史称后梁。只是他的皇位也并未坐多久，五年之后被自己的亲生儿子朱友珪害死。

在朱温设计诱敌之计中，马景是一个关键人物。明代的赵本学在注解《孙子兵法·用间篇》的时候，就将马景视为死间的代表。当一个人能把生死都置之度外的时候，所迸发出的勇气和能量往往非常惊人。马景面对李茂贞的质疑，能从容应对，面不改色心不跳，显示出良好的心理素质，为朱温打败李茂贞立下了头功。从马景的冒死行间到最后的诱敌深入，都是经过了非常严密的设计，并且每一步都得到了非常成功的实施。孙子说："非微妙不能得间之实。"①可以说，在马景行间过程中，如果任何一个环节出现了问题，都可能会前功尽弃，无法达成预期目标。

---

① 《孙子兵法·用间篇》。

陆

间计纵横

两宋时期谍战

公元960年，赵匡胤陈桥兵变，黄袍加身，建立大宋王朝。宋朝虽说经济发达，文化繁荣，但在军事上却乏善可陈，一直面临着北方民族的侵扰。先是辽，后是金，最后是蒙古，都先后对宋人构成致命打击。由于宋、辽、金长期对峙，不少人将这个时代视为另外一个三国鼎立的时代。在这三国对峙期间，除了战场上杀伐连连之外，谍战连绵起伏，间计纵横捭阖，推动了谍战谋略和谍战理论的发展。

宋祖心术

　　在巧妙夺取后周政权之后，赵匡胤采取各个击破的战略，陆续剿灭了各路割据诸侯，在充分展示文韬武略的同时，也成功地统一了中原，朝着建立更为强大的宋王朝努力。

　　荆南（今湖北荆州）高氏是当时实力相对较弱的一个割据政权，而且处于四战之地，赵匡胤决定从这里开始他的统一之路。

　　宋朝建立时，荆南的统治者节度使高保融由于性格懦弱、缺乏才能，而对宋朝表示臣服。高保融死后，高保勖继位。高保勖同样是个无能之辈，由于其治国无方，造成民怨沸腾、军心动荡，高氏政权也由此日渐衰落。

　　赵匡胤时刻关注着荆南政权的动向。高保融死后，赵匡胤立刻派出兵部尚书李涛前往荆南，借吊唁为名打探虚实。后来曾一度想出兵征伐，又感觉时机并未完全成熟，这才作罢。建隆三年（962），高保勖病死，其长子高继冲继位。这时，湖南割据政权发生内乱，首领周保全向大宋求援，这让宋太祖赵匡胤起了借机平定荆、湖之念。于是，赵匡胤派卢怀忠再次以吊唁为名，前往荆南侦察敌情。临行前，赵匡胤特意嘱咐卢怀忠，一定要认真收集相关江陵的军政社情和山川险要情况。

卢怀忠精心准备之后，便借出使为名，大量收集有关荆南的重要情报，然后给赵匡胤上奏了非常详细的情况报告。报告中这样写道：高继冲甲兵虽整，但是控弦之士不过三万；收成虽然好，但老百姓一直苦于当权者的横征暴敛。荆南这地方南面接近长沙，东是金陵，西是巴蜀，北奉朝廷。观察其形势，应该坚持不了多久。收到这份报告后，宋太祖马上又召来宰相范质等人进行商讨。赵匡胤说："江陵是四分五裂之国，如今我们出师湖南，假道荆渚，然后顺道取之，才是万全之策。"于是，君臣进行一番商议之后，就此定下了以借道为名、智取荆南的用兵策略。

宋太祖画像

乾德元年（963）正月，赵匡胤派卢怀忠为前军步军都监，率领数千军士前往襄州（今湖北襄樊）。二月上旬，卢怀忠大军抵达荆门（今湖北荆门）。高继冲不知是计，派人前去犒劳宋朝军队。这时候，李处耘乘着黑夜率领数千轻骑偷袭江陵，荆南政权就此被消灭。

宋军平定荆南之后，又日夜兼程向湖南进发，大败周保权于岳州（今湖南岳阳），湖南也获得平定。

宋军很快就举兵占领荆湘，这不能不引起后蜀帝孟昶的惊恐。他一度想派使臣前往结好，以示臣服，没想到却遭到手下激烈反对，只得作罢。而此时宋太祖已多次派出间谍，打探蜀中地理情况，开始做着伐蜀的准备了。

赵匡胤任命张晖为凤州团练，秘密潜入西川，大量收集相关川蜀的情报。张晖果然没有辜负宋太祖的厚望，对蜀地虚实险易情况进行了认真打探。张晖还根据自己的侦察，将巴蜀地区的山川险要详细绘制成一幅地图呈给宋太祖。宋太祖不禁大喜，立即和手下幕僚一起，秘密制定攻打后蜀的计划。

乾德二年（964），孟昶派遣孙遇、杨蠲、赵彦韬为谍，悄悄地联络北汉，试图联合攻打宋朝，没想到赵彦韬早被宋军间谍所收买，他在到达京师之后，立即偷偷地将蜡丸帛书献给宋太祖，宋太祖高兴地说："我们师出有名了！"原来，在张晖获得大量关于后蜀的战略情报之后，赵匡胤就制定了详细的攻打后蜀的作战计划，为了师出有名，赵匡胤一直在等待一个出兵的借口。眼下，既然孟昶企图勾结北汉夹攻汴梁，宋军攻打后蜀就有了切实的名分。赵匡胤随即任命王全斌为主帅，崔彦进为副帅，多路进兵，合力攻打孟昶。

十二月，在熟悉后蜀军情的间谍赵彦韬等人的带领下，大宋

的北路军连续在兴州、西县和三泉击败蜀军。而东路军则沿着长江西上，连续击败后蜀水军。次年（965）正月，王全斌率军抵达成都，后蜀帝孟昶出城投降。宋军征讨后蜀的战争，仅仅进行了两个月就宣告结束。

此后，宋太祖一面布置讨伐南唐，一面计划剿灭北汉。因此，就在宋军大举南下的同时，宋在北部边境与北汉之间的间谍战从来就没有中断过。

开宝元年（968）七月，宋军抓获了一名潜伏的北汉间谍。赵匡胤觉得这正好是可以借用的机会，于是就放走间谍，并通过这名间谍向北汉君主刘钧带话说："你们和周氏才是世仇，我们素无恩怨，如今为何兵锋相向？如果真是有志统一中国，就请速速出兵，以决胜负。"刘钧得到传话，干脆派遣这名间谍再次潜入宋朝，并且回话说："河东土地兵甲，不足当中国之十一。守住区区弹丸之地，不会有什么前途的。"宋太祖听到这样的回答，笑着请这名间谍替自己转告刘钧，一定不会为难他，会给北汉君主一条生路。宋太祖此举是想借间谍之口来麻痹对手，从而进一步获得讨伐北汉的良机。

当然，刘钧并不相信赵匡胤会就此彻底放弃对北汉的图谋，也丝毫没有放松对宋朝的间谍战。公元 969 年，北汉派出间谍对宋将李谦溥的部下刘进进行离间活动。刘进是李谦溥手下猛将，勇力超人，多次立有战功，北汉一直视其为心腹之患，因此试图设计除掉他。为此，北汉的间谍制作了一封致刘进的蜡丸书，然后故意遗失在宋军经常路过的道路上。这封蜡丸书受到宋军的高度重视，赵赞得到它之后，立即呈报宋太祖，宋太祖下令将刘进押往京师受审。李谦溥感觉其中有诈，便以全家性命做担保，禀明宋太祖："此乃反间也。"①宋太祖恍然大悟，立刻释放了刘进，最终挫败北汉的这一出反间计。

针对北汉的谍战，宋朝采取了针锋相对的策略。为了大量收集有关北汉的重要战略情报，宋太祖派出间谍，成功地策反了北汉的谏议大夫郭无为。此后，宋太祖又派惠璘作为间谍，潜入北汉，继续收集情报。惠璘以获罪为名，逃往北汉之后，立即受到郭无为的举荐，被任命为供奉官。公元969年初，当宋朝军队攻打北汉的时候，惠璘已经掌握了大量的重要情报，他很想送到宋军营中，没想到的是，他的这一计划意外败露。当惠璘被押送至太原之后，正好被送到郭无为处受审，郭无为对惠璘的间谍身份心知肚明，因此并不多加审问，就当即予以释放。费力抓到惠璘的李超当然非常生气，很想把惠璘的间谍案给捅出去，希望挽回损失。没想到的是，郭无为抢先一步得到这一消息。他随即杀人灭口，除掉了李超，从而将惠璘间谍案成功地掩盖了起来。

然而，郭无为的间谍身份最后还是不慎暴露。公元979年，宋太宗征北汉时，郭无为很想举兵作为内应，没想到他的这个计划泄漏出去，最终被刘继元处以绞刑。

---

① 《宋史·李谦溥传》。

虽然惠璘和郭无为先后因身份暴露被杀，但北汉的重要军情还是被宋廷悉数掌握。太平兴国四年（979），宋太宗举兵征服北汉，北汉主刘继元出城投降。

宋太祖是一位用间高手，经他派出间谍也大多是收集情报的好手。而且，无论是卢怀忠，还是赵彦韬，他们都是非常善于收集对方高层的情报——也可称之为战略情报。宋太祖正是依靠这些情报，最终决定是否发动战争，如何发起战争。宋太祖组织策划间谍行动，虽然都非常严密，但也会有郭无为的不慎暴露。孙子曾说，"事莫密于间"①，这确实是一个必须坚持的原则，但百密一疏，在对手严密的拒止行动面前，终究也会有暴露的危险。

---

① 《孙子兵法·用间篇》。

和尚架桥

在相继灭掉荆南、后蜀及南汉之后，赵匡胤将矛头直指南唐，这是一个实力强大的割据政权，赵匡胤早在担任后周将领时就领教过其实力。为了早日拿下南唐，宋太祖一方面积极拉拢吴越，一方面积极整军备战，同时开展对南唐的间谍战，为发兵攻打南唐做好充分准备。

开宝六年（973）四月，宋太祖派翰林学士卢多逊为江南生辰国信使，负责打探南唐虚实。宋太祖并且以"重修天下图经，独缺江东诸州"为由，命南唐提交一本详细的图册。南唐后主李煜已经看到荆南、后蜀政权覆灭，情知不是宋朝对手，此前曾经向赵匡胤称臣畏服，故此在接到宋太祖的命令后不敢不从，只得命人连夜抄写一份，于是，江南十九州之形势、屯戍远近、户口多寡等重要情况，被赵匡胤悉数得知。卢多逊回到京师，向宋太祖详细汇报了南唐的情况，认为南唐虚弱可取，宋太祖非常高兴，加封其为参知政事，对他这次成功的间谍行动予以表彰。

南唐大将林仁肇智勇双全，宋太祖要想收服江南，林仁肇堪称最大障碍，经过深思熟虑之后，宋太祖制定了一出反间计，计划除掉林仁肇。赵匡胤先派人在南唐偷偷窃得林仁肇的画像，然后命令画师模仿画出一幅，悬挂在一座新宅的客厅之中。一天，南唐使者李从善（李煜的胞弟）出使宋廷，宋太祖命令内臣特意陪同李从善来到新宅游览，等到了大厅之上，内臣手指巨幅画像，故意指给李从善看，李从善当然一眼就认出，于是大惊失色。内臣解释说，林仁肇愿意归顺，故此先寄画像为信物。说完，又指着豪华的房屋告诉李从善说，这也是作为礼物赐予林仁肇的。李从善信以为真，立刻将这些情况密报李煜。李煜已经深感大兵压境的压力，不免会杯弓蛇影，竟然不做任何调查就立刻用毒药鸩杀了林仁肇。一代名将竟至冤死，南唐自此失去一位戍边的栋梁之才，人心更加离散。

南唐落第举子樊若水（后更名为知古）自愿担当北宋的间谍，积极配合赵匡胤剿灭南唐的军事行动，给了北宋军队最强有力的支持。樊若水看到南唐朝政腐败，民生凋敝，深感痛心。所以，当他听说崛起于北方的宋太祖赵匡胤胸怀远大、志在统一，便产生了北归宋廷的想法。当他打定这个主意之后，南唐的寺庙里就多了一位身披袈裟的间谍，科举考场上则少了一位皓首穷经的书生。

当时，南唐军队占据长江天险，北宋军队如果想跨过长江与之作战，难度很大。浩荡的长江水就是抵御宋军的一道天然防线，樊若水为此深感忧虑，每天都在思考着解决问题的途径。终于，他在经过一番深思熟虑之后，想到了用竹筏、大船搭建浮桥的主意，试图以此帮助宋军顺利渡江，实现接应宋军南下征服南唐的目的。打定这个主意之后，樊若水一直设法寻找一个最好的架桥方案，以期作为见面礼呈送给宋太祖。樊若水颇懂兵法，也读过不少有关地理和水利的典籍，加上他长期生活在长江边，对长江渡口、圩堰、关卡、要塞等，都了如指掌，故此才有了这种大胆构想。经过一番认真的考察和周密的分析比较之后，樊若水选定采石江面作为架设浮桥的首选地点。

很显然，在那个年代，要想在广阔的江面上架设一座浮桥，并不是一件容易的事情。除了复杂的技术要求之外，还要有充分的物质条件作为保证。其中最为关键的是，需要得出有关江面的准确宽度，然后才好有针对地准备架桥物资，并在岸边搭建浮桥的固定设施。

这些工作耗时耗力，如果不能做好隐蔽工作，则非常容易暴露身份。故此，为了帮助宋军顺利搭建浮桥，完成这次间谍活动，樊若水想到了落发为僧的主意。于是，经人介绍，樊若水来到位于采石的广济教寺当了和尚，从此之后便以僧人的身份作为掩护，开始详细考察采石江面的水文情况。

由于有了袈裟作掩护，樊若水的间谍活动便利了很多。一有机会，他便来到牛渚矶边察看地形，并暗自绘下图纸，标上记号。为了搞到长江水面宽度的准确数字，他经常以垂钓为名，划着小船，带上长长的丝绳，进行反复的测量工作。他先是找到一个隐蔽的处所，然后便将丝绳拴在牛渚矶下的礁石上，然后牵着这根长长的丝绳划船到西岸，再根据丝绳的长度来计算长江的宽度。这是一个非常原始的办法，为了求得精确的数字，樊若水只得在采石江面不知疲惫地往返数月，反复进行测量。令人感叹的是，樊若水往返大江南北，一共进行了十余次测量，竟然神不知鬼不觉，没有引起任何人的注意。很显然，他身上所披着的这件袈裟，为他进行间谍活动起到了很好的保护作用。

为了给将要建造的浮桥做好固定，樊若水向广济教寺捐献了一大笔资金，然后建议寺庙用这笔资金在牛渚山临江处凿出一个个的石洞，洞中则建造石塔，供奉佛像，以保佑过往船只的平安。这无疑是一件令佛门弟子感到无比荣光的事情，所以很快便得到了寺庙的认可。数月之后，当这样一件浩大的工程宣告完工之时，广济教寺众僧无不对樊若水刮目相看，但没有人能够想到，他的这些精巧的设计，其实是在为宋军日后的渡江做准备。

樊若水借助寺庙为掩护，在采石暗中活动数月，在获取了采石江面详细的水文地理资料后，便于开宝三年（970）划船北上，求见宋太祖。见到赵匡胤之后，他献上了精心准备的"架设浮桥"的计策，并呈上他亲手绘制的《横江图说》。一边听着樊若水的行动计划，一边慢慢打开图卷，宋太祖不禁龙颜大悦，当即决定采纳樊若水的建议，在采石江面架设一座浮桥，以保障大军渡江之用。

樊若水不仅为赵匡胤献上架桥良策，而且亲自参与了架桥的各项准备工作。根据樊若水的建议，宋廷先是命令工匠在长江荆湖一带水域打造黄黑龙船千艘，这些龙船都巨大无比，可作为架设浮梁桥墩之用。与此同时，宋廷又命人大批砍伐和采集巨竹，搓制大量的粗麻绳，扎制了数量庞大的竹筏。待这些物资准备完毕之后，宋军再将它们集结于江陵，随时准备顺江东下，送往采石江面，满足搭建浮桥之需。

宋军原计划将这些龙船、竹筏直接运往采石，却遭到了部分人的反对。他们认为，准备这些物资花费了太多的精力和物力，如果稍有闪失，则损失巨大，更主要的是，由于采石临近南唐大军的主力防线，架桥的行动一旦受挫，想做任何补救措施都来不及。所以，为了确保万无一失，宋军先在石牌口（今安徽怀宁西临江处）试架一座浮桥，如果获得成功，则可以将这些架桥物资原样移置采石江面。

就这样，宋军截住由江陵驶来的黄黑龙船和竹筏，在樊若水的指导下，开始尝试搭建浮桥。结果，这座浮桥非常顺利地架设成功。这给了宋军极大的信心和鼓舞。后来，当曹彬率领大军攻占采石之后，浮桥的基础设施都顺江运送至采石。等这些物资到达之后，曹彬当即命令熟知采石水文地理的樊若水主持架桥工作。当时正值长江枯水季节，采石横江一带浪平滩浅，浮桥的架设十分顺利，竟然"三日而成，不差尺寸"①。

---

① 《宋史纪事本末》卷1。

浮桥架成之后，曹彬迅即传令在长江西岸集结待命的潘美，率步兵渡江，如履平地。宋军在曹彬与潘美的统一指挥下，由采石直扑金陵，终于在开宝八年（975）的十一月二十七日攻下金陵台城，迫使南唐后主李煜投降。

在这次渡江南下攻打南唐的过程中，身披袈裟的樊若水通过极为隐秘的间谍活动，帮助宋军迅速地在采石江面上架起一座浮桥，宋军得以顺利渡过长江。可以说，他为宋廷最终攻下南唐立下了头功。当樊若水发现架设浮桥可以帮助宋军实现跨江作战之后，便长年累月地为了实现这个目标而积极奔走，表现出极为坚强的意志。当然，他之所以能够成功行间，完成架设浮桥的各种准备工作，与他广博的知识积累以及平时的仔细观察有着直接关系，也在很大程度上得益于他的善于隐蔽和巧妙伪装。他找到落发为僧这一妙法，利用僧人的特殊身份作为掩护，悄悄行间，令人神不知鬼不觉。

巧设榷场

与北宋长期对峙的北方民族，数辽国为强。在这种对峙过程中，既有一些大大小小的战争发生，也有一些精彩的谍战较量，情报活动频繁，成为一道非常特别的景象。

李允则（953—1028），字垂范，孟州（今河南孟县）人。北宋真宗时期戍边将领。他在守卫边疆期间，非常重视利用各种手段收集敌方情报，尤其善于利用榷场（宋、辽边境贸易场所）进行谍战，取得了很好效果。

公元 1005 年，宋辽签订了澶渊之盟。自此之后，两国之间大规模的战争和军事冲突基本结束，长期中断的边境贸易重新获得了大规模增长，这个时候，专门用于商贸的榷场应运而生。榷场的开设，对于繁荣经济和发展边境贸易都起到了积极作用。但是，到榷场来从事贸易的人员结构非常复杂，辽国不少间谍都以商人的身份作掩护，通过榷场秘密地潜入宋境，大肆进行间谍活动。

对此，不少宋朝官员都感到非常棘手，甚至有人主张立刻关闭榷场，以求得边境的安宁和稳定。

李允则出任镇州刺史之后，不但不关闭榷场，反而一度放松了对榷场的管理，不仅如此，他还把原来管理榷场的纯军事机构更换成纯商业的巡检机构。李允则认为，故意放松对榷场的监管是一种"以我无用易彼有用"①的做法，可以麻痹对手，引诱对方间谍出动。

李允则表面上放松了对榷场的监管，暗中仍然不忘战备。宋辽之间刚刚修好，李允则不敢有丝毫大意，并不因为战事已经平息而放松对城池堡垒的修理整治。他的这一做法一度受到辽方质疑。宋真宗也下诏询问此事，李允则回答说："只是刚刚修复关系，不能忘记战备，否则日后会有不测。"宋真宗觉得李允则所说很有道理。

当时雄州城北有座旧城叫彻城，李允则很想将其与大城合而为一。为了不引起辽国的激烈反应，李允则先建东岳祠，并摆出黄金百两做为供器，而且并不严加看管，这当然很容易导致供器丢失。这时，李允则声称有盗贼从北方进来，他在下令缉捕盗贼的同时，也派人迅速修筑城墙，并将雄州原有城墙修葺一新，就此与彻城连成一体，等辽方派出间谍侦知此事时，一切工程都已经完工。

---

① 《宋史·李允则传》。

陆

元宵节将至，李允则得到消息说辽国将有边境官员化装前来雄州，借观赏花灯之际打探雄州虚实。李允则便在暗中布置，准备用反间计除掉他。到了第二天，守城士兵果然发现有化装成商人模样的紫衣客，试图趁机混入城中。看到敌酋如期出现，李允则按照事先所作安排，布置手下恭敬地在郊外迎接，然后接到宾馆善加款待，派出美女侍奉左右，送给美酒供其畅饮，等这名假扮富商的敌酋离开的时候，李允则还派人一直进行护送。辽国的间谍知道这一切，以为他被李允则收买，秘密将这一情况上报，没过几天之后，这名化装成富商的敌酋被杀。原来，他正是幽州的统军。

善于用间的李允则对敌方间谍也有一套独特的处理办法。通过榷场，李允则得以抓到很多辽方潜入的间谍。对于抓到的这些间谍，李允则都能很好地加以利用，并进行策反，直至为我所用。有一次，李允则的手下抓获了一名辽国的间谍，李允则不但没有立刻处死他，反而为其松开绑绳，予以盛情款待。对此，辽军间谍很受感动，便将自己所刺探的有关宋军的重要情报悉数告诉了李允则，李允则听完之后说："你所得的情报很多是错的。"然后便给他提供了另外一份有关宋军兵马、粮草的情报。这位间谍半信半疑，便要求李允则加上封条，盖上印章，李允则一一应允，并立即释放了他。没想到的是，该间谍在被释放之后不久，又返回宋军大营，奉还了李允则所提供的所有情报，甚至连封条都原样未动，紧接着，他便拿出自己所收集到的有关辽兵的兵马、财力以及地理情报，恭敬地呈递李允则，以表示自己的报答之情。春秋末期的大军事家孙子曾经说过："非仁义不能使间。"①李允则对敌方间谍这种"厚遇"的态度，成功地策反了辽方间谍，取得了很好的效果。

有一次，边民来诉讼说自己被契丹民打伤，要求官兵去抓捕。李允则只是给这位伤者一些钱疗伤，并没有前去抓捕，大家都以为李允则是出于对辽方的胆怯，过了些日子，辽方派人前来询问此事，问有没有辽方人打伤宋人事件，李允则派人回答说："没有。"原来，李允则知道这是辽方间谍战的惯用手法，以故意打伤汉人，来作为考察己方间谍执行任务情况的一个凭证，辽方这次派出人员询问这次打人事件，正是想对前一次的间谍活动求得验证。经过李允则的巧妙处理，辽方认为上次派出的那名间谍是说谎，于是就杀了这名间谍。

李允则依靠自己所建立的情报网，很好地做到了"知己知彼"。一次，宋朝有一名逃犯跑到辽国，李允则发去文书要求辽方遣返宋境。辽国故意回答说："不知在哪。"见此情形，李允则告诉他们在某处隐匿，辽国感到非常震惊，不敢再隐瞒，立即将这名逃犯遣回宋境。

李允则利用开放榷场的机会巧妙施展间谍战，显示出他掌控局势、把握大局的能力。利用经商收集敌情，曾是隋朝情报高手

---

① 《孙子兵法·用间篇》。

裴矩的拿手好戏。但是，裴矩更多的是利用商战收集情报，相比之下，李允则有着更为深入的谍报设计，拉出和打入都非常精彩，从中可以看出，利用商战进行谍战的谋略在宋代得到了更进一步的发展。

元昊善间

李元昊（1003—1048），西夏开国皇帝，党项族人，北魏鲜卑族拓跋氏之后，李姓为唐所赐。后来宋赐姓赵，因此也称赵元昊。他在即位之后，一直模仿汉人建章立制，随后便逐步摆脱宋朝统治，并在随后与宋进行了多次战争。北宋与西夏之间的战争，北宋输多胜少。其中，李元昊善于运用间谍战，是屡屡获胜的一个重要因素。

起初，北宋为了笼络人心，一度加封西夏首领为平西王，没想到李元昊并不领情，他非但不表示臣服，反而利用宋廷授予的名号大肆进行间谍活动，为独立和建国做着积极准备。比如，利用和北宋通商的机会，李元昊经常让一些间谍伪装成商人模样潜入宋朝，大量收集有关中原山川地理以及宋军的重要情报。

为了摸清楚宋朝底细，李元昊非常重视从北宋招揽人才，不惜重金收买汉人为其服务。据《宋史·夏国传》记载，李元昊的智囊团中除了党项人之外，还有诸如张陟、张绛、扬廊、徐敏宗、张文显等一大批汉人。原来，李元昊早就通过间谍之口得知，在北宋有不少自恃雄才大略的文人，因为得不到朝廷重用而一直郁郁不得志。李元昊深知，这些人正是可以拉拢的对象，于是派人秘密进行招募。很快，他得知张元、吴昊是两位很有才华的失意文人，便派出间谍对其进行收买。张、吴二人自恃才高，却一直不曾受到朝廷重视，听说西夏有意窥伺宋朝，便叛逃过去。到了西夏之后，李元昊果然对他们非常赏识，很快便委以重任，数月之后，李元昊还派人秘密潜入宋境，将他们二人的家眷接了过来，好让他们更加死心塌地为西夏服务。

　　除此之外，李元昊还非常注意收买宋朝皇宫中因年老色衰而被逐出宫的宫女。李元昊深知这些宫女对北宋宫廷的事情有着较多了解，当她们被弃用之时，正好是李元昊可以利用的好时机。通过她们，可以很方便地打探到有关宋朝皇宫的重要情报。

　　公元 1041 年，李元昊指挥西夏军队在好水川成功地击败了宋将任福。在这场战争中，李元昊同样是充分利用间谍战，对改变战争结果起到了关键作用。当战争发起之后，李元昊先是故意败下一阵，并且留下一些间谍在战争中主动当了俘虏。当任福审讯这些俘虏的时候，主动充当俘虏的间谍欺骗任福说：在好水川还有少量西夏军队，而且李元昊也在那里，防守并不坚固。被胜利冲昏了头脑的任福信以为真，率领骑兵孤军深入，当他一路追赶到好水川时，已经是三天后。长途奔袭令任福所部人困马乏，而

且粮草也出现短缺，就在这时，李元昊指挥西夏大军四面掩杀过来。疲惫的宋军尚未来得及列好阵形，便被西夏铁骑冲得七零八落，由于轻率上当，宋军在这次战争中全军覆没，任福也身中十余箭，连同其他将领一起阵亡。

李元昊拉拢和收买宋人，都是非常富有针对性的。科考失意的文人，可以发挥其聪明才智；深藏宫中的宫女，可以刺探核心机密……这些，无不显示出李元昊充满心机的一面。由于对北宋政权的情报都可以及时掌握，西夏不仅找到了一个很好的独立时机，也在此后与宋军的交战中处于主动，可以说，强大的情报工作，给了李元昊与北宋叫板的本钱。

法崧冒死

公元 1038 年，也就是宋仁宗宝元初年，李元昊不服大宋管制，自封为国君。宋朝来不及布防，致使边境守备不足，只有种世衡率领本部人马在延州（今陕西延安）一带布置防线，极力抵御李元昊的进攻。

李元昊手下有两位得力干将，一位叫野利旺荣，一位叫野利遇乞，都很有谋略，是李元昊的左膀右臂。此二人实为兄弟，旺荣称"野利王"，遇乞称"天都王"，都握有兵权，他们的军队也素以骁勇善战著称，令宋兵心惊胆战。李元昊在对宋军的三川口、好水川两次战役中成功击败宋军，就是因为采纳了这兄弟俩"诱敌深入""设伏以待"的计谋。故此，种世衡一直希望找到机会除掉他们。种世衡曾先后派人行刺，但都因为戒备森严无功而返。他又设法派人前去诱降，却遭到严词拒绝，一时间，种世衡束手无策。

在同种世衡交锋过程中，旺荣、遇乞深知种世衡也是一位足智多谋的名将，故而派出间谍前去诈降，并伺机窥探宋军虚实。种世衡得知这一消息之后，认为这正是可以利用的机会，便决定使用反间计除掉野利兄弟。

种世衡对野利旺荣派来的间谍给予优厚待遇，一边佯装不知他们的行间目的，每天好吃好喝供着，一边私下寻找可以执行这次反间任务的人选。

种世衡经过耐心寻找，终于物色到一个人选。此人名叫法崧，本名王嵩，本地人氏。法崧原本行伍出身，身材魁梧且精于骑射，曾多次往来于夏、宋之间，与党项部族中人多有交往，又熟知西夏的山川道路。王嵩后来意外落魄潦倒，于是看破红尘，在紫寺出家为僧，法名法崧，又有人称之为王和尚。

种世衡得知法崧是个侠肝义胆的义士，便派人将他请到军中，对其优待有加，非常器重，甚至说服法崧还俗从军，举荐他做了小官。法崧的许多坏毛病，诸如喝酒、赌钱、嫖妓、打架等，种世衡都看在眼里，却很少予以约束，反倒经常提供金钱任其挥霍，与此同时，种世衡还设法将法崧的家里安顿妥当。这一切都让法崧十分感激，一直有报恩的念头。

法崧在种世衡的营中一直过得非常滋润，没想到突然有一天，种世衡对他翻脸了，他愤怒地招来法崧，厉声呵斥，指责其背信弃义，暗中与西夏勾结。法崧大呼冤枉，种世衡不予理睬，甚至吩咐大刑伺候，一直对法崧严刑拷打数十日，用尽了各种毒辣招数。

就这样一直过了半年之久，法嵩经过了无数次的严刑拷打，仍然对种世衡毫无怨言，忠贞不贰。终于有一天，种世衡感到时机成熟了，突然把法嵩秘密押送到密室，在密室中，种世衡亲手为法嵩松绑，然后对法嵩一一说明事情真相。他告诉法嵩，把他关起来严刑拷打，是想试探一下他的忠贞和毅力，好派他去充当间谍，法嵩明白了事情的前后经过和种世衡的良苦用心，不禁百感交集。

种世衡于是亲自起草一封书信，收信人即为野利旺荣。在信中，种世衡告诉野利旺荣，他送到的情报已经收到，朝廷很快任命他为夏州节度使，希望他能早日归附宋廷。种世衡并且随信附上了一颗枣和一幅画着龟的图画。其中，枣，谐音早；龟，谐音归。种世衡附上这两件东西是为了让书信更具真实性。

书信写好之后，法嵩用蜡将其密封，藏在衣服里面，并用针线密密麻麻地缝起来，非常难以察觉。随后，法嵩带着种世衡的嘱托，私藏着密信和一幅画、一颗枣，上路了。

法嵩一进入西夏境内，就被西夏的巡逻兵捕获。被抓之后，法嵩坚持要见野利旺荣，说是有重要事情呈报，于是巡逻兵将其带到野利旺荣帐下。

见到野利旺荣后，法嵩拿出枣和画，呈递上去。野利旺荣得到一颗枣和一幅龟图之后，感到莫名其妙，立即将法嵩和画一起送给李元昊处置，也试图以此证明自己的清白。

在看到法嵩和画之后，李元昊感觉这事很蹊跷。在野利兄弟势力渐渐坐大之后，李元昊常常为此感到担忧。他深深知道，这兄弟二人手中握有重兵，一旦谋反的话，将会对自己造成致命打击，故此，李元昊对野利兄弟一方面善加利用，一方面时时警惕，不能完全排除疑忌。所以，君臣关系就显得非常微妙。当野利旺荣送来这个自称是联络员的和尚之后，李元昊更是不敢怠慢，想极力从中找出一个答案来。

李元昊下令将法崧囚禁于大牢之中严加看管，等候自己传令。一个和尚赶这么远的路过来，就是为了给野利旺荣送点小礼物？李元昊怎么想也不能相信，他再三询问法崧的真实企图，却得不到答案，对其施以酷刑，但仍问不出什么东西。这样过了很多天，刑罚越来越重，法崧丝毫没有松口的迹象。李元昊最关心的其实就是宋廷那边有没有传递书信给野利旺荣，从而找到野利兄弟通敌的证据，但是法崧对此一直予以坚决否认，面对奄奄一息的和尚，李元昊感到非常无奈，却又非常不甘心。

又过了些日子，李元昊彻底失去了耐心。他派人将法崧秘密带到宫里，告诉他这是最后一次机会，再不说出实话，就会被立即处死，法崧仍然不说出信函的下落。李元昊于是只得下令将他拉出去斩首，就在这时候，他忽听到法崧大声呼喊说："法崧死不足惜，只是没有完成将军托付的大事，辜负了将军，真对不起将军了！"李元昊急忙下令押回法崧，法崧这才把缝在衣襟中的书信供出。李元昊看到写给野利旺荣的书信，再联系画和枣的含义，他不禁倒吸一口凉气，不能不对野利旺荣产生怀疑。但是，李元昊毕竟老练，一阵冲动后，他又冷静下来。为了查实验证，李元昊暗中派遣心腹将领假扮野利旺荣的使者去求见种世衡，以进一步打探虚实。

　　种世衡不能确定使者身份。他怀疑使者并非野利旺荣派来，所以没有立即召见他，只是派人每天到驿馆去问候使者起居，闲话家常，当谈到李元昊驻地兴庆府地区时，这使者便能对答如流，但是一谈到野利旺荣驻地情况时，他就张口结舌答不上来。种世衡猜测此人为李元昊所派间谍，不动声色地让此前捉来的几名李元昊的奸细暗中辨认，终于确定了使者的身份。种世衡这才明白法崧的行间已经获得成功，便将计就计，故意在使者面前痛骂李元昊，盛赞野利旺荣降服宋廷、弃暗投明的义举，并给使者赠送了很多贵重的礼物。临行前，种世衡还亲自给使者饯行，请他带话给主人，要他速速决断，千万不要再犹豫。使者回到西夏，立即将上述情况如实报告李元昊，李元昊大怒，立刻剥夺了野利旺荣的兵权，以反叛罪处死了野利旺荣。

　　在除掉野利旺荣之后，种世衡又继续使用离间计把野利遇乞除掉。他在得知野利旺荣死后，故意在边境举行祭祀活动。种世衡命令手下将祭文写在木板上，祭文中大力表彰野利兄弟弃暗投明归依宋廷。种世衡下令将祭文故意烧毁一部分，留下一些残文等着西夏的奸细前来收集。西夏奸细得到这祭文后，赶紧送交李元昊，李元昊本来就对野利旺荣心怀猜忌，见到这些祭文之后更确信他的反叛行迹。其实，看到功劳显赫的哥哥旺荣被冤杀，遇

乞不免会愤愤不平而又情绪激烈，这也让李元昊心怀不满。带着这种猜疑之心的李元昊很容易就误中种世衡的反间计，立即将野利遇乞处死。

在间除野利兄弟的过程中，种世衡利用的是一出苦肉计，这其实是古时候实施反间计时一个惯用技法。显然，派法崧冒死行间，最需要看重的便是其胆气。因此，种世衡先是对其施以酷刑，在经过一番考察之后，再决定是否派他前往敌营行间。法崧的勇气令人赞叹，给了他满意的答案。从法崧行间的经历来看，书信也是一个关键因素，如果种世衡事先不交代法崧，而法崧最终不幸忽视了这个环节，那么他们的这次行间就很可能会功亏一篑。进一步讲，如果书信藏得不深，敌人随便就能搜出来，也一定会对法崧产生怀疑。只有经过了这种长期的折磨和严刑拷打之后，法崧再巧妙地供出书信，才显得顺理成章，更容易诱使对手犯错。

身份迷离

秘而不宣是古往今来间谍战的一个重要特点，是故，间谍战的内幕始终难以被完整披露，间谍的身份也会让人认识不清，倍感模糊。间谍经常被人称为无名英雄，便是这个原因。宇文虚中的间谍案便显示出这个特点。

宇文虚中（1079—1146），字叔通，成都华阳人。宋徽宗大观三年（1109）考中进士，在当了一段时间地方官之后，很快就被提拔为起居舍人、国史编修官、同知贡举，不久又升任中书舍人。

公元 1125 年二月，辽国天祚帝耶律延禧被金军抓获，辽国灭亡。十月，金太宗完颜晟任命谙班勃极烈①完颜杲为都元帅，分东西两路伐宋，夺占了北宋大片领土。公元 1127 年，金军再次兵分两路进攻大宋，不久便攻陷东京汴梁，宋徽宗和宋钦宗连同一众

---

① 勃极烈是金初的官号，女真语意为"管理众人"，而谙班勃极烈是皇储。

妃嫔、大臣都做了金人的俘虏，北宋灭亡，史称靖康之耻。此后，逃亡在外的康王赵构在南京应天府（今河南商丘）登基称帝，改年号为建炎，史称南宋。

建炎二年（1128），刚刚当上皇帝的赵构装模作样地下诏寻求使者出使金国谈判，商谈迎请徽钦二帝回来。宇文虚中被宋高宗任命为资政殿大学士和祈请使，与杨可辅一同出使金国。但是，金国对宇文虚中的到来根本不感兴趣，更不会答应将徽钦二帝放走，只想尽快打发他们回去。宇文虚中经过思考之后决定独自留下来，他说："我是奉朝廷之命前来迎请徽钦二帝回朝的，任务没有完成我就决不回去。"

当时金国大量占领宋朝领土，这些地区的居民多为汉人，所以大量需要汉族官员维持统治。宇文虚中觉得这是一个深入金国内部的机会，也可以寻找机会护送两位皇帝回朝，就受聘在金国做了官。由于宇文虚中才华出众，又在宋朝担任过高官，很快就引起金人注意，并受到提拔和重用。从翰林学士开始，他的官越做越大，直至被封为河内郡开国公。后来，金国为金太祖立碑，宇文虚中因为书法出色奉命书写碑文，由此被封为金紫光禄大夫，金人称他为"国师"。

宇文虚中在这个过程中大量地接触当地的名流和士人，也由此知道其中的许多人对于失陷于金愤愤不平，因此悄悄地进行拉拢联络，为以后的行动做好准备。由于行事隐秘，宇文虚中的这些地下活动，金人一直没有察觉。

宇文虚中虽然在金国做官，但在他的内心却一直把自己看做一个宋国的臣子。他曾秘密给家人写信说，自己在金国当官是被迫的，虽然遭到胁迫，但一直坚守节操，"惟一节一心，待死而已"①。

当然，由于宇文虚中的间谍行动非常隐秘，身份也极其特殊，其他一些同样被拘留在金国的宋人就难免会因此而误会他。比如洪皓就是其中一位。洪皓，字光弼，政和五年（1115）进士。公元1129年，他作为宋朝新的求和使者也到了金国上京。宇文虚中得到这个消息之后，便请求会见洪皓，洪皓误以为他是来替金国做说客的，因此看不起宇文虚中，但后来洪皓却忽然地也决定留在北方，在金国悄悄地干起了间谍的工作，不知道是否和宇文虚中的劝说有关。洪皓留在金国后，一边积极打听徽钦二帝下落的同时，一边秘密派人把金国的重要情报大量地送到南宋。他还记录了涉及金国的各种重要资料，回到南宋后写成了《松漠纪闻》一书，至今仍是研究金史的重要资料。宇文虚中因为这种误会感到苦闷，因此曾写下了"生死已从前世定，是非留与后人传"的诗句，以此作为排遣，继续默默地进行着他在金国的间谍活动。

赵构逃到江南之后，为求得偏安一隅，在防御金兵上很是下了一番心思。这时候，岳飞、韩世忠、张浚等重要抗金将领精诚

---

① 《三朝北盟会编》卷215。

团结、密切配合，他们的军队也经过了战争锤炼，具备了相当的战斗力，使得金兵对东南一线的进攻一直难以奏效，便转而试图由陕入川，然后顺江而下，在形成对南宋的包围之势的同时，也收取突袭之功效，并以此击溃宋军。

这是绍兴二年（1132）的事情。宇文虚中得到这个情报之后，感觉事情非常严重，于是派遣使臣相偶悄悄南下，将金兵的进攻路线和企图全部透露给宋军。在得到宇文虚中的密信之后，南宋朝廷曾经一度表示怀疑。记载宋高宗一朝史事的编年体史书《中兴小纪》有这样的一段话："宇文虚中密奏虽未可尽信，然金人连年不至淮甸，必有牵制。"在经过分析之后，宋军还是决定及时做好各种防务准备，以防金兵突袭。张浚与诸将约好，一旦金人大兵取蜀，则三帅互相呼应救援，做好防备。绍兴三年（1133）正月，金兵果然大举侵蜀，但他们在蜀口之战遭到重创，士气也受到很大的打击，金人由此领教了南宋军队战斗力，不敢再轻视对手。

宋金经在过一段时间的对抗之后，态势已经逐渐朝着向南宋有利的方向发展。完颜宗弼（即金兀术）在意识到金兵已失去优势之后，便改变策略，开始有和议的打算。宇文虚中则很好地抓住了他们的这种心理，每当金国朝议南侵之事，他就以南征费钱费力且得不偿失为由，极力阻止金兵南侵。他的这些言论，很好地抓住了金国一些想过安稳日子的文官武将的心理，也因此很容易引起共鸣和获得支持。这让退守一隅的南宋获得了喘息之机，也让只求偏安一隅的赵构享受了一段歌舞升平。南宋的议和使者王伦看到这些情形，便在回到江南之后这样赞扬宇文虚中："虚中奉使日久，守节不屈。"①

南宋施德操在《北窗炙輠录》一书中说："南北讲和，大母获归，往往皆其力也。"他的这番评价充分肯定了宇文虚中对宋金和谈所做出的贡献，而他所说的"大母"是谁一直众说纷纭。靖康之难后，徽宗的郑皇后、钦宗的朱皇后也一同被劫走，朱皇后因不堪受辱而自尽，郑皇后也于1131年病死在五国城。公元1142年，徽宗与郑皇后的遗骸被允许运回南宋合葬。所谓"获归之事"不知道是不是指遗体获归，宇文虚中在其中做了些什么事情也不得而知，总之，他潜伏金国作为间谍的辛苦得到了当时一些有识之士的认可。

赵构方面其实是更为迫切地希望同金国讲和，而他希望实现讲和的主要原因是，害怕随着战事的胜利，使得他的兄长宋钦宗赵桓得以顺利回归，从而威胁到自己的皇位，同时他也害怕在抗金战争中，武将的权力越来越大，进而变得难以控制。秦桧则是一个长期潜伏南宋的内间，自1130年他被金兵抓捕又安然释放之后，便一直身在宋而心在金，从事着卖国行径。他很好地抓住赵构的这一心理，并利用金国的威逼利诱，迫使赵构和金国议和，并于1141年害死一代抗金名将岳飞。

---

① 《宋史·宇文虚中传》。

在宇文虚中帮助宋金实现讲和之后，达成了赵构所希望的意图，当然令他非常高兴。此时，宇文虚中的儿子宇文师瑗在福州担任转运判官，宋高宗赵构特意下令要求福州的地方官多多照顾宇文虚中的家属，没想到就在这个时候，金人也打起了宇文虚中家属的主意。公元1140年，即大金皇统初年，完颜宗弼掌握了金国朝政，第二年，金兀术便向南宋索要在金国做官的宇文虚中等人的家属。

宇文虚中在得知宗弼向南宋索要自己的家属之后，曾经拜托南宋的使臣王伦密奏赵构说："若金人索取我家属，就说我的家人已经被乱兵所杀。"与此同时，宇文虚中的儿子也上书宋高宗，请求不要把自己的家人送往金国，结果唯金兵马首是瞻的宋高宗和秦桧全然不予理会。秦桧更是深知金人索要宇文虚中家属以求牵制之意，于是他亲自监督和催促，将宇文虚中的家属全部送往金国，老幼无一遗漏。

就在宇文虚中家属被悉数送到金国之后不久，即1146年

《中州集》书影

的六月，宇文虚中全家老小就全部被金国所杀害。宇文虚中一家死得非常惨烈，全家百余口都被活活烧死，天色为之暗淡。当时和宇文虚中全家一起被杀害的，还有一位叫高士谈的宋人。

南宋李心传所著《建炎以来系年要录》这样记载宇文虚中的死因：宇文虚中虽在金国为官，但他知道许多东北之士不甘顺从，便和他们密谋，准备趁金熙宗完颜亶去祭天的时候劫杀他。他们先派人送蜡丸书给南宋朝廷，结果秦桧拒不接纳，反倒令事情暴露，这才导致宇文虚中等人被杀。《北窗炙輠录》中的描述则更加详细：宇文虚中先是计划模仿范蠡、曹沫，"欲挟渊圣以归"，没想到行动计划遭到泄露，情急之下，他不得不"急发兵直至北主帐下"，令"北主几不能脱"，但最后还是功败垂成，为金兵所擒，遂以谋反罪论处。这些记载大同小异，已经将宇文虚中的死因基本交代清楚了。从他们的记载中我们可以看出，宇文虚中曾有过一次非常冒险的行动计划，先是试图帮助宋钦宗回朝，在行动未果之后才无奈地劫持金主，但仍然未获成功。

宇文虚中此前滞留金国就是因为他觉得没有完成接徽钦二帝回朝的任务，一直以此为念，这才会铤而走险，放手一搏。然而，他不幸遭到己方人员出卖。从当时人的描述来看，很可能是秦桧出卖了宇文虚中。如前所述，秦桧是一位被金国收买的大内间。他之所以会将蜡丸信泄露给金人，一方面是出于金国的利益考虑，另一方面可能是嫉妒其功，此外也很可能与赵构的授权有关。谁都知道宋钦宗一旦回国，赵构就会立即面临着失去皇位的危险，故此赵构虽一直口口声声地说要迎接二圣还朝，内心却打着自己的小算盘。而秦桧则是紧紧抓住了赵构的这个心理，一直从事着卖主求荣的勾当，不仅出卖了南宋，也就此出卖了宇文虚中，最终导致其间谍身份的暴露。

宇文虚中长期在金国，传递回来的富有价值的情报一定不少，但是据《系年要录》和《中兴小纪》的记载只有一次，这可能是出于情报保密的某种需要。宇文虚中传递回来的金兵"由陕入蜀"的进攻计划，在当时应该是一份极富战略价值的情报，对于立足未稳和急于获得喘息之机的南宋来说，显得尤为重要。由于掌握了这个情报，宋军提前做好了准备，便由此而取得战争的主动权。而金兵自蜀口之战失败后，感受到南宋军队的战斗力不可小觑，自此开始逐渐产生议和的念头。这其中也应当记上宇文虚中的一份功劳。

在宇文虚中间谍案过去几十年后，金人元好问曾对此事约略涉及，在《中州集》中，他在介绍宇文虚中时记载了聚集北方汉族士人"奉叔通（宇文虚中）为帅，夺兵仗南奔"①的事情，认为这就是宇文虚中被处死的原因。在宇文虚中死后约三十年，南宋朝廷做了三件事情：一是宋孝宗淳熙年间宣布追赠其为开府仪同三司，谥号为肃愍，并赐庙号为仁勇。二是由于宇文虚中全家被杀，没有了后代，宋孝宗命令宇文虚中的同族宇文绍节过继给

---

① 《中州集》卷1。

宇文虚中之子宇文师瑗。宇文绍节后来中了进士，官至吏部尚书。第三件事则是在开禧初年继续加赠宇文虚中为少保，赐姓赵氏。这个时候，秦桧的间谍案已经为南宋朝廷所察觉，其谥号也由"忠献"改为"缪丑"，宇文虚中也确实到了获得追赠和表彰的时候了。这之后，宇文虚中一段鲜为人知的间谍活动才渐渐地大白于天下，他也自此获得了一个更为公正的评价。

岳飞破齐

　　岳飞（1103—1142），字鹏举，相州汤阴（今河南汤阴）人，南宋著名抗金将领。岳飞少年家贫，但富有气节，自小便爱好习武，喜读兵书。不满二十岁他就参军抗金，因为屡建战功，逐渐成为一位声名显赫的抗金名将，他所率领的宋军则获得"岳家军"之称。岳飞善于领军作战，也经常利用出色的用间取得胜利。

　　绍兴五年（1135）二月，当岳飞在北线抗击金兵南侵的战争告一段落之后，岳飞接到镇压湖湘起义军的任务，主要是镇压被统治者视为"湖贼"的杨幺。

　　在军事行动开始之前，岳飞派黄纵和接受招安的起义军降将杨华作为间谍，潜入杨幺的队伍，秘密进行策反活动，并成功说服起义军首领黄佐投降。岳飞立即保奏黄佐为武义大夫，并给予了丰厚的犒赏，黄佐深受感动，决心再次返回起义军内部，争取对另外一名主要的起义军首领杨钦进行策反。陪同黄佐一同前去进行间谍活动的，还有黄纵。与此同时，杨华也接受岳飞的指派，再次潜入杨幺起义军中，其主要使命就是拉拢联络杨幺的左右心腹，设法劝说他们诱杀杨幺，然后前来投降。黄佐与杨钦此前一直有着非常密切的交往，故此，黄佐策反杨钦的间谍活动很快取得成效。岳飞同样保奏杨钦为武义大夫，并将皇帝赏赐的战袍转赠杨钦。杨钦深受感动，此后又帮助岳飞成功策反了余端、刘诜等起义军首领。没想到岳飞仍然不满足，他故意恶狠狠地骂杨钦："贼寇还没有全部投降，你为什么回来？"接着便命令杨钦再次返回进行游说，结果就在这一夜，起义军前来投降的就多达数万人。经过这些间谍活动之后，杨幺的队伍已经大大削弱。在做好决战前的所有准备工作之后，岳飞率领水军直扑杨幺大寨，杨幺正试图组织反抗，没想到身边已被岳飞策反的陈滔等人临阵倒戈，杨幺无奈之下，只得跳水逃跑，结果被牛皋抓获。

岳飞在平叛过程中展示了他出色的情报谋略，在与金人的斗争过程中，也非常善于使用间术。比如在除掉伪齐政权刘豫的过程中，岳飞就曾充分展示了其出色的用间术。

公元 1130 年，金人为了更好地控制中原局势和陕西地区，在大名府（今河北大名南）扶植成立了一个傀儡政权——大齐，封宋朝的投降官员刘豫做了皇帝。此后，刘豫多次配合金人一起攻打宋军，成为宋军北伐的一个重要障碍。1136 年，岳飞在收复襄阳六郡之后，正好派兵进入蔡州，与刘豫的军队形成对峙。

岳飞通过间谍得到的情报得知，其时金国内部各派之间已经

开始互相倾轧，支持和扶植刘豫伪政权的粘罕在内讧中忧郁死去，而金兀术、挞懒等人则对刘豫非常厌恶。岳飞知道，要想驱逐金兵，必须首先除掉刘豫的伪齐政权，而此时正是使用反间计除掉刘豫的大好时机。

正在此时，宋军抓到一名金兀术派来的间谍。看到这名间谍，岳飞灵机一动，决定利用这名间谍行反间计。于是，他便故意将他错认作是自己派出去的间谍人员，严厉斥责他说："你不是我们军中的张斌吗？前些日子我派你去大齐送信给刘豫，要他设法把金兀术引诱出来。不料你竟然一去不复返，我只好又派人去联系，好不容易才联系上刘豫。现在刘豫已经答应到冬天把金兀术引诱到清河和我共同夹击。你为什么不把信送到，擅自违抗军令呢？"间谍非常害怕岳飞会杀死他，干脆就来了个顺水推舟，以张斌的身份承认了违抗命令之罪。岳飞看到他已经上当，便命令他再去给刘豫送信，与刘豫商讨诛杀兀术之事，然后再制作成蜡丸传递。岳飞严厉地对金兵的间谍说：暂时可以饶恕你，但是这一次你一定要守住秘密，把这封信给我按时送到，否则一定斩首。

这名金兵间谍自以为既保住了性命，又意外得到一个重要情报，内心喜不自禁。等他逃回金国之后，立即将蜡丸书信献给金兀术。金兀术打开书信一看，不禁勃然大怒，立即报告了金熙宗。金兀术本来就在内心憎恶刘豫，这次正好找到了杀人的借口。就在这一年十一月，金兀术和挞懒借口刘豫有通敌之罪，率兵抵达开封，就此撤掉了刘豫的伪政权。宋朝的一个顽敌就这样被岳飞巧妙地运用反间计除掉了。

　　岳飞离间刘豫的手法非常高明。假装醉酒，错认金兵，巧递书信，这些固然都是岳飞灵机一动的产物，实则也与他长期思考宋金关系有着直接的联系。在计除刘豫伪政权的过程中，伪造的书信是关键。岳飞的手法和南北朝时期韦孝宽等人的手法很有一比。如果要说不同，岳飞传递情报利用的是敌方间谍，因此而更加神不知鬼不觉，展示出岳飞胆大心细和过人的胆识。

反间秦桧

秦桧，南宋江宁人。公元1127年的靖康之祸中，他随宋徽宗、钦宗一起被俘。后来变节，充当了金人的间谍，长期出卖南宋利益，处处迎合金人，作为投降派的首领，谋害了岳飞等忠良，故此一直为人所痛恨。

靖康二年（1127），金人以秦桧反对拥立张邦昌而将他带走，同时被带走的还有他的妻子王氏。随后，康王赵构在建康即位，没想到就在这时，秦桧忽然从金兵严密看守之下逃回，而且是携带家小一起逃回。

秦桧自称是杀了监视他们的金兵，才得以脱逃，但当时的人们就已经对此提出了很多的疑问：第一，和秦桧一起被俘的还有孙傅等人，为什么只有秦桧能够逃回，别人却不能？第二，从燕山府（今北京城西南）到楚州两千八百里，要跋山涉水，难道路上就没有碰上盘查？就算秦桧果真是杀死了监守人员，就能保证自己一帆风顺地南归，而且还能携带妻子王氏一起顺利逃回？面对这些质疑，秦桧的密友、宰相范宗尹一直为他百般辩解，但是这些疑团并不能在人们的心中彻底消除。

其实，秦桧本来就是金国故意放回的。在经过与秦桧接触之后，金国忠献王粘罕非常认可秦桧"南人归南，北人归北"的主张，认为宋臣中只有一个秦桧可用，于是设计将秦桧放回建康。自此之后，秦桧就成为了金国的间谍，走上了一条卖国行径。由于计巧妙，再加上赵构畏金求和的心理，秦桧还是获得了认可，而且还以一份向金人议和的国书打动了赵构。赵构看到这份国书，随即称赞："秦桧忠义过人，朕得之喜而不寐。"秦桧随即被任命为礼部尚书，三个月后又升任参知政事。秦桧志得意满，极力推销他的投降路线，然而此举得罪了朝野重臣，高宗赵构迫于压力，只得暂时将其罢免。

秦桧投降卖国政策一时间难以实现，只得静观风云变幻，伺机东山再起，绍兴初期，他等到了这个机会。在金国方面，秦桧的老主子挞懒得势。而在战场上，岳飞、韩世忠等抗金名将，则是不断地取得胜利，一举改变了长期被动的局面。赵构非常害怕这种形势继续发展下去，因为这将不利于自己保住皇位。于是，赵构积极推动重提议和之事，开始重用投降派，绍兴八年（1138），赵构又重新起用秦桧为相。与此同时，赵构罢免了诸如赵鼎、王庶、胡铨等主战派，委屈投降、苟且偷安的意图非常明显。

此时，秦桧俨然成为金国代理人，一再向赵构兜售自己的议和计划。《宋史·秦桧传》说："朝廷虽数遣使，但且守且和，而专与金人解仇议和，实自桧始。"果然，在绍兴九年（1139），秦桧不顾朝野反对，终于同金人签订了第一个和约。赵构怕事，装病躲进宫中，由秦桧代行签字画押。秦桧得到跪拜金使面前的机会，便如同奴才遇到主子一般，诚惶诚恐地送上一份大礼。从此之后，秦桧在金人眼中地位得到很大提升，在南宋朝廷，尤其是赵构心目中的地位，也大大地得到提升。秦桧俨然成为赵构投降金国的全权代表，但不幸的是，很快秦桧就不满足只做一位代表，而是开始逐渐尝试挟持天子把持政权，而且基本得逞。从此之后，朝廷一切重大举措都取决于秦桧，高宗已不能独立作出决定。秦桧借助金人的背景，已经能够完全玩弄赵构于股掌之上。而且，朝廷上下有敢于提出异议的，秦桧都一定会想方设法进行打击报复，甚至加以迫害。

胡铨就是因为反对同金人议和，立即受到了秦桧的打击报复。很快就由秦桧亲自拟定，把胡铨贬往昭州（今广西平乐）。胡铨只是因为妾怀孕，想稍迟数日再起程，结果被临安府派人抓进大牢。几天以后，秦桧还觉得对胡铨的处分太轻，未必能使反对议和的人从此钳口不言，遂又胁迫赵构特地下了一道诏令，继续对胡铨进行声讨。

宋金第一个和约签订不到一年，金人发生内讧，主张对南宋进行诱降讲和的挞懒被杀，完颜宗弼（金兀术）得势，宗弼于绍兴十年（1140）撕毁和约，挥军直取河南、陕西。南宋抗金将领岳飞、刘琦等奋勇还击，先后取得顺昌之战和郾城之战的胜利。

宋金对抗中，金兵已经处于下风，这让金人立刻想起秦桧的作用。岳飞满心欢喜地对部将们说："直抵黄龙府，与诸公痛饮尔！"①正待不日渡河，乘胜追击，没想到秦桧忽然勾结赵构，命令岳飞即刻退兵。岳飞并不甘心就此撤军，他在给朝廷的报告中说："金人锐气丧失……而我军将士听命效劳，所向披靡。时不再来，机不可失。"②希望能允许他带兵乘胜前进。看到这种情形，赵构、秦桧一天之内连下十二道金牌，紧催岳飞撤军，目睹这些，岳飞无比痛心地感叹道："十年之功，废于一旦！"③随后，他在无奈之下命令部队撤退。

绍兴十一年（1141）四月，秦桧担心重要将领难于驾驭，便想出诡计收回他们的兵权。他密奏赵构召三大将韩世忠、张俊、岳飞入朝论功行赏，目的是对其明升官职，实解兵权。九月，秦桧按金人授意，兴起岳飞之狱。他派谏官万俟卨收集伪证，组织狱词，罗织罪名，又串通张俊，收买、勾结岳家军重要将领对岳飞进行诬告。此后，岳飞、岳云父子连同张宪，被押送大理寺。岳飞被捕之后，秦桧加紧开展他的投降卖国行径。十一月，宗弼派萧毅到临安，提出"岁币银绢各二十五万，以淮河划界，并割让唐、邓二州"作为议和条件。这就是宋金的第二个和约，史称

---

① 《宋史纪事本末》卷16。
② 《金佗粹编》卷12。
③ 《河南通志》卷63。

"绍兴和议"。

　　和约签订之后，秦桧按照金人"必杀飞，始可和"①的条件，以"莫须有"的罪名将岳飞杀害。得知岳飞的死讯后，金人痛饮庆贺。显然，是秦桧帮助他们做到了他们在战场上做不到的事情，得到了他们在战场上得不到的东西。

　　秦桧得以长期潜伏，与其高超的伪装术不无关系，同时也与一贯以来金对宋的高压政策直接相因果。也就是说，宋金对峙过程中，宋长期处于弱势，是战是和，金人更多处于主导地位。秦桧则是牢牢抓住了赵构偏安江南的心理，将昏庸的赵构当成自己可靠的保护伞，借以打击异己来达到他不可告人的目的，秦桧的这一手法可谓深藏不露而又老谋深算。

---

　　① 《宋史·岳飞传》。

柒

暗流汹涌

明清时期谍战

明朝建立之后，吸取元朝政制松散的教训，越来越趋于专制，甚而使用间谍手段辅助专制统治，臭名昭著的特务统治在明朝得到畸形发展。毫无疑问，这是历史时空中让人唾弃的暗影。那些鬼魅一样的冷酷监视，想一想都会让人不寒而栗。明朝的这些治术很多都被清朝继承，清朝监控臣民的手法，甚至比明朝有过之而无不及。在很多方面，清朝都是认明朝为师傅，但他们的谍战谋略却丝毫不比汉民族逊色。在和明朝角力过程中，他们使用反间计除掉袁崇焕等抗清名将的手法、对于媚上欺下的汉族官员的利用等，都特别富有心得。

明祖间术

朱元璋（1328—1398），明太祖，濠州钟离（今安徽凤阳）人。在元朝末年的乱世之中，朱元璋从参加刘福通义军开始起家，随后羽翼渐丰，一路坐大，最终成功地兼并其他各路豪强，成就了帝王之业。朱元璋在与陈友谅、张士诚等诸路豪强的角力过程中，非常善于运用间谍战来配合军事行动，最终巧妙地击败对手。

1356年七月，朱元璋拿下集庆（今南京）。但是诸强也都对他虎视眈眈，西有陈友谅、东有张士诚、南有方国珍，俨然一派诸侯割据局面，对朱元璋构成了极大威胁。

诸强之中实力最为强大的是陈友谅。他的手下有一名得力干将名叫赵普胜，骁勇善战，人称"双刀赵"。此人原本在朱元璋手下听命，后来背叛朱元璋，跑到陈友谅手下，经常帮助陈友谅攻城拔寨，成为朱元璋的心腹大患。

赵普胜屡建战功，权力和势力越来越大，朱元璋计划使用反

间计，在赵普胜和陈友谅之间制造误会。毕竟赵普胜的有勇无谋和陈友谅的生性多疑，都给实施反间计提供了机会。

朱元璋对赵普胜毕竟还是有些了解。他知道赵普胜只是一介武夫，一直靠着门客帮他出谋划策，于是便在他的门客身上多下工夫。朱元璋派人花费重金对其门客进行收买，打探赵普胜的日常起居等情况，进而说动他们充当间谍，到陈友谅面前诋毁赵普胜。生性多疑的陈友谅本来就对赵普胜不是很放心，看到其门客前来告发，便连忙派出使者借封赏为名前去打探。赵普胜对此毫无察觉，看到陈友谅派出的使者，便一个劲儿地吹嘘自己的战功，并对陈友谅的封赏表现出不以为然的态度。胆敢在使者面前耀武扬威，这不由得让人感觉赵普胜的确有拥兵自重的心态。陈友谅在得到使者所汇报的情况之后，果然开始怀疑赵普胜有反叛之心。于是，他以会师雁塔为名，约见赵普胜。赵普胜对于陈友谅毫无戒备之心，还特意烧好了一锅羊肉来迎接陈友谅。没想到，就在他登上陈友谅所在船只时，伏兵一拥而上，把赵普胜抓获，赵普胜还没来得及辩解什么，便被斩杀。

陈友谅杀了赵普胜之后，亲自接管了他的部队。随后，他率兵袭击池州，结果被徐达等人击败，全军覆没。朱元璋所设计的这出反间计，成功地除掉了叛贼，削弱了对手的实力，为最终击败陈友谅创造了条件。

公元 1360 年，陈友谅在杀死红巾军天完政权领袖徐寿辉后自立为帝。而他已经尽占江西、湖广之地，自恃兵强，将矛头直指

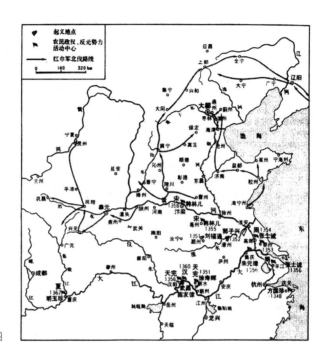

元末农民战争形势图

朱元璋。陈友谅一面联系张士诚，希望他与自己合作共同对付朱元璋，一面亲率大军自采石顺江而下，直逼应天（朱元璋此时已将集庆改名为应天）。

面对这种局面，朱元璋和刘基认真分析形势之后，断定张士诚暂时不会与陈友谅合作，更不会听从其招呼，出兵攻打自己，便下定决心全力以赴对付陈友谅。

陈友谅的水军实力非常强大，战船精良，数量和质量都远远超过朱元璋。如果硬碰硬，肯定难以取胜。朱元璋和刘基商定采用间谍战，诱使陈友谅上当，然后再伺机对其发动突然袭击。

275

朱元璋知道自己的手下有一个叫康茂才的，原本是陈友谅的部下，和陈友谅关系非常密切，便决定利用他来做文章。朱元璋召来康茂才，让他写一封诈降信送给陈友谅。在信中，康茂才表示，自己当初投靠朱元璋完全是出于迫不得已，看到陈友谅大兵压境，非常愿意充当内应，以期内外夹击，共同对付朱元璋。信写好之后，康茂才又找到了一位与陈友谅熟识的老仆前去送信，临行之际，康茂才对老仆人再三进行叮嘱，以防露出破绽。

　　陈友谅读了康茂才的来信，心中非常高兴，连忙问老仆人："康茂才现在何处？"老仆人回答说："朱元璋派他守卫江东桥。"陈友谅接着问："江东桥是一座什么样的桥？"老仆人回答说："是一座木桥。"看到老仆人应对如流、言辞恳切，陈友谅便对康茂才深信不疑。他当即对老仆人说："我马上分兵三路取应天，届时就以'老康'为暗号。"

　　第二天，陈友谅水陆并进，对应天发动攻击。他亲率数百艘战船顺江而下，当前哨军队到达大胜港时，遇到朱元璋阻击，又看到航道狭窄，于是下令直奔江东桥，以便和康茂才里应外合。船到江东桥时，陈友谅发现此桥竟然是一座石桥，心中顿生疑惑。陈友谅急命部下高喊"老康"，一连喊了好几嗓子，都无人答应。到了这个时候，陈友谅才明白自己中计了，急忙命令大军后撤。但是，由于河道狭窄，几百艘战船聚集于龙湾水面，想顺利撤军已经很难。

　　此时，朱元璋指挥伏兵四面出击。只见卢龙山顶上黄旗挥舞，战鼓齐鸣，朱元璋的大将徐达、常遇春率军分别从左右杀来，陈友谅的军队顿时被冲得阵脚大乱。尽管陈友谅大声呼喊，仍然无法阻止军队溃败，残兵败将一直逃到江边，又蜂拥而上抢先登船，因此造成了更大伤亡，给了朱元璋更好的掩杀机会。一场大战之后，陈友谅的军队死伤无数，战舰损失数百艘，陈友谅匆忙之中跳进一条小船，侥幸逃命。

经过这场惨败之后，陈友谅元气大伤。几年之后的鄱阳湖大决战中，朱元璋再次获胜，彻底消灭了陈友谅。

公元 1366 年，在打败陈友谅之后，朱元璋命令徐达率兵东进，全力攻打张士诚。不久之后，常遇春便率军攻克赣州，赣州守将熊天瑞投降。徐达则继续指挥大军平定湖湘，随后便火速向着湖州一带进发。

此前，朱元璋就一直非常重视对张士诚的间谍战。在击败陈友谅之后，他所剩下的劲敌就只剩下张士诚了。对此，朱元璋曾分析说道：“江南只有我与张士诚争雄。”朱元璋深知张士诚非常精于间谍战，但他并未畏惧，而是决心针锋相对，力争以巧取胜。朱元璋曾告诫部下说：“张士诚很多奸计，也喜欢用间谍。”为了搞好对张士诚的间谍战，朱元璋曾派出十三名侍卫装作是畏罪潜逃，逃到张士诚处。这些侍卫经过努力，都深得张士诚信赖，他们长期潜伏在张士诚处，为朱元璋收集情报。没想到的是，一段时间之后，由于其中的一位更受张士诚的器重，便引发了同伴的嫉妒，这些间谍被一一揭发出来，悉数被杀。

由于朱元璋此前做足了对张士诚的情报工作，故此他对此次徐达东征张士诚很有信心。在徐达大军出发之前，朱元璋就对徐达说："我想让熊天瑞成为我的间谍。"看到徐达一脸困惑的样子，朱元璋命令左右立刻退下，悄悄地告诉徐达，前些天张士诚部将熊天瑞不是真心要投降，只是因为迫不得已才临时倒戈，投降之后经常心怀不满，迟早会再反叛。所以，讨论攻打湖州的计划一定要对其保密，只能让熊天瑞跟着，并且说是要直捣平江。而他得到机会，一定会给张士诚通风报信，这样一来，反间计就可以派上用场。

徐达按照朱元璋的授意，在熊天瑞面前有意无意地泄露作战计划，谎称他们即将攻打苏州。对此，熊天瑞都暗暗记在心头。徐达大军行至湖州之毗山时，熊天瑞果然叛变逃跑。作为曾经变节之人，熊天瑞重新见到张士诚时，立即呈上自己的见面大礼，这就是他从徐达处获得的情报。张士诚本来认为徐达主力尽在湖州，在得知苏州吃紧之后，连忙派出大军前往增援。这正好中了徐达的调虎离山计，徐达趁机将湖州紧紧包围。等张士诚缓过神的时候，一切都为时已晚，只能眼睁睁看着湖州失守。

攻克湖州之后，朱元璋布置大军将苏州团团围住。次年九月，苏州城被攻破，张士诚自杀。

当朱元璋正和陈友谅、张士诚鏖战江南时，明玉珍趁机在四川称帝，国号大夏。但是，他称帝不到四年就忽然病故，九岁的儿子明昇继位，由彭太后把持国政。

彭太后知道朱元璋风头正劲，便在明玉珍病故之时派出使者前来报丧，实则是借机打探朱元璋的虚实和下一步的用兵动向。大夏使者在朱元璋面前既吹嘘大夏的富裕，又夸耀巴蜀的地势险要。朱元璋虽然不以为然，但不得不再派使者入川，借此打探大夏的虚实。

第二年，朱元璋便以"求珍贵大木"为名，派出使者前往大夏，借机刺探蜀地情况，好为下一步进攻大夏做准备。明昇也以为朱元璋只是来索要物资，不好不答应，立即按照朱元璋的要求一一准备。但是，当朱元璋接到这些东西之后，再试图以皇帝的身份召明昇投降的时候，却遭到了明昇的断然拒绝。

看到这个情形，朱元璋只好再次派遣平章杨璟作为使者，前往大夏对明昇进行游说，劝说他早日投降。面对杨璟的好言劝说，明昇再次予以拒绝。杨璟游说宣告失败，只得悻悻而归。临行之前，杨璟还是抱着最后一线希望给明昇写了一封劝降书，在书信中，杨璟帮助明昇认真分析了大夏政权所处的形势有多么危险，只有率众投降才能有出路。这一封信虽然言辞恳切，却仍然没能说服明昇投降。

在数次出使行间未果之后，公元 1371 年，朱元璋终于下决心对大夏动手。他命令汤和率军由水路经瞿塘直逼重庆，命傅友德率军由陆路从秦岭出发直扑成都。两路大军形成呼应之势，令大夏上下一片恐慌。为了搞好与水路汤和大军的情报联络，傅友德将明军的战绩和进攻态势写在木牌上，然后投入江中，令其顺江而下。这些木牌四处飘荡，重庆的大夏守军也收到一些，他们看到这些木牌后，知道明军已经深入己方腹地，纷纷丧失斗志，四处逃散。这时候，汤和也得到消息，指挥大军迅猛出击，大夏军队立刻溃不成军，明昇只得率众投降。

明太祖朱元璋善于行间，其中尤以对付陈友谅的谍战最具成效。他选择康茂才行间，是因为对陈友谅进行过深入研究，知道陈友谅对故交老友多少存有一丝信任。在选择送信使者时，朱元璋特地挑选出一位看似老实巴交的老仆人，意在尽量消除陈友谅的戒备之心。事实证明，他的这些安排都起到了作用，陈友谅最终上当，纵有强大的水军也无济于事。

僧人道衍

朱元璋在夺取天下之后，为了实现朱明王朝世代相传的目的，除了大肆屠杀功臣，牢牢把持军权之外，还将自己的儿子纷纷封王。其中，朱棣被封为燕王，镇守北疆。当朱元璋选定的朱允炆继承皇位后，手中握有重兵的朱棣便以"靖难"为名，举兵南下，夺取皇位，是为明成祖。朱棣夺取皇位可谓蓄谋已久，志在必得，道衍的间谍战是这个庞大计划的一部分，起到了关键作用。

僧人道衍，俗名姚广孝，因少年家贫，剃度做了和尚。他生性聪明，再加上多年紧闭山门的

道衍画像

辛苦修行，故此他既精通儒术，又善写诗词，与当时的文学家王宾、宋濂等过从甚密。洪武十五年（1382）八月，明太祖朱元璋下令选出有道高僧侍奉诸王。道衍经过举荐，得以侍奉明太祖第四子朱棣。在与"智勇有大略"①的朱棣一席谈话之后，道衍认定朱棣正是自己寻觅已久的明主，因此便跟随其一路北上。

当时，明太祖朱元璋坐镇应天（今南京），而朱棣则远在北平，距离非常遥远。朱棣要想去应天表忠心，还得经过朱元璋批准，如果派遣使者，又担心难尽己意。这显然对朱棣十分不利。为了改变这种局面，道衍建议朱棣在皇帝身边尽量安插一些耳目，以便及时掌握皇宫的动态。朱棣听从了这种安排，立即派他携带重金前往应天，收买和笼络宫廷各级官吏。由于道衍的成功运作，连朱元璋最宠爱的妃子也被其收买，经常在朱元璋面前替朱棣说好话。有一次，正当朱元璋的宠妃夸奖朱棣之时，旁边一位宦官忽然生疑：娘娘深居皇宫，怎么会知道离京城这么远的朱棣的事情？朱元璋听完这话也觉得蹊跷，不免会对朱棣产生一丝戒备之心。

朱元璋死后，一直留在皇宫中的皇太孙朱允炆继承了皇位（之前太子朱标早逝），这令诸位皇子大感不满，却也无可奈何。朱允炆继位后，深知诸王拥兵自重，对自己形成了很大的威胁，于是便想出一个削藩计划，动手打压诸王的势力。朱允炆深知燕

---

① 《明史·成祖本纪》。

王兵力强大，一时不好下手，便选择周王为突破口，对藩王逐个展开清剿。

远在北平的朱棣知道这一切之后，日夜坐卧不宁。道衍认为，与其束手待废，不如起而争之，于是，极力劝说朱棣起兵进行对抗。对于这个建议，朱棣一直犹豫不决，他不知道自己有几成胜算，故此不敢铤而走险。见此情形，道衍只好巧妙设计，帮助燕王下定决心。道衍请来一位看相的术士，通过为朱棣看相，巧妙地激发其对皇位的野心和信心，进而最终决定与建文帝进行一场争夺皇位的大决战。

就在燕王朱棣下定决心与建文帝对决之时，朱允炆也在密谋着一举除掉朱棣的方案。建文帝找来谋士齐泰询问对策，齐泰建议以边防告急的名义调动朱棣大军，争取斩除其羽翼，然后再寻找机会下手。这之后，建文帝任命工部侍郎张昺为北平左布政使，再派出谢贵担任都指挥使，以进一步打探燕王朱棣的动静，与此同时，他安排魏国公徐辉祖多方收集有关朱棣的情报，再秘密地传回应天。显然，在准备武力动手之前，建文帝已经悄悄地在朱棣身边撒下了一张谍网。

针对这种局面，道衍建议朱棣一定要秘密地展开备战和练兵，不能让建文帝派来的间谍发现任何蛛丝马迹。而且，军队所必需的兵器也要秘密赶造。但是，要想做到这些显然不是一件容易的事情，尤其是制造兵器，难免要开设工厂，锤打之声和熔铸之火都非常容易惹人注目，进而被应天的间谍所察觉。

为了搞好隐蔽，道衍建议朱棣训练部队时只训练骨干力量，至于大量的兵员可以在战时临时招募，这样就不太容易引起注意，从而避开间谍的侦察。至于打造兵器的工厂，则选择建在地下，地面上大批蓄养牲畜鹅鸭，以乱其声。当锻铸兵器声音响起，鹅鸭则由于受到惊动而大声叫嚷，这样一来，铸造兵器的声音就被成功地淹没在这些巨大的声浪之中。

朱棣的这些备战行动进行得非常隐秘，可谓是神不知鬼不觉。在应天这边，大臣齐泰、黄子澄等，则是力劝建文帝尽早废除燕王，对此，建文帝同样一直犹豫不决。建文帝元年六月，燕王护卫倪谅秘密来到广威将军谢贵处告密，揭发燕王大举征用木炭、疑似铸造兵器的消息。建文帝得知之后，心生恐惧，派人前往北平，试图秘密逮捕燕王府幕僚，并且下令谢贵、张昺严密把守燕王府第，不准可疑之人出入，以防朱棣生变。

这时候，只有身披袈裟的道衍能任意出入燕王府。然而，正是这位看起来并不起眼的和尚，一直充当着燕王府的头号谋臣。在道衍的设计下，燕王的亲信张玉、朱能纠集八百勇士潜入府内进行守卫，准备杀掉谢贵、张昺，促使燕王朱棣最终举兵起事。

就在这时，北方地区忽然遇到狂风暴雨，风势之迅猛，连燕王府殿堂也有檐瓦坠地。朱棣感到非常恐惧，以为上天警示他不要轻举妄动。看到这个情形，道衍急忙劝道：飞龙在天，风雨从之，这其实是吉祥之兆啊！朱棣这才转忧为喜，起兵的意愿变得更加坚定。

建文元年（1399）七月，朱棣在杀死谢贵、张昺之后，以"清君侧"为名，举兵发难，自署其军为"靖难之师"。仅仅两个月之后，朱棣便拥有数万精兵。见此情形，建文帝连忙派耿炳文率军三十万进行讨伐。

面对接近十倍于己的北伐大军，朱棣并不慌张，他大量派出间谍，密切侦察敌情。很快，前方间谍得到情报说，耿炳文已经年老体衰，大军之中并无可用将领，而且军队纪律不严，战斗力低下。朱棣得到这个消息之后，放心了许多，并且有针对性地进行兵力部署，准备迎战。

当时正值中秋，朱棣决定趁着北伐军不备来个突然袭击。果然，驻扎在雄县城里的守将杨松就在当夜大办酒席，然后酒酣而眠，根本没有做好防备。朱棣指挥军队半夜爬上城墙，当守城士兵发现的时候，一切都为时已晚。杨松从睡梦中惊醒，但已经来不及指挥应战，慌乱之中，北伐军九千将士全都成了刀下之鬼，乱战之中，杨松战死。

得知朱棣攻打雄县的消息之后，莫州守将潘忠率部前来增援，可令他没想到的是雄县早已被攻克，而朱棣已经计划好对他的救援队伍进行伏击。潘忠的军队在伏击中死伤无数，潘忠本人也成了俘虏。

朱棣连续取胜，挥军直指真定。就在这时候，耿炳文手下大将张保前来投降，送来了许多非常有价值的情报。张保非常熟悉北伐军内幕，将耿炳文以及北伐军的重要情报一一向朱棣进行汇报，张保告诉朱棣：耿炳文将三十万军队分为两个部分，前一拨十三万，后一拨十七万。先期到达的是十三万军队，一半驻扎在滹沱河南，另一半则驻扎在滹沱河北。朱棣知道耿炳文分兵两处是为了互相照应，从而避免使自己腹背受敌。而这，显然很不利于朱棣作战，朱棣于是决定让张保再回到耿炳文处，再替自己做一回间谍。

朱棣对张保说，你只需要对耿炳文说明北伐军如何强大，为我军壮大声势即可，好诱使耿炳文将大军全部渡过滹沱河，好让我们集中歼灭。张保回到耿炳文处，按照朱棣的吩咐将前方战事向耿炳文一一禀报。得到这份假情报之后，耿炳文果然上当，立即下令大军全部渡河。没想到就在北伐军渡河的过程中，朱棣指挥大军突然杀到。北伐军来不及列阵迎战，立刻溃不成军，只有一部分人马逃进真定城里，然后便龟缩城内，闭门不出。朱棣指挥军队连续攻城数日，没能攻破，于是下令撤军。

建文帝听说耿炳文落败，再派出曹国公李景隆为征虏大将军，取代耿炳文。李景隆没有选择与朱棣直接交锋，而是挥师北上，直逼朱棣的大本营北平。北平城被三十万大军围得铁桶一般，形势非常危急，燕王朱棣得知这一消息之后，忽然指挥大军回撤，与北平城内的守军形成内外夹击之势，一举将李景隆击退。

第二年，李景隆打算卷土重来。前方间谍得到消息，很快便将这一情报传递给燕王朱棣。朱棣命令张玉驻扎白沟河，以逸待劳，再次挫败李景隆。

燕王朱棣起兵初期取得了一些胜利，但在随后很长的时间中，都与朝廷军队形成了旷日持久的拉锯战，而且一直延续长达三年之久。这期间，燕王虽亲临战阵，冒着矢石箭雨，身先士卒，却仅据有北平、保定、永平三府而已，且屡屡处于险境，这种情形令他十分着急。没想到就在这个时候，远在京师的间谍给朱棣打开局面提供了重要的线索。

　　朱棣为了获得有关建文帝和朝廷的重要情报，曾派道衍和尚前往京师大量收买拉拢朝廷官员，使得他们作为内应，为自己及时提供有价值的情报。其中，徐达的第四子左都督徐增寿，就是被成功收买而甘愿充当朱棣的间谍。当初，建文帝隐约察觉出朱棣有举兵反叛之心的时候，曾经询问过徐增寿的看法。已经被朱棣成功收买的徐增寿对建文帝说："燕王先帝同气，富贵已极，为什么要造反呢？"这番话为朱棣起到了很好的掩护作用，也赢得了宝贵时间。等到朱棣真正起兵之后，徐增寿多次将京师的虚实情况报告给朱棣，为燕王提供了大量情报。建文帝慢慢察觉出不对劲，对其产生了怀疑，后来，终于在朱棣大军渡江之后，恼羞成怒地杀死了徐增寿。

　　当时，朝廷中被朱棣收买的还有娶怀庆公主为妻的王宁。王宁，寿州人，善诗书，娶公主为妻后受到朝廷重用，掌后军都督府事。当他被朱棣收买作为间谍之后，曾经向燕王泄露朝中密情，后来被建文帝察觉，遭到关押。等朱棣夺取皇位之后，受封为永春侯。

虽然朱棣精心安插的这些内线中，有的被抓捕坐牢，有的被斩杀，但他花费在间谍战上的精力并没有白费。帮助朱棣下定决心和果断决策的，正是一名间谍提供的情报。当时，朱棣正为战局走向忧心忡忡，一位被黜的宦官向朱棣提供了一条重要情报："京师空虚可取。"①朱棣得到这一情报后，立即决定破釜沉舟，出兵攻打京师。

建文三年（1401）十二月，燕王朱棣率领主力远袭京师，仅留少部分军队在其他各处发动佯攻。等到建文帝发现长江对岸驻扎大批军队之时，已经来不及组织任何救援。建文四年（1402），朱棣从瓜州渡江，从镇江经龙潭，取道金川门，将应天团团围困。守将谷王穗、李景隆见大势已去，只得打开城门投降，朱棣终于如愿坐上了皇位。

在朱棣登基的过程中，僧人道衍起到了非常关键的作用。由于他出色的组织收集情报，使得朱棣能够完全掌握应天的动向，并且很好地隐藏了己方的意图，从而在夺取皇位的战争中占据了主动。与之相反的是，建文帝这边则是马虎大意，不仅没搞好敌情侦察，反而任由朱棣和道衍在皇室内部遍插内应，失败便是在所难免。

---

① 《明史·成祖本纪》。

边境谍影

　　明正统年间（1436—1449），北方蒙古族三大部之一的瓦剌实力大增。瓦剌首领也先逐步统一了蒙古各部，并且不断南下对明廷进行袭扰，而且大肆抢掠，严重威胁到长城一带百姓的安全和生产。

　　由于明朝有王振等奸臣当道，军备松弛，对瓦剌的防御一直不力。瓦剌军的袭扰由此而规模渐大，并且越来越深入内地。更为糟糕的是，在王振的庇护之下，瓦剌不断地以派遣贡使为名，向明朝内地输送间谍，窃取明廷的机密情报，对明朝的安全构成了严重威胁。

　　公元1449年七月，也先得到大同守备空虚的消息，立即率领四路大军南侵。他将其他各路兵马作为幌子，自己则亲自率领主力攻打大同。这种虚虚实实的战术使得明军猝不及防，结果在大同一战中，数万明军全部覆灭，同时也立即使得京城的形势异常危急。在王振的怂恿之下，明英宗决定御驾亲征，结果由于准备不足被瓦剌军打得大败，英宗被俘。

瓦剌军俘虏英宗之后，便率军南下，直逼京城。当时京师的守备严重不足，瓦剌大军来犯的消息传来，令朝廷上下陷入一片惶恐之中。这时，以兵部左侍郎身份代理兵部尚书的于谦及时地站了出来，他不断地给当时奉太后命代行皇帝之职的郕王朱祁钰打气，劝说他组织力量积极防御来犯之敌，坚决反对南迁。朱祁钰终于受到于谦这种诚恳态度的感染，任命于谦为兵部尚书，决心全力以赴保卫北京城。

于谦塑像

于谦接受任务之后，立即进行安定人心和稳定局势的工作，同时劝说朱祁钰立即惩处奸臣王振。由于王振实施姑息养奸的政策，瓦剌得以借机不断派出间谍，大量地窃取明廷情报。王振不除，则民愤难平，备战也会受到直接影响，故此，一帮大臣坚决要求将王振灭族。面对诸位大臣的请求，郕王不置可否，起身准备返回后宫，于谦见状后，极力劝说朱祁钰当机立断，严惩王振。在于谦的坚持之下，朱祁钰只好当庭宣布将王振满门抄斩，京城内外人心大快，局面得以稍微稳定下来。

这年十月，也先挟持明英宗攻破紫荆关，直逼京城。于谦采用"诱敌深入"的战术，率领守城军民成功击退了瓦剌军队数次进攻，也先只得携带英宗退出塞外。

瓦剌军这次大规模进攻虽遭失败，其南侵计划并未就此终止。显然，他们并不甘心就此罢手，于是，瓦剌继续不断地对明朝边境进行袭扰，继续加大派遣间谍秘密渗透的力度，伺机组织更大规模的进攻。

也先每次进犯内地，都会首先借助于间谍所获取的情报，然后采取有步骤的进攻，因此在几场战斗中，他们都让明军吃尽了苦头。当战斗结束之后，瓦剌针对明廷的间谍战却并未结束，他们利用各种机会大肆收集明廷的情报，为下一步进攻做着积极准备。于谦在与瓦剌军的交战过程中，经常感叹瓦剌军队对于京城情况的熟悉程度，深知敌军间谍渗透得非常深入，不能不做好严密的反间工作。在这种情形之下，明朝政府开始执行秘密抓捕瓦剌间谍的计划。正统十四年（1449）十月，他们抓捕了跛儿干，十一月抓获安孟哥等三名间谍。次年正月，于谦布置王伟设计抓捕了小田儿。这些间谍对瓦剌军队进犯，都曾起到了重要的向导作用，对明廷的危害极大，因此都在抓捕之后立即斩首。

瓦剌对明廷的渗透可谓严密而又深入。喜宁是一位宦官，在

一次陪英宗到北方狩猎之后，被也先成功收买，此后便沦为瓦剌的间谍，多次为也先出谋划策，也先对明军最初的几次战争获胜，喜宁都是主要谋划之人。为此，明朝政府一直视其为心腹大患，曾下重金悬赏捉拿。针对这样一位大内奸，于谦悄悄布置了严密的抓捕计划，最终成功地抓获了喜宁。由于喜宁对明廷所造成的极大的危害，当他被抓到之后，朝中文武大臣一致主张予以严惩。经过审问之后，喜宁被凌迟处死。

在抓获的瓦剌间谍中，有的间谍可以为我所用，于谦于是"因谍用间"①，不仅释放了他们，而且对其许以官爵。忠勇伯把台家就是一位被于谦特释的瓦剌间谍。他在返回瓦剌之后，主动担任了明廷的间谍，为明军收集有关瓦剌的重要情报，很好地配合了明军在战场上的军事行动。

也先连年对明朝用兵，对山西、京师造成了极大破坏，同时使得蒙古各部深受其害。蒙汉之间的贸易中断，双方的商品无法实现互换，对蒙古的生存也非常不利。所以，蒙古各部渐渐有了休战的想法，反对也先的贵族也逐渐增多，也先打算释放英宗，以作为和明廷的和谈条件。这种情形之下，京师的紧张形势得到了极大缓和。于谦担心在这种缓和的局势之下，瓦剌会趁机增派间谍进行渗透，便上书朝廷，请求加强防备，以做到防患于未然。

也先愿意讲和，明代宗朱祁钰却显得非常犹豫。他担心英宗

---

① 《明史·于谦传》。

回来之后会夺回皇位。当然，他也顾及朝廷上下舆论，只得派李实悄悄地前往瓦剌，打探英宗的情况，探明英宗本人对于皇位的态度。此时的英宗为了早日返回内地，表态说只愿看守祖宗陵寝，做一个普通百姓，不再计较任何的身份和地位，为自己的回归创造了条件。朱祁钰终于同意了也先的讲和条件，同时派员迎接英宗回朝。

英宗回归明朝之后，瓦剌重新申请朝贡。起初，瓦剌派出的贡使不过百人，而到了正统十三年（1448）时增加到三千多。这种局面之下，大量的间谍又借机重新潜伏下来，继续进行破坏活动，刺探明廷情报。这让于谦深感和议的前途渺茫，便呈上"安边三策"①，请求大同、宣府、永平、山海、辽东各路总兵官增加防备，以防不测。瓦剌试图借派贡使的机会秘密进行间谍活动的图谋，因此得到一定程度遏制。

当初，瓦剌在入贡的时候，一度将过去所掳掠的人口有步骤地返还明朝。这些返还的人口大多被安置在近畿。当也先率兵进犯的时候，这些人"多为内应"②，替瓦剌进行间谍活动，使明廷极为被动，故此，于谦一直想采取措施遣散他们，让也先的计划不能得逞。当时，正值明朝在西南方向用兵，于谦便借这个机会，下令征发他们当中的精英分子前去参军，接着便遣送他们的妻子儿女。这之后，内患才得以部分平息。

---

① 《明史·于谦传》。
② 《明史·于谦传》。

代宗重用于谦等贤良，成功击退了瓦剌入侵，因此深得民心。于谦在辅佐代宗抵抗瓦剌入侵期间，在注意做好整军备战的同时，非常善于"因敌用间"，注意从防间锄奸入手，可谓抓住了关键。瓦剌军队来去无定，行踪难以把握，却非常需要情报作为保障，在失去这些通风报信的间谍后，无异于断掉臂膀，战斗力由此锐减，瓦剌对于明廷那种咄咄逼人的态势因此而得消解。

阳明平乱

王守仁（1472—1529），字伯安，浙江余姚人，号阳明子，是我国历史上著名的思想家。他所建立的学说，世称"心学"或"王学"，对当时及晚明具有非常深远的影响。王阳明不仅仅在思想上具有建树，还是一位善于指挥作战的军事家，非常善于运用间谍战，在镇压江西一带盗贼和平定宁王朱宸濠的叛乱中，都曾运用间谍战帮助明军取得胜利。

公元 1517 年前后，江西南部、福建西部一带盗贼蜂起。谢志山占据着横水、左溪、桶冈，池仲容占据着浰头，各自占山称王，并且与大庾陈曰能、乐昌高快马、郴州龚福全等一起，危害当地百姓，冲击官府。就在这时，福建大帽山贼詹师富等又起来闹事，这让官军头疼不已，又没有很好的解决办法。赣县主簿吴玭在与贼兵的战斗中战死。由于盗贼势众，巡抚文森也感到非常棘手，干脆借口身体有病，拒绝出面平叛。

就在这时，兵部尚书王琼提拔王守仁为右佥都御史，巡抚南赣。面对"盗贼蜂起"①的局面，王守仁并没有退却，而是决心组织力量平叛。在经过一番打探之后，王守仁知道，山贼之所以每每进攻得逞，是因为在官军当中有许多人沦为他们的间谍。官兵每当组织进攻，作战计划都被山贼提前获悉，因此每每扑空。

找到症结所在，王守仁决心先从清除内奸着手。在经过仔细排查之后，他发现一位年老隶役一直在悄悄地充当山贼的奸细，便抓来进行审问，隶役虽然狡猾，最终还是交代了自己通匪的罪行。看着这位老兵，王守仁忽然想到一条妙计，他临时决定免除老兵的死罪，给其一个戴罪立功的机会。他命令老兵到山贼中间去，侦察山贼的动向，然后向官兵及时进行汇报。王守仁这一招果然起到了很好的效果，这之后，"贼动静无勿知"②，为官兵的进剿行动提供了极大便利。王守仁又下令征调福建、广东的官兵，先讨伐大帽山山贼。由于得到了准确的情报，王守仁命令部队先行佯退，然后再出其不意发动攻击，一举攻破山贼四十余寨，俘斩七千有余。

接着，王守仁挥师赣州，准备攻打浰头盗贼。当初平定师富的时候，龙川的卢珂、郑志高等投降了官军。在攻打横水的时候，浰头贼将黄金巢也率领五百人来降，只有池仲容没被抓捕，因此王守仁设计诱捕池仲容。横水被官兵攻破之后，池仲容知道下一

---

① 《明史·王守仁传》。
② 《明史·王守仁传》。

个轮到的讨伐对象就是自己,于是加强战备、严阵以待,他告知手下:卢珂、郑志高已经是我们的仇敌,很快就会来偷袭我们,一定要严加防备。得知情况后,王守仁行苦肉计,故意杖责了卢珂等人,并且放松戒备,然后赐给池仲容礼物。池仲容将信将疑,决定率小部分人马打探究竟,然后带着几个人假装以答谢为名,求见王守仁。看到这种情形,王守仁知道池仲容已经上当,一边对他说:"你们都是我的民众,还在外驻扎,是不相信我吗?"一边将其引入祥符宫,拿出最好的酒菜招待他们。这之后,王守仁盛情挽留池仲容观灯享乐,这一系列举动让池仲容终于慢慢放松了戒备。等池仲容的手下慢慢聚拢过来,王守仁布置官兵进行抓捕,一举将池仲容的势力剿灭,斩首两千多。

1519年六月,宁王朱宸濠自以为羽翼丰满,正式起兵反叛。当时,王守仁正奉命赶往福建,行至丰城时得知朱宸濠反叛的消息。他不敢怠慢,急忙赶赴吉安,与伍文定商讨征调兵马粮草,整治器械舟楫,同时传檄各处声讨朱宸濠之罪行,通知各处守军勤王。

接到王守仁的通知之后,都御史王懋中,编修邹守益,副使罗循、罗钦德,郎中曾直,御史张鳌山、周鲁等,都立即赶到王守仁大军中来。王守仁发现,叛贼如果沿着长江顺流东下,那么南都就很难保住,不如设计阻挠他们,则可让他们的行动计划受到耽搁,从而赢得胜机。

打定主意之后,王守仁便开始大量地派遣间谍,四处活动,

竭力干扰朱宸濠的行军计划。为平叛争取宝贵时间，王守仁以朝廷名义向各府县传递声讨朱宸濠的檄文，檄文中说："都督许泰、邵永将边兵，都督刘晖、桂勇将京兵，各四万，水陆并进。南赣王守仁、湖广秦金、两广杨旦各率所部合十六万，直捣南昌，所至有司缺供者，以军法论。"①檄文写好之后，王守仁巧妙设计使得朱宸濠见到檄文。

与此同时，王守仁又写密信制作成蜡丸给朱宸濠手下得力干将——所谓伪相李士实、刘养正，对他们回归的诚心表示肯定，同时命令他们尽早发兵东下。信写好之后，王守仁故意让间谍将书信内容泄漏出去。朱宸濠得知书信内容之后，果然开始产生疑心。朱宸濠与李士实、刘养正商量下一步打算之时，李、刘二人都劝说他尽快率兵攻打南京，这与密信的内容正好吻合，使得朱宸濠怀疑李、刘二人与朝廷暗中勾结，这才极力怂恿他出兵攻打南京。朱宸濠产生疑心之后，便不敢再轻举妄动，而是暂缓此前已经制定好的一切军事行动，而且对李、刘二人也失去了信任。

朱宸濠按兵不动，派出间谍多方打听官军消息。一直等到十余日之后，也不见京师和湖广勤王大军到来，这才明白自己上当了。朱宸濠连忙率领六万大军，按照原来议定的计划袭击南京，只留下少量兵马守备南昌。

王守仁得知南昌的叛军极少，便召集各路兵马八万人，号称

---

① 《明史·王守仁传》。

三十万，计划攻打南昌。就在王守仁下令出兵之时，前方间谍传回情报，叛军已在坟厂一带布置了伏兵。王守仁便以武文定为前锋，又派新知县刘守绪乘夜袭击伏兵，开始了攻打南昌的计划。武文定率兵突抵广润门，叛军意想不到，防守的士兵立刻溃散，官兵顺利攻下南昌。

在拿下南昌之后，王守仁派兵沿路设伏，静等朱宸濠回兵救援南昌。朱宸濠听说南昌受到官兵围攻，果然撤军。朱宸濠回兵救援的路上，紧急布置救援方案，然而，就在他召见群臣的时候，官兵忽然杀到。叛军猝不及防，朱宸濠及其主要党羽李士实、刘养正等都被抓获，叛乱就此得到平息。

王阳明用间手法堪称精妙，体现出他过人的文韬武略。虽说苦肉计、巧用老兵这些谍战手法都是前朝惯用，但王阳明时机把握恰当，运用纯熟自如，所以还是可以发挥出极大效应。王阳明虽说熟读儒家经典，却不会受到儒家仁义道德的束缚，看到形势不妙，敢于运用伪造檄文的办法来威慑对手，这既体现出他出众的胆识，也反映出他灵活务实的一面。

乡间赵臣

赵臣，生卒年不详，明代归顺州（今广西靖西一带）人。明孝宗至明武宗期间，曾在名将沈希仪手下担任千户。他口才出众，富有胆识，并且很有行间谋略。

1505年，明孝宗鉴于原田州知府岑猛作恶多端，下令将他降职为平海卫千户。但是岑猛并不检讨自己的过失，更不甘心受到降职处理，到了武宗时，他通过贿赂刘瑾而加官晋爵，取得田州知府同知的职位。当时田州一带正好遇到饥民暴动，岑猛奉都御史陈金的命令，带领军队参加了平暴队伍。这次平暴如同儿戏，岑猛更是借着平暴胡作非为，却自以为有功，借此邀功寻赏。当他的这一无礼要求遭到拒绝之后，岑猛心态失衡，依仗手中握有兵权作威作福，不服从知府的管制。嘉靖二年（1523），岑猛居然率兵攻打泗城，并且占领了一些村寨。两广巡抚姚镆根据岑猛有图谋不轨的企图，遂调兵遣将对其进行讨伐。当时担任都指挥的沈希仪受到姚镆的调遣，也立即起兵，会同其他各路人马共同赶赴田州，参加这次平定暴乱的行动。

岑猛的岳父岑璋多谋略，在当地颇有名气，有不少谋士投奔他。负责征讨任务的沈希仪找来与岑璋相交多年的赵臣，讨教制服岑猛的办法，二人密谋离间计，准备借用岑璋的力量来打败岑猛。按照密谋计划，沈希仪派赵臣去镇安征调军队。这个消息很快就被岑璋获悉。果然，岑璋知道这个消息之后非常惊讶，他得知朝廷派来很多军队驻扎在附近，不知道对付谁，现在居然调动本地的兵马，可能是发生了大事。于是，他急切地希望找到赵臣询问其中原委，赵臣看到岑璋果然上当，便绕道归顺（地名），来到岑璋府上做客。

赵臣到达岑璋住所之后，受到了岑璋的热情款待，但他只是坐着叹气。这让岑璋顿时心起疑惑，他和赵臣交往多年，很少见到他这种模样，便连忙问他为什么叹气，但赵臣只是摇头不语。这种举动更让岑璋疑神疑鬼，他既怀疑自己哪里招待不周得罪了赵臣，也怀疑赵臣带着什么特别的旨意来到归顺，很希望找到答案。

第二天，岑璋备下一桌丰盛的酒席更加热情地款待赵臣。席间，赵臣仍是频频摇头叹息，岑璋越是按捺不住，赵臣越是欲言又止，不肯多说什么。岑璋见状，连忙把赵臣拉进内室，扑通一声跪倒在赵臣面前。赵臣见到这情形，故作潸然泪下的模样。看到老友赵臣这个模样，岑璋更怀疑赵臣及朝廷大军的到来和自己有关，没准自己已经大祸临头。赵臣这才告诉岑璋，正是岑猛这些年来一直胡作非为，才让自己欲言又止，左右为难。

岑璋大吃一惊，没想到远离京城几千里的岑猛一直以来的胡作非为，朝廷已经完全掌握，并且已经开始发兵前来讨伐了。令他更没想到的是，岑猛的这些所作所为居然还会殃及自己，讨伐的队伍已经开赴眼皮子底下，这不禁让他不寒而栗，再想到岑猛最近以来对女儿的百般虐待，不由得心头火起。赵臣见状，便和岑璋一起商量解救办法。岑璋决定先留下赵臣，请赵臣以生病为由暂时在归顺安顿下来，一面则急忙派人飞马赶到沈希仪大营，向沈希仪详细报告岑猛谋反的情况。岑璋并且写信向沈希仪表示，因为害怕岑猛的叛乱行为会波及自己，所以他非常愿意亲自前去擒拿岑猛，为朝廷效力，也好尽快为自己洗脱罪名。

沈希仪一直在焦急地等待着赵臣行间的消息。这一天，他忽然看到岑璋派人前来联络，表示愿意一起合作擒拿岑猛，他立刻明白赵臣的行间已经获得了成功，不禁心头一阵狂喜。他连忙善言抚慰岑璋的使者，也答应让岑璋参与到擒拿岑猛的军事行动中来。这时候，沈希仪同样非常担心赵臣的生命安全，便以军务为由，要求岑璋立刻把赵臣送回军营。与此同时，沈希仪连忙向都御史姚镆禀报赵臣行间的最新进展情况。姚镆得到消息后，立即将平叛的兵力部署进行了大幅度调整，把原来布置在归顺准备对付岑璋的兵力，全部调集到田州，好集中兵力攻打岑猛。

岑猛得知朝廷派来官兵，连忙派自己的儿子岑邦彦坚守工尧隘。岑璋对田州的地形地貌非常熟悉，知道岑邦彦所据守的工尧隘是易守难攻之所，对于两军交战关系重大。于是他主动要求帮助岑猛派兵守卫。岑猛尚且未对岑璋产生怀疑，看到岑璋前来协助，立即将岑璋派来的一千人马派去前沿阵地守备。这一千人实则起到了间谍的作用，后来作为官军的内应，起到了关键作用。为了和岑猛的军队区分开，他们都在衣襟上作了标志，准备在阵前倒戈，实现里应外合，一举击溃岑猛守军。

沈希仪得知岑璋已经安排好内应，便立即布置好进攻计划。在攻打工尧隘的过程中，岑猛的田州兵殊死抵抗，沈希仪虽亲自上阵，但明军还是一时攻打不下。看到这情形，沈希仪带领骑兵从小道绕到岑猛防线的侧面。这时候，岑璋派去作为内应的士兵大声呐喊，鼓动守卫士兵逃跑。田州的守军大惊失色，很快就溃不成军。沈希仪指挥大军追杀，斩首数千之众，岑猛的儿子岑邦彦也在乱战之中被杀。

岑猛听说前方守军已经溃败，连忙出逃。他不知道岑璋已心生异志，便逃到归顺，寻找反扑的机会。岑璋看到岑猛来了，便诱骗他住在一处客栈里，设计诱骗出岑猛的印符。之后，岑璋安排酒席，拿出鸩酒献给岑猛。岑猛这才明白是岑璋出卖了自己，但是为时已晚，随后便饮鸩酒而死。岑璋砍下他的首级，取了他的印符，从小道飞马送交沈希仪。

在这起平叛行动中，赵臣依靠出色的间谍行动，成功离间了岑猛、岑璋这对翁婿，然后依靠里应外合成功平叛。沈希仪在获知岑猛岑璋翁婿并不和睦的消息之后，立即想到了离间的计策，可谓计策得当。他同时得知手下有个叫赵臣的和岑璋有旧交，同时也非常熟悉当地情况，于是委派赵臣完成这次离间任务，可谓用人得当。而赵臣在和沈希仪进行分析研究的时候，利用岑璋生性多疑的特点，去镇安征调兵马，诱使其上当，可谓措施得当。正是有了这三个"得当"，这次间谍行动才能取得圆满成。

　　赵臣和岑璋虽然在诛灭岑猛的平叛行动中先后立下了大功，但在这之后都没有得到朝廷应有的封赏。《明史》记载这件事的时候说他们"为谗言所阻，竟不论功"①。其实，不光是他们，连沈希仪也没有因为平叛有功而得到封赏。这时候的朝廷是一帮奸邪之人当道，宦官专权、政治黑暗，将士们在奋勇杀敌之后获得这种不公平待遇并不奇怪。

---

① 《明史·广西土司列传三》。

死间夏正

夏正（？—1557），明朝嘉靖年间在抗倭名将胡宗宪手下担任指挥一职。胡宗宪担任兵部侍郎、受命抗击倭寇的时候，夏正受其委派担任间谍，前去倭寇大营行间，离间徐海和陈东等倭寇首领，结果大获成功，从而帮助胡宗宪一举除掉了在两浙一带为害多年的倭寇。

嘉靖时期同时也是个政治腐朽和经济衰败的时期。嘉靖谐音"家尽"，倒是很好地形容了这个时期明朝的国运。由于财力不济，千里海防也一直无暇治理。据《明史》记载，"浙闽海防久隳，战船哨船十存一二"①。海防如此废弛，在遇到倭寇袭击时，当地海警只能临时招募一些渔船来凑数。但是，船只尚能凑数补齐，这些负责戍边的将士却都是久疏战阵，长期不习武艺，并不具备冲锋

----

① 《明史·朱纨传》。

杀敌的本领，只能眼睁睁看着倭寇肆虐而无力制止，倭寇由此而日益猖獗。

嘉靖三十一年（1552），徽州人汪直亡命海上，参与到倭寇队伍之中，由于他身形彪悍而且勇猛有力，所以很快便成为一方首领。他同时和徐海、陈东、麻叶等人互相勾结，经常在象山和定海一带登陆，长期袭扰百姓。这时，胡宗宪被朝廷提升为兵部侍郎，负责指挥东南一线的抗倭行动，夏正恰于此时在其手下担任指挥一职。

胡宗宪在得到朝廷支持之后，便开始大胆地施行他的行间计划，计划以离间之计剿灭倭寇。经过仔细筛选之后，夏正被胡宗宪挑选出来执行此次行间任务，主要目的便是离间徐海和陈东、麻叶。夏正受领任务之后，携带着着很多贵重礼品，只身前往徐海大营。

夏正在经过一番打探之后，得知这徐海本是杭州虎跑寺的一个和尚，因为不守清规，奸淫大户人家的妻妾，从而被地方上的士绅赶走，后来他亡命海上，与海寇陈东、麻叶勾结在一起，从此自称平海大将军，靠东抢西掠为生。他曾将抢来两个女子作为侍妾，据说都长得非常妖艳，深受徐海宠爱。夏正在探知这些情况之后，便挑选了最好的珠宝首饰，暗中赠送徐海的侍妾，让她们帮助自己劝说徐海归顺朝廷。

就在派遣夏正前往敌营行间的同时，胡宗宪派手下的门客蒋州等前往五岛，试图对汪直进行招抚。蒋州通过汪直养子王潋的引见，得以见到这位被倭寇称为老船主的倭寇首领汪直。胡宗宪同时释放了汪直的老母和妻子，并给她们很多财物。胡宗宪的这些举动让汪直很有些心动，于是就派王滶回国探听虚实。胡宗宪见到王滶到来，心中大喜，立即上书朝廷为王滶请功，并赐予王滶很多金币。王滶看到胡宗宪确实有招抚的诚意，便同意与胡宗宪合作。他当即写下一封书信给徐海，替胡宗宪劝说徐海投降。

夏正得到了王滶的这封书信，便拿着它来见徐海。徐海看完书信之后大惊失色，以为老船主也打算投降，夏正则趁机劝说徐海接受朝廷封赏，不要再整日奔波于海上。徐海当时正受创伤之苦，急于上岸寻求治疗，听了夏正这番劝说之后也有些动心。夏正接着就把朝廷如何招安陈东之事相告。徐海得知这一情况，便命人窥探陈东的动向。

这时候，陈东也得到消息说，徐海在军营里秘密会见胡宗宪派来的使者，心中大为吃惊，也因此对徐海产生了猜忌。夏正看到倭寇阵营内部已经产生不和的迹象，便加紧劝说徐海尽快投降朝廷。徐海得知陈东那边都已经生变，也因此而变得更加犹豫，便私下和两个宠妾商量。徐海的这两个小妾由于此前得到了夏正的馈赠，也极力怂恿徐海投降，让他戴罪立功。徐海于是下定决心接受招安，派使者前往胡宗宪大营请罪，并且大量索要财物。胡宗宪一一答应了他的要求，同时许诺说，如果徐海能抓捕陈东、麻叶来降，就一定奏明朝廷封赏他世袭爵位，徐海信以为真，不久之后果然活捉了麻叶献给胡宗宪。

胡宗宪得到麻叶之后，命令他写信给陈东，要求他们一起合力捉拿徐海。这封信的内容，胡宗宪也同时暗中泄露给徐海。徐海大为震怒，立即又设计捆绑了陈东献给胡宗宪，同时率领大小头目向胡宗宪投降。趁着这个时机，胡宗宪暗中布置大队兵马袭击徐海大营，烧毁了大量船只，杀敌三百多。胡宗宪同时命令陈东写信给自己的部下说，谎称徐海已经布置好今夜来攻打。这让陈东的手下大为恐慌，于是决定先下手为强，当夜提前袭击徐海。在混战中，徐海遭到惨败，只得率少数随从出逃，结果又被官兵包围，最后只得投水而死。这时，胡宗宪指挥大队兵马适时追击徐海和陈东的残部，为害两浙多年的徐海、陈东、麻叶所部倭寇就此被悉数剿灭。

在剿灭徐海等两浙倭寇之后，胡宗宪开始认真考虑招安被倭寇称为老船主的汪直。但汪直这时已经知道了徐海等人受假招安而被杀死的下场，所以并不敢轻易前来就范。

当然，抵抗下去也不一定获胜，只会损失兵马，所以在看到胡宗宪一再的劝谕之后，汪直最终还是决定派遣义子王㵆来见胡宗宪。王㵆看到接受招安之后朝廷非但没有进行封赏，反而是大军严阵以待，感觉受到了欺骗，非常愤怒。胡宗宪再三解释，王㵆仍然不肯相信，胡宗宪于是把自己已经拟好正准备上报朝廷的为汪直请赦的奏疏出示王㵆，这果然使得王㵆暂时解除了疑虑。胡宗宪于是令王㵆写信给他的义父汪直，要求汪直尽快投降。这一次，汪直虽然表示同意，但也同时要求胡宗宪派一名高级官员到他的岛上作为人质，胡宗宪答应了汪直的要求，派遣夏正作为人质，和王滶一起前往倭寇大营。就这样，汪直总算答应受降。

汪直上岸之后，胡宗宪善加款待，便将其交给浙江巡抚王本固。没想到王本固根本不理会胡宗宪此前对汪直所做的各种承诺，立即将汪直投诸监狱。看到这个情形，胡宗宪只得匆忙上书朝廷，请求特别宽恕汪直，让他镇守海上，但这同样遭到了王本固的极力反对。这时候正有人告发胡宗宪接受倭寇贿赂，胡宗宪得知这个消息之后深感恐惧，于是也忽然间改变了主意，忘记了还在倭寇手里作为人质的夏正。于是，汪直最终被判死罪。

一直焦急等待的王滶，最终得到了汪直被处死的消息，他气急败坏，立即肢解了夏正。可怜这位勇敢行间的英雄被倭寇残忍杀害，就此成为死间。

夏正只身前往敌营，极富勇气和胆气。在面对倭寇首领徐海之时，夏正能很好地抓住徐海的心理变化，进而从容不迫地利用威逼利诱之术迫使其就范，同时也充分展示了他出色的心理素质和出众的口才。夏正选择徐海的宠妾作为突破口，大量赠送礼物，也是一个高明之举。徐海在犹豫不决之际，正是听从了宠妾的劝告，才下定决心接受夏正的劝说而投降朝廷。至于夏正的惨死，很能说明间谍们的悲哀。他们在隐秘战线的行动固然非常重要，却也很容易变成统帅部门的弃子，进而不幸沦为无辜的牺牲品。

间谍助阵

明朝末期，后金在东北崛起，其中的关键人物就是努尔哈赤。在努尔哈赤担任建州左卫指挥使之初，建州女真各自为战，互相杀伐，称王争长，甚至骨肉相残。努尔哈赤决心改变这个现状。经过努力，他于万历十六年（1588）统一建州女真各部，并于万历四十三年（1615）基本统一女真各部，从而获得与明军一争高下的本钱。

努尔哈赤在统一女真的过程中，虽与明军有杀父之仇，却能始终保持克制，努力表现出对明朝的忠诚，极力避免与明军的直接交战。由于策略得当，加上明政府的腐朽，明军并没有对努尔哈赤的统一步伐有所干涉，更没有及时组织力量对其进行毁灭性打击。当努尔哈赤建立起后金政权之后，立刻显示出其在东北地区的统治力，便难免会与明军发生直接的碰撞。万历四十七年（1619），明军出动十万大军与努尔哈赤在萨尔浒形成对峙。

负责指挥明军作战的是兵部左侍郎杨镐。杨镐自恃熟悉辽东事务，却是个贪生怕死之徒。万历二十五年（1597），就是因为他的指挥不力，导致朝鲜之役全线失利。明军起用杨镐，显然属于用人不当。

　　战争将要发起之前，杨镐拒绝了刘綎等人的合理建议，一意孤行地采用多路出击的方式。在他的指挥下，明军从四个方向对后金发起进攻：马林率北路军从开原出发，经三岔口，过尚间崖，进攻苏子河；杜松统领西路军，出抚顺关向西，直奔赫图阿拉；李如柏率南路军，由清河，从南面进攻赫图阿拉；刘綎则率领东路军，出宽甸，从东面进攻赫图阿拉。杨镐自己则坐镇沈阳，担任总指挥。

　　面对明军声势浩大的多路围攻，努尔哈赤采用"凭你几路来，我只一路去"①的作战方针，集中优势兵力，逐个展开歼灭战。他一面严密封锁消息，防止军情泄露，一面派出大量间谍，四处收集明军情报。依靠扎实有效的情报工作，努尔哈赤得以掌握明军的作战部署和行动计划，制定了很有针对性的战争计划。

　　努尔哈赤决定最先以八旗精锐阻击立功心切的杜松。三月一日，杜松不顾与其他诸路兵马的约定，擅自率军先出抚顺口，很快就形成孤军深入的局面。努尔哈赤得到前方间谍所提供的情报，说清河之路的明军已经出发，而且没有协同作战的部队跟进，长

---

　　① 《辽广实录》卷上。

舒一口气。努尔哈赤决定立即抓住杜松孤军深入，而且明军兵力分散、无法组织救援的机会，对杜松发起猛攻。勇而无谋、刚愎自用的杜松因为贪功冒进，大军遭到伏击，很快就溃不成军，杜松战死。

杜松被击败之后，马林率军一直抵近进尚间崖。听到杜松溃败的消息，马林未战先怯，与努尔哈赤甫一交手，便立即溃败，随后率领残部仓促逃往开原。

明军已有两路被击退，努尔哈赤的军队士气大振，于是继续挥师南下，准备迎战刘𫄦率领的东路军。为了诱敌深入，努尔哈赤采纳了皇太极的建议，一面严密封锁杜松溃败的消息，一面利用击败杜松时所缴获的令箭，诱骗刘𫄦仓促出兵。努尔哈赤派出杜松手下的一名降卒前去刘𫄦大营行间。降卒手持令箭，来到刘𫄦大营对刘𫄦说道："杜将军已深入赫图阿拉城下，敬请将军急速启营，共同夹击，必破后金军。"[1]刘𫄦并不知道杜松已经战死，在看到令箭之后，竟然对降卒所言信以为真，立即下令火速进兵。

当行间的降卒回到大营之后，努尔哈赤命令用刚刚缴获的明军大炮开始佯装射击，再次诱使刘𫄦上当。刘𫄦听到炮声大作，误以为杜松大军已经抵达赫图阿拉，下令部队加速前进，配合杜松作战，没想到就此进入后金军的伏击圈。在到达阿布达里岗时，刘𫄦的队伍遭到突然袭击，刘𫄦阵亡。努尔哈赤用了五天时间就

---

① 《清太祖实录》卷6。

打了一场漂亮的歼灭战，瓦解了明军声势浩大的多路进攻，"萨尔浒之战"以明军的完败而收场。

努尔哈赤虽是少数民族出身，却深谙兵法三昧。在与明军作战过程中，努尔哈赤的作战指挥之法，与《孙子兵法》颇多贴切之处。比如说，他重视"情报先行"，力求"并敌一向"①等，这些战法都可从《孙子兵法》中找到出处。尤其是他重视收买间谍、重视收集情报的做法，与明军的多路进攻、盲目分兵形成了鲜明的对比。显然，正是努尔哈赤的指挥之法和用间策略，对战争结局起到了决定性影响。

① 《孙子兵法·九地篇》。

辽沈谍云

　　萨尔浒之战失败后，明王朝举朝震惊，开始意识到问题的严重性，紧急研究东北地区的防务。随后，熊廷弼被保举经略辽东防务。在后金方面，努尔哈赤在取得萨尔浒之战的胜利之后，便计划进一步夺取沈阳、辽阳。因此，辽沈之战已经在所难免。

　　努尔哈赤首先计划夺取开原、铁岭等战略要地。开原是明军在辽东的主要军事重镇，本该派有重兵把守。没想到明军只是派遣没有指挥能力、刚刚在萨尔浒之战中狼狈逃回的马林担任守城将领。努尔哈赤得到这一情报之后，立即率领四万大军直扑开原。为了打好开原之战，在抵近开原之前，努尔哈赤派出大量间谍悄悄地潜入开原城内，开原城内明军的行动规律和虚实情况等重要情报，被后金间谍悉数掌握。努尔哈赤从间谍口中得知，开原城内的明军缺粮少饷，士气低落，战斗力低下，故此开原的防务形同虚设。

努尔哈赤侦察得知，开原的守军会定期开城牧马，便决定抓住这个机会，突然出兵包围开原，马林率领守军仓促登城布防，但已于事无补。预先潜入开原城里的后金军间谍则乘乱打开城门，使得后金军队得以顺利进入城内。守城的明军忽然发现城里布满后金的军队，一时间惊慌失措，战力锐减，开原城就此落入后金军手里。

　　由于努尔哈赤出色的间谍战，后金军不费力气就占领了开原。明辽东经略王在晋就这样认为："开原未破而奸细潜伏于城中，无亡矢遗镞之费，而成摧城陷阵之功。"[1]可以说，开原之战明军的失利，固然与用人不当有关，同时也是努尔哈赤出色间谍战的结果。

　　天命四年（1619）七月，努尔哈赤率兵攻打铁岭，努尔哈赤再次派遣说客对明军守城将领丁碧进行游说。一面是大兵压境，后金军队的团团围困，一面是努尔哈赤的威逼利诱，丁碧最终选择了叛变。当清军攻城之时，丁碧主动打开城门，努尔哈赤通过间谍战，再次轻松地攻占铁岭。

　　开原、铁岭开战之前，熊廷弼奉命经略辽东，但是在他到达辽阳之时，开原、铁岭已经丢失，辽东的防务一片混乱。熊廷弼经过调查，发现敌我双方的力量对比已经发生了很大变化。他决定奉行"坚守渐逼"之策，用今天的话说，就是积极防御战略，与后金军进行周旋，再寻找决战良机。

---

①　王在晋：《三朝辽事实录》。

熊廷弼在镇守辽东的一年多时间里，可谓恪尽职守，他经常亲自巡查辽东边关要塞，罢黜庸官、撤换贪将、重用贤良，以此来安定民心，激励士气。经过熊廷弼的努力，以辽阳、沈阳为中心的辽东守备得到很大加强，扭转了此前的不利局面。努尔哈赤不敢再冒险西进，被迫改变作战计划，北取叶赫，西抚蒙古，耐心等待作战时机。

努尔哈赤并未等待多久就迎来了机会。由于明廷党争愈演愈烈，熊廷弼被免职。替代他的是"用兵非其所长"①的右佥都御史袁应泰。

袁应泰上任之后，立即改变了熊廷弼的作战部署及战略方针，连续撤换十余名将吏，一度导致前线指挥混乱。为了解决兵力不足的问题，袁应泰大胆地招降蒙古及女真流民，这无疑给了努尔哈赤可乘之机。努尔哈赤得到这些消息之后，立即选出一些精明强干的士兵作为间谍，乘着招募之机混入明军队伍。事实证明，这些间谍对后金攻城作战起到了非常关键的作用，而袁应泰的一系列错误的举措，则为自己种下了苦果。

天启元年（1621）二月，努尔哈赤率领大军先期进攻奉集堡（今沈阳东南），遭到明军的顽强阻击，他立即挥师包围沈阳。沈阳城高池深，城防工事坚固，各种防御作战的武器装备非常充足。努尔哈赤知道沈阳急切间难以攻占，便设法引诱明军出城迎战。

---

① 《明史·袁应泰传》。

十三日晨，努尔哈赤派轻骑兵来到沈阳城下邀战，守将贺世贤自恃勇猛，请兵出城迎战。后金军队佯败，贺世贤率领大军紧追不舍，队伍行进二十余里，进入后金军队的伏击地域，结果被后金的精锐部队打得七零八落，贺世贤本人也中箭坠马而死。随后，努尔哈赤乘胜督兵攻城，与守城明军展开激烈厮杀。就在双方激烈鏖战之际，此前后金精心安插的间谍突然出现阵前。他们冲上前去，砍断吊桥绳索，引导后金军队攻城。后金军队由此得以迅速渡过护城河，攻入沈阳城内。守城明军四散溃败，约七万守城军民被杀死，努尔哈赤就此占领沈阳。

沈阳失守之后，袁应泰只得收缩防线，将明军集中到辽阳一带，企图集中兵力固守。辽阳的城防工事同样十分坚固，努尔哈赤命令城内潜伏的间谍再次上演里应外合的作战计划。三月二十一日，当努尔哈赤对辽阳发起总攻之时，辽阳城内的后金间谍到处放火。城内各处草场均被点燃，城内火光冲天，守城将士立即乱作一团。这时候，又是间谍乘机打开城门，引领后金军队进城，袁应泰眼看大势已去，只得自杀谢罪，辽阳也被后金占领。

努尔哈赤用兵，非常重视情报，重视用间。辽沈之战，明军吃尽了间谍之苦。在守城过程中，正是努尔哈赤预先埋伏的间谍及时打开城门，对改变战争结局起到了决定性影响。可以说，努尔哈赤的耳目遍地开花，很好地诠释了"情报就是战斗力"这句话。

名将冤死

辽、沈相继失守，令明王朝大感震惊。经过朝议，熊廷弼被重新任命为辽东经略，没想到他此次赴任之后，仍然受到党争牵连。由于与辽东巡抚王化贞相处不睦，他的战略设想并不能实现，这种内耗的结果，明军很快就在广宁之战收到一场惨败。这之后，熊廷弼被判死刑，其职务由王在晋接替。与此同时，明廷任命孙承宗为兵部尚书，年轻有为的袁崇焕受到起用。不过，袁崇焕的战略方针与王在晋并不能取得一致，而且党争之祸同样在影响着前线防务。不久之后，支持袁崇焕的孙承宗被朝廷罢免，袁崇焕难免会受影响。

善于间谍战的努尔哈赤很快便得到明军内部不和以及更换经略的消息，认为这是进兵良机。天启六年（1626）正月，他率领十三万（宁远之战后金参战人数一直说法不一，有十三万一说，也有五六万一说）大军西渡辽河，迅速抵达宁远。当时，驻扎在宁远的明军只有一万余人，与对手相比，相差悬殊。面对危险局面，袁崇焕决定加固城墙，坚守不出，以守代攻。事实证明他的这一守城战术非常奏效，后金军队连续攻城均受重挫。努尔哈赤派出使者劝说袁崇焕投降，遭到严词拒绝。几天之后，努尔哈赤在督军攻城时受伤，不得不下令撤军，明军取得宁远之战的胜利。努尔哈赤因为伤重，于当年八月病死。

得知努尔哈赤已经病死，袁崇焕一面以和谈为借口，与后金军队周旋，一面积极布置防务，以图再战。天启七年（1627），皇太极再次攻打宁远，同样被袁崇焕用有效的守城术和猛烈的炮火击退，连皇太极的营帐都被红衣大炮摧毁，皇太极只得下令撤军。

崇祯二年（1629），皇太极再次亲率大军南征。驻守在宁远的袁崇焕迅速集结兵力，试图由蓟州阻止清军前进。没想到皇太极立即改变行军路线，改道玉田、三河，直抵通州。袁崇焕立即率军尾随而去。这个时候，明廷听到袁崇焕"引导金兵入关"的流言，命令袁崇焕不得越过蓟州一步。皇太极猛然意识到，此时正是除掉袁崇焕这个劲敌的良机。于是，他便开始设计一出反间计，密谋除掉袁崇焕。

明朝末年，朝堂上的很多事情都是黑白颠倒。袁崇焕在取得宁远大捷之后，不但没有得到褒奖，反而受魏忠贤等奸邪小人诬告"通敌"，一度遭到罢免。崇祯皇帝即位之时，正是辽东局势越发紧张之期。眼看战事紧迫，朝中又无可用之人，崇祯无奈之下，只得重新起用袁崇焕。袁崇焕重新获得执掌兵权的机会，并且还携带着重挫努尔哈赤的余勇，所以一度豪情万丈，曾向皇帝许下"五年复辽"的计划。这其实只是许下了一纸空头支票，不仅难以实现，同时也使得自己陷入一个非常被动的局面。

一片乌烟瘴气之中，忽然有人站出来逞能，朝廷内外都坐等着看袁崇焕的笑话。而且，战事稍有不顺，舆论便会对袁崇焕非常不利。袁崇焕带兵回援北京被拒绝入城，理应对袁崇焕有所提醒，没想到他非但没有从此多加小心，反而率意斩杀东江镇守毛文龙，此举无疑令自己的处境更加危险。毛文龙在后金攻占辽东之后，一度靠着在沿海岛屿收集散兵游勇与后金军队周旋，渐渐带出了一支具有相当作战能力的军队，因此受到朝廷加封。所以，当袁崇焕杀掉毛文龙之后，连崇祯皇帝都感到非常震惊，朝廷上下也大惑不解，所以，袁崇焕斩杀毛文龙并非明智之举，这一方面使得辽东少了一支牵制后金的军队，另一方面是使得自己遭受多方责难，埋下了一个极大的隐患。

袁崇焕塑像

皇太极当然不会放过这个施行反间计的良机。当时，明王朝为了加强对边疆大吏的控制，经常派出太监去边境刺探情报。这些执行任务的太监中，有的因为道路不熟而被清军活捉，后金军中就关押着两名被俘的明朝太监。于是，皇太极决定利用这两名太监巧做文章，除掉袁崇焕这个心腹大患。

皇太极招来看管这两名太监的副将高鸿中、参将鲍承先，先对他们做了一番详细交代，让他们在看押明朝太监时故意放松警惕，好让他们有机会"出逃"。一天夜里，高鸿中等人在离着两名太监距离很近的地方，故作神秘透露：今天撤兵是主上的计策。刚刚我看到皇上和袁崇焕的人悄悄地密谋了很久。根据主上和袁崇焕的密约，事情都已经办得差不多了。两名太监虽被关押，但对这些对话非常敏感，所以躲在一边仔细窃听，把他们的对话都仔细记在心中，几天后，高鸿中故意放走明朝太监。这两名太监回到朝廷，立即向崇祯报告了他们所窃听来的有关袁崇焕的秘密情报。崇祯本来就对袁崇焕心存疑虑，听到太监的这番话之后，立即就信以为真，认定袁崇焕有通敌之罪，决定对其进行抓捕。崇祯二年（1629）十二月一日，崇祯帝以"议饷"为名义，召见袁崇焕、满桂、祖大寿等人，乘机逮捕袁崇焕，关押不久之后就将其杀害，袁崇焕的妻子和兄弟都遭到流放。

明廷给袁崇焕所定罪名主要有两条，其一是擅自斩杀毛文龙，其二便是与后金密约卖国。这两条罪名中，第一条确实属袁崇焕所为，第二条则完全是无中生有，是中了皇太极所设圈套。京城百姓不明真相，都跟着一起唾骂袁崇焕卖国，可怜一代抗清名将袁崇焕蒙受大冤而死。

皇太极计除袁崇焕，除了巧妙运用太监传递假情报之外，实则也是抓住了一个很好的时机，巧妙地利用了纠缠在袁崇焕身上的内外矛盾。袁崇焕无故斩杀毛文龙，急于收复辽东，包括崇祯的多疑性格等，都给皇太极实施间计提供了机会。在确定反间计之后，皇太极故意突袭北京，也很好地调动了袁崇焕，干扰了明廷的判断。这样多种手段结合在一起，终于让崇祯做出了斩杀袁崇焕的举动。明廷"自毁长城"的愚蠢之举，在很大程度上改变了辽东的攻守态势。

宝岛谍战

　　明朝灭亡之后，不肯降清的汉人纷纷组织力量抗击清军。在这些反清武装中，势力较强、影响较大的应数郑成功。为了继续举起抗清大旗，郑成功从荷兰人手中收复台湾。由于是海岛作战，情报和谍战变得格外重要。

　　16世纪后半叶，荷兰开始崛起，很快就建立起一支强大的海上力量，甚至有赶超西班牙的架势。1623年，他们由熟知台湾情况的华人海商李旦带领，占据台湾岛，并建立基地。台湾自此开始被荷兰人占据。

　　郑成功在明亡之后追随南明隆武政权，很受重视，被赐姓"朱"，故此又名"朱成功"。隆武政权灭亡之后，郑成功建立了一支以水师为主的抗清队伍，依靠东南沿海岛屿为根据地，凭险设伏，与清军巧妙周旋。由于方针得当，到了顺治九年（1652），郑成功已经成功控制了福建、广东沿海长达一千余里的海岸线，并占据包括台湾岛在内的岛屿千余个。

郑成功能够逐渐坐大，和他建立庞大严密的间谍网，实施了卓有成效的间谍战，也有着密切的联系。据《海上纪略》记载："成功又遍布腹心于内地，凡督、抚、提、镇衙门，事无巨细，莫不报闻，皆得早为之备，故以咫尺地与大兵拒守三十余年，终不败事。"①郑成功非常重视情报工作，他以各地商行为依托，建立起严密的间谍网。在诸如都督府之类敌人的要害部门，郑成功都努力安插间谍，做到对敌人的兵力部署、作战计划和行军方向等都了如指掌，这些为自己制定作战方案起到了很好的参考作用。

当然，虽说郑成功的部队在抗击清军的战斗中异常英勇，但就当时的全局形势来看，清军处于绝对优势的局面。所以到了后来郑成功节节败退，从南京退往厦门。在到达厦门之后，清军改变了此前以招安劝降为主的做法，改而下定决心，要将郑成功残部彻底消灭。在这种严峻的局面之下，郑成功一直苦思出路，进而想到了收复台湾的主意。

当时，台湾还是荷兰人的殖民地，加之隔着茫茫的海峡，收复台湾的难度相当大。为了确保万无一失，郑成功先派出间谍，前往台湾打探情况。间谍很快就联系上了郑芝龙的旧部何斌。

何斌是郑成功的父亲郑芝龙的部下，在荷兰人占领台湾之后，被迫做了荷兰人的翻译。他虽然身在荷兰军营，却一直心向中国，

---

① 《海上纪略·伪郑遗事》。

对荷兰人在台湾的殖民统治和残暴行为一直充满仇恨。所以，当他听说郑成功有收复台湾的志向之后，立即秘密接洽。由于何斌有接近荷兰人的机会，所以对荷兰人的布防情况非常了解。与郑成功取得联系之后，更是处处留心收集情报。就台湾岛上荷兰军队的兵力和分布情况，以及台湾的地形地貌情况，何斌都一一绘制成图表。1659 年，何斌逃出台湾岛，将自己收集到的情报向郑成功作了详细汇报，帮助郑成功更加坚定了收复台湾的决心。

不久之后，又有间谍从北京传回情报说，清兵已经派出了万余部队前来剿海。这让郑成功不得不与入闽清军进行周旋，暂时放下进兵台湾的计划。当然，郑成功并没有就此放弃收复台湾的计划，相反，他开始做着更加积极的准备工作。在台岛的荷兰人，也听到郑成功将要收复台湾的风声，于是派出使者携带信件，来到郑成功大营打探风声。郑成功非常清楚荷兰人的目的，为了达成收复台湾的战略目标，郑成功使用"能而示之不能，用而示之不用"①的手法，麻痹荷兰人。他同样派出使者给荷兰人送去信件，佯称没有余暇对这个荆棘丛生的小岛采取军事行动。另一方面，郑成功召集部下开会，激发斗志，统一思想，希望大家都能坚定决心，一举攻克台湾，获得一个安身之地。

郑成功还非常注意收集相关台湾岛和台湾海峡的气象情报。他深知这场跨海登陆作战需要大量通过船只运送兵力，如果不能

---

① 《孙子兵法·计篇》。

掌握海峡的水流和风向等情况，军队无法顺利靠岸，战斗就会处于下风。与之相反，荷兰人倒是对这些情报关注不够，对海峡之上的风向和水流情况都不是非常清楚，故此他们盲目判断认为，郑成功的军队即使想攻占台湾，也会受到季风和海峡的阻拦，无法达成所愿。

由于驻守台湾的荷兰军队疏于防备，所以，当郑成功的队伍突然出现在海岛之上时，他们显得措手不及，很快就被分割包围。在与荷兰军队的交战过程中，郑成功除了通过当地百姓和海上渔民收集荷军情报之外，还通过抓捕俘虏获得相关荷军的第一手情报。在抓到俘虏之后，郑成功均能待之以礼，从而感召俘虏，从他们的口中得知荷军的准确情报，然后再采取针对性措施。当得知荷军人心浮动，缺衣少粮，郑成功不令坚决将其围困，通过这种拖延战术，让荷军自动放弃抵抗。就这样，在经过一段时间无效抵抗之后，荷兰人只得宣布投降。

郑成功收复台湾，让这座孤悬海外的宝岛重新回到了国人怀抱，也为施琅后来的统一台湾，打下了坚实的基础。

施琅自幼生长在沿海地区，原本在郑成功帐下听令，曾为郑成功夺取厦门、金门立下大功。郑成功也一直将其视为心腹，但在后来，二人因为在出击广东征粮等问题上发生矛盾，导致他们分道扬镳。因为这件事情，施琅感觉到处境不妙，于是决定投奔清军。当看到施琅不仅背叛了自己，还投靠了清军，郑成功恼羞成怒，立即杀死了施琅的父亲和弟弟。施琅因此对郑成功有了刻骨仇恨。

由于施琅非常熟悉沿海一带的情况，尤其熟悉郑成功集团的内部情况，清政府相信施琅可以帮助他们很好地对付郑成功，所以立即对其予以重用，授予其福建水师提督之职。

1661 年三月，郑成功从荷兰人手中收复了台湾。消息传来，清政府担心郑成功更加难以对付，不免忧心。就在这时，施琅向清政府上报了一个夺取厦门、金门的计划。在得到批准之后，施琅果然非常顺利地夺取了这两处战略要地，为下一步夺取台湾创造了条件。六年之后，也就是 1667 年十月，施琅郑重地向清政府提交了攻取台湾的作战方案，这就是《决计进剿疏》。在此之前，清政府内部主张对郑成功进行招抚的占据多数。康熙也认为，跨海峡作战会造成很大损伤，而且没有必胜的把握，所以显得非常犹豫。针对这种情况，施琅先是派出间谍详细侦察了郑成功的内部情况，并设法了解到台湾沿海的兵力布防情况，并且打探到郑成功根本没有归降的意思。对这些情况进行分析之后，施琅主动向康熙呈上，希望能及早收复台湾，以免久拖不决，成为后患。施琅向康熙保证："臣今练习水师，又遣间谍通臣旧时部曲，使为内应。俟风便，可获全胜。"①康熙看到施琅的奏章之后，对攻打台湾有了信心，同意施琅择机出兵。

1662 年六月，郑成功病死，其子郑经嗣位。1681 年，郑经去

---

① 《清史稿·施琅传》。

世。在经过一番内部争斗之后，郑经的次子郑克塽继位，但实权旁落，郑克塽本人并无左右局势的能力。

施琅在得到这条情报之后，觉得出兵时机已经成熟，便向朝廷请求出兵。清政府立即授权施琅，全权负责出兵攻打台湾的一切事宜。施琅得到授权之后，一面加紧训练水军，一面进一步加强对台湾的间谍活动。

施琅在海滨长大，对于海洋风波和气候情况一直非常熟悉，深知气候条件对于作战的影响。他在写给朝廷的奏折中，便敢于自称对海面形势、风向、水情谙熟胸中。为了搞好渡海作战，施琅高度重视收集气象和水文情报。他先后派出大量侦察船，对海峡和台湾岛进行侦察，掌握海峡水流情况和台湾岛周围的天气变化情况。

施琅利用过去曾经在郑成功手下任职的经历，结识了他手下一些得力干将，也可算作是故交。所以，在上任之初，施琅立即就派出三四位得力干将，悄悄地潜入台湾，与这些人秘密地建立起联系，让他们为清军提供情报，从而为攻打台湾开始了有组织的间谍活动。基于这个缘故，施琅可以屡得旧时部下所密寄的情报，对台湾的一举一动都非常清楚。

根据间谍们所提供的情报，施琅得知郑氏集团的精锐部队都在刘国轩部，镇守台湾本岛鹿耳门等重要港口和要害之地，而澎湖列岛虽是必争之地，却缺少得力干将防守，且守备军队缺乏训练，战斗力较低。这些情报为施琅的用兵提供了重要参考。关于刘国轩的情况，也有间谍送来大量情报。从他们口中得知，刘国轩一直滥施淫威、妄杀无辜，所以导致台湾守军人人自危，恍惚无定，并不愿意为刘国轩效忠。而刘国轩却自以为能够对部队操纵自如，更妄自尊大地认为台湾岛守备坚固，所以一直志得意满、狂妄自大。施琅知道这些情况之后，深知这是难得的可乘之机，更加坚定了收复台湾的信心。在做好这些间谍活动的同时，施琅反复对台湾海峡的天文地理、水文气象等情况做周密调查和深入分析，以寻找最佳出兵时机。经过反复研究之后，才最终定下了先打澎湖、再分兵迂回攻击刘国轩主力的作战计划。

康熙二十二年（1683）六月，施琅率领舰队由铜山出发，向澎湖发动攻击。刘国轩得知清军猛烈进攻澎湖，连忙率部进行救援。在战斗中，施琅右眼受伤，仍然坚持督战，清军士气振奋，异常勇猛。七天之后，刘国轩只得退守台湾。

就在施琅发动大军攻打澎湖的同时，福建总督姚启圣也积极开展间谍活动，配合施琅的军事行动。他任命卞永誉、张仲专理海疆，大量依靠金帛离间对手，不惜花费重金收买台湾守备将士。姚启圣甚至在漳州设修来馆，以高官厚禄招揽郑氏集团的官兵，凡投诚者都有优厚的待遇，即便投诚之后又逃回台湾的，也一律不予追究。这些政策发布之后，对台湾的守军起到相当程度的瓦解和离间作用。守岛官兵因此军心不稳，被策反的文臣武将有数百人，士兵万余，一举改变了两军作战的态势。

两军对垒，"敌中有我，我中有敌"是常见现象。施琅深知台

湾也一定派出很多间谍，千方百计打探有关攻台的战略情报。于是他将计就计，故意制造一些假情报，诱使对手上当。比如，在三四月份时，他曾佯装请求攻击台湾，给对手以极大的错觉。等台湾守军发现所谓进攻纯属子虚乌有之后，士气自然受到一定影响，这就为下一步进攻创造机会。施琅之所以选择在天气炎热的六月出兵，也是力图取得出敌不意的效果，使得对手的谍战计划失灵。结果证明，这一招果然取得了奇效，使得郑氏集团猝不及防，迅速溃败。

施琅同时非常注意做好保密。他上报康熙的重要情报都奏请皇帝注意保密，以免朝中大臣走漏消息。对潜伏较深的间谍姓名，奏折中一律予以隐匿。在澎湖列岛的战争结束之后，施琅为了进一步做好攻打台湾本岛的准备工作，对俘虏一律施以优待，愿意返乡的发给粮饷，受伤的则积极进行救治，并允许他们自由往返。这部分将士返回台湾之后，无形中也起到了宣传政策的作用，对动摇守岛部队的士气起到了很好的作用。

这时候，康熙加紧展开对郑克塽的招抚。为了让郑氏集团免除疑惧，康熙承诺："煌煌谕旨，炳如日月，朕不食言。"①看到大势已去，郑克塽决定接受招抚，于1683年八月向施琅水师投降。

无论是郑成功，还是施琅，都非常重视用间重视情报先行，这对他们先后收复台湾都起到了重要作用。郑成功登岛作战过程

---

① 《清圣祖实录》卷111。

中，甚至组织了一系列情报示伪，登岛地点和时间都出乎荷军意外，为最终获胜奠定了基础。施琅登岛作战之前，则是发动了能够争取的一切力量，注重收集敌情，对岛上守备情况做到了巨细无遗的掌握。除此之外，施琅组织了出色的攻心战，这种游说活动和优抚政策，都很好地瓦解了守军，动摇了其战斗决心。

后记

  本书按照朝代为序，介绍中国古代较为著名的谍战案例和刺客故事。虽说谫陋，其写作过程较长，大概七八年前就已开始。这之后，因为工作变动或其他原因，写作一直时断时续，诚可谓"成如容易却艰辛"。今天，拙作终于有了面世的机会，借此机会特别感谢本书责编傅可老师，更要向中华书局表示最为真诚的谢意！

  按照自己最初的设想，是要写出一个较为完整的古代谍战史，但随着时间的推移和阅读的深入，越发觉得中国古代历史的浩瀚无垠，自己当初的设想过于疏阔而不切实际。况且积稿已多，需要及时进行总结，能以目前这种方式就教于各位读者，既可以得到众多方家的指正，及时地修正方向，也能因此而结识更多的军事史爱好者，窃以为善。

  感谢好友爱虎的推荐之力，也感谢中华书局的其他参与校审的编辑老师——这些老师对书稿的每一个细节都严格把关，校出其中不少错误，令我对他们的学术涵养和工作责任心都肃然起敬。在这种反复修改的过程中，自己更加体会到著述的不易，并且受益匪浅。学海无涯苦作舟，我一定会更加努力。

间谍历史丰富多彩，这本小书只能反映冰山一角。对谍战术的总结，也受作者水平限制，不尽全面和深入，错误和疏漏之处肯定还有不少，盼望得到读者朋友的批评指正。

熊剑平

2015 年 4 月 24 日记于南京